看盘宝典

从入门到精通【实战详解】

私募基金职业操盘手 **康成福** 著

图书在版编目（CIP）数据

看盘宝典/康成福著.--上海：立信会计出版社，2015.8

（擒住大牛/荣千主编）

ISBN 978-7-5429-4659-1

Ⅰ.①看… Ⅱ.①康… Ⅲ.①股票交易－基本知识 Ⅳ.①F830.91

中国版本图书馆CIP数据核字(2015)第102430号

策划编辑 蔡伟莉

责任编辑 蔡伟莉 何颖颖

封面设计 久品轩

看盘宝典

出版发行 立信会计出版社

地　　址 上海市中山西路2230号　　邮政编码 200235

电　　话 （021）64411389　　传　　真 （021）64411325

网　　址 www.lixinaph.com　　电子邮箱 lxaph@sh163.net

网上书店 www.shlx.net　　电　　话 （021）64411071

经　　销 各地新华书店

印　　刷 廊坊市华北石油华星印务有限公司

开　　本 787毫米×1092毫米　1/16

印　　张 14.25　　插　　页 1

字　　数 225千字

版　　次 2015年8月第1版

印　　次 2016年1月第2次

书　　号 ISBN 978-7-5429-4659-1/F

定　　价 42.00元

如有印订差错，请与本社联系调换

前言

preface

股市作为一个利益的竞技场，既是多空双方的争战地，也是投资者心理与智慧的较量场。而每一个回合的较量，都一一写在了盘面上。

作为投资人，应该从即时的盘口语言中发现主力的操盘计划和运作思路，及时调整自己的操盘策略，通过短线、中线、波段、阶段性与主力共进退，以获取最大的投资收益。

在日常看盘过程中，我们经常会碰到以下问题：

例如，开盘如何开？为什么会高开？为什么会低开？这种现象说明了什么问题？

再如，股价为何突然放量上涨？或者下跌？放量说明了什么问题？是建仓，还是抛货？为什么要在这个时间放量？这种种现象说明了什么？

还如，股价涨停说明了什么？无量涨停代表了什么市场含义？放量跌停又说明了什么？

要回答这些问题我们就必须明白，主力运作一个股票，操盘手在操盘过程中，无论是有意还是无意都会在盘口上留下其磨灭不掉的痕迹。我们可以根据这些痕迹寻找和分析主力的操盘意图。

盘口语言是主力在运作个股做盘过程中有意或者无意之间泄露出来的。在盘口买卖盘挂单，单笔成交，分时走势在异常中可以辨别出主力做盘的行为目的和方向。

盘面信息不是主力通过各种形式的庄托来公开宣布他会如何操作某个股票。真正的盘面信息是一种无形的语言，这种无形的语言在一定条件下是可以预知了解的。

本书正是基于这样一个思路和出发点，通过对即时盘口语言的分析和理解，从而快速判断主力的操盘意图，准确分析股价的未来趋势。本书试图用个股的分时走势与量比曲线的结合来抓住股票的起涨点和卖出点，很多时候我们也的确常常看到它所显示出来的巨大威力。本书披露了专业操盘手的超短线手法。通过解析盘面语言，引导读者预测和把握股市规律，成为股市精英梦寐以求的目标。

目录

contents

盘口图实战解析

分时走势图实战解析

K线图实战解析

成交量图实战解析

筹码分布图实战解析

均线图实战解析

盘口图实战解析

一、解析带量平价开盘

在实践中我们常看到平价开盘但头笔成交量激增，这里所说的成交量激增，是相比于同期的成交量而言的，比如开盘第一笔的成交量就达到了昨日成交量的1／10等。这种开盘常常有以下几种可能性：

（1）两个大户之间的一次换手交易。比如两个熟悉的大户说好了在今日开盘时，于昨天收盘价附近做一次成交。但这种交易方式出现的概率比较小，且与主力没有任何关系。

（2）主力与大户之间的一次内幕交易。这位大户必然与主力相识，由于种种原因需要将筹码兑现，于是与主力协商后在此阶段进行交易。但主力承接此单后，并不意味着股价马上就会提升。

（3）主力利用自己的几个账户对倒开盘。为了吸引市场的注意，成交量往往是很好的诱饵。因此，大成交量的开盘经常被主力使用。对倒开盘说明主力有所动作，值得我们关注。但此时还无法确定主力是想把股价往上做还是往下做。

如果在开盘后的连续竞价中，交易次数和成交量均恢复正常，那么说明这种开盘属于前两者，没有特别的研究意义。一旦在连续竞价中出现不同于以往的非正常交易，那么就说明此时的开盘性质属于第三种。特别是当盘中出现几次大手笔的交易但并不影响股价的正常运作时，主力“做量”的可能性就更大，之后可能会出现放量上冲或放量下行的、有利于主力后期运作的K线图。

下图就是600115在2009年7月17日星期五的盘面走势图。在7月16日该股成交量达到51.2万股，换手率为12.93%的情况下，7月17日以平价开盘，单笔成交量为5.54万股，超过前一日成交量的10%，结合上述分析的三种情况和其前期走势，可知主力在此对倒做量的可能性较大。

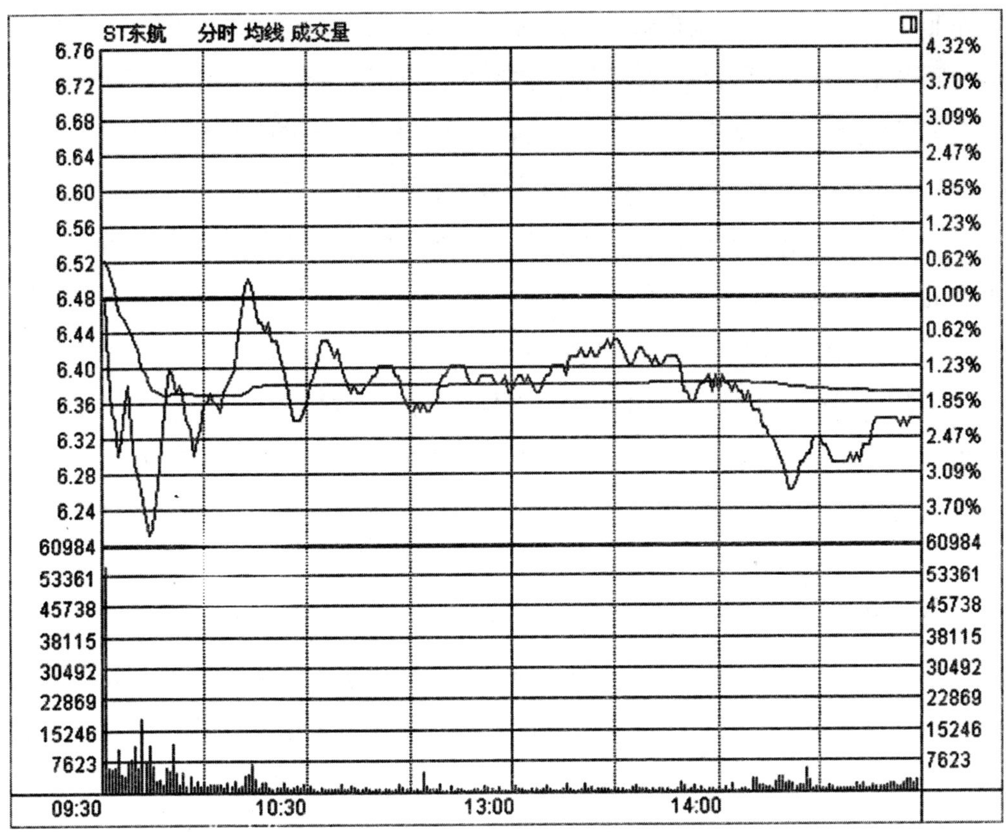

二、解析高开盘

通常而言，高开很多或低开很多的交易都要冲破数个价位的买卖单，因而成交量也会较同期有所放大。这种带量的异动行为，常常也会出现两种可能性：

（1）内幕交易。所谓内幕交易，是指主力与自己熟知的人员进行的一场有约定性的交易。比如主力的朋友或利益相关者的筹码需要套现，主力便会安排其在集合竞价的状态下进行交易，以完成某种特定意义的利益输送行为。

之所以要在集合竞价的状态下完成利益输送行为，是因为此时看不到股价当天的运行趋势，普通交易者是不会在昨日的收盘价附近挂出大量买卖盘的

（除非昨日收盘价很高或很低）。此时，在某一高位进行大笔成交，不仅完成的时间非常短而不影响股价随后的正常运行，同时也避免了在连续竞价中要突破大量买卖盘障碍才能完成该笔成交的麻烦。当有利益相关者需要获利退出的时候，主力就会在集合竞价时以高价接手其股票，进而产生股价高开很多的现象。

如果开盘之后的股价波动不大，且成交量也恢复了正常，那么说明集合竞价中的上述行为只是一次性的利益输送。但这一细节同时也意味着：主力先让利益相关者撤离。此后，股价在短期内下跌的可能性比较大。

（2）对敲试盘并吸引买盘。很多时候，主力通过高开的行为一大早就进入了当日的“今日涨幅排名”中，进入了喜欢做超级短线的交易者的视线，而这些数以万计的超级短线交易者基本上都是职业交易者，也通常是大户或机构交易员。主力通过高开、量大的特征以吸引市场的注意，无非是想吸引跟风，刺激股价的提升和活跃性。但这种行为往往是以试盘为前提的，即卖盘不汹涌而买盘蜂拥，则一路高走；反之，则节节下滑。如果主力真的很看好该股和该交易时段，往往就会采取直接开盘涨停的行动，而不是采取高开后再诱导或测试的行为。

个股开盘有异常大量且高开的现象，往往是主力有预谋的对敲行为，因为普通交易者在看不清形势的情况下，是不会在9：25分就贸然大量交易的。既然是对敲而不是一路扫货，则说明主力并不缺少筹码。也就是说，此处已经脱离了主力的建仓区；如果在开盘后有5分钟甚至4个小时给普通交易者买入后上涨的机会，则往往意味着主力在刻意诱多、吸引跟风，希望市场交易者来一起抬庄。

但这里又分为几种情况：

第一种是股价处于阶段性的上涨位置时。这是主力在获利有一段空间之后，放给市场跟风者的一段利润空间，目的是在中部价位淘汰掉一部分意志不坚定的交易者，通过换手的方式来提高市场后期参与者的持有成本，达到后期继续拉高时股价还能保持稳定的作用（越是后期进入的越不会在高位卖出）。只要交易者能确定此时的股价处于阶段性的上涨位置，且大盘不会持续走低，那么该高开现象值得短线参与。

第二种是股价处于高位时。这往往是主力为了出货而制造的股价将持续上涨的假象，目的是想制造交易持续活跃、短线有利可图的环境，诱使市场参与者跟风，从而达到最终套牢他们的目的。对于这种高开的现象，交易者应该始终进行回避，因为主力此时所有的任务就是出货。

第三种是股价处于高价回落后的中部位置时。这往往是主力没有出完货时制造的反弹假象，也有可能是短庄制造的超低反弹现象。但无论是哪一种，只要是原来的股价确实已经持续降到很低了，且从有量一直跌到了无量，那么即使是现在有主力对敲在先，只要开盘后有大量的交易者积极参与（成交数量大但笔数多），这样的股票还是值得短线参与的。但要注意，如果开盘时下面的买一处仍然挂着昨日收盘价附近的价格，则说明买盘并不积极，纯粹是主力对敲的单方面行为，股价马上跌落的可能性比较大。

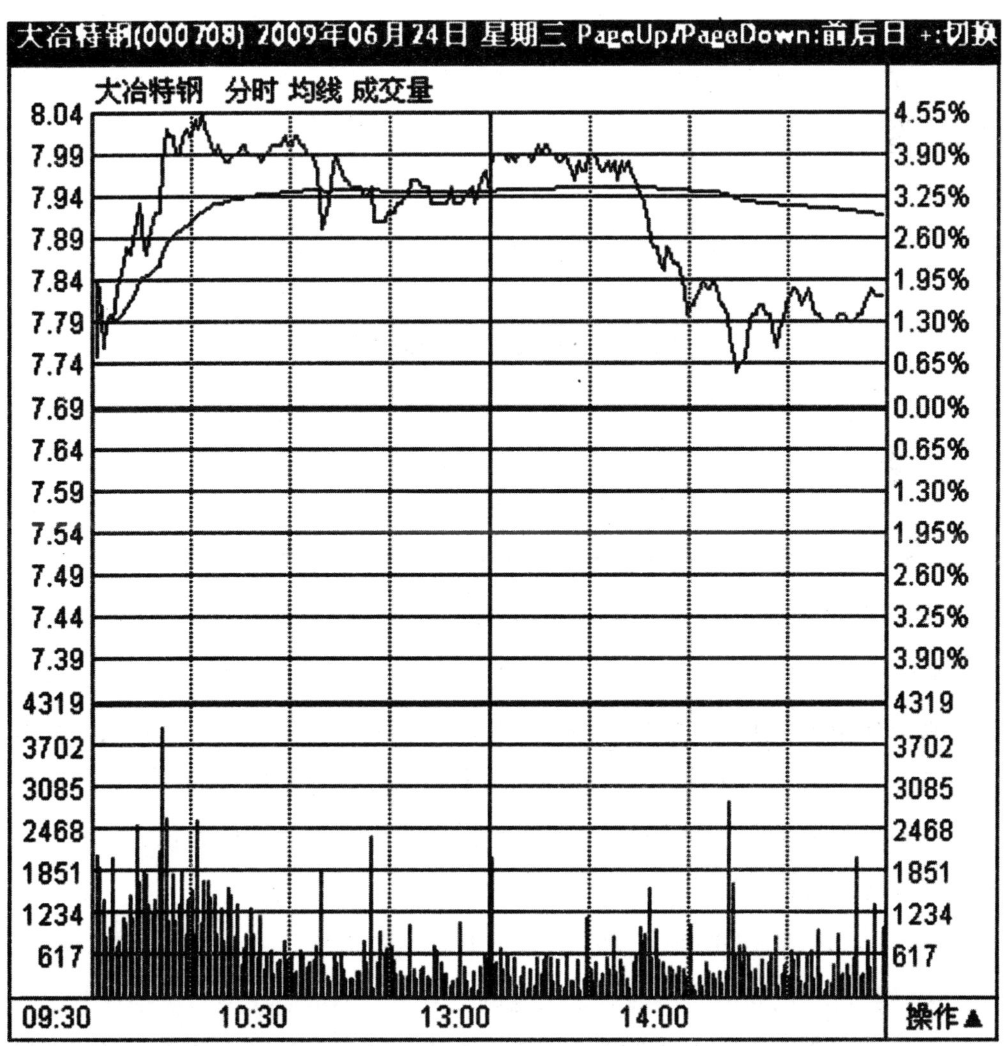

（3）做坏图。如果个股莫名其妙地高开，交易量不大，随后又无声无息地任股价自行滑落，这可能就是做开盘价的行为。主力通过制造高开低走的K线图，恐吓部分持股者在随后的震仓行为中出局。它的特征和内幕交易有些相似，只是成交量通常比较小。

（4）吸筹。高开行为也有可能是主力在采用打压策略而不易获得筹码的情况下，反手采取的高价收购的策略。运作思路是：当股价高开甚至涨停后，必然会引起死气沉沉的持股者的注意，而当涨停板被打开或股价冲高回落之时，汹涌的抛盘就会接连挂出，正好落入主力的口袋。

上图就是000708在2009年6月24日星期三的盘面走势图。该股当日跳空高开，随后上行，成交量较为活跃，在高位震荡后有所下跌，但在下跌到前一日收盘价附近时有资金进场吸货。结合上述分析的几种情况和其前期走势，可推断主力在此吸筹的可能性较大。

三、解析低开盘

低开很多的开盘通常可能有以下几种情况：

（1）内幕交易。与前面的内幕交易相反，主力的朋友或利益相关者可能需要拿一些低价筹码，于是主力也会安排其在集合竞价的状态下进行交易，俗称"发红包"。

如果是低开盘送股行为，说明主力迟早会拉升股价，或者当天就会拉升股价。所以，低开很多的开盘现象值得交易者关注，这从每日的"今日振幅排名"中可以找到该行为的痕迹。它的特征是：低开后股价瞬间回位，可能继续昨天的走势，也可能马上就上涨。

（2）对敲试盘并引发卖盘。通过低开低走的方式，主力可以引导抛盘出来，以达到震仓的目的。有时候，震仓的过程可能只有几十分钟，有时候可能会持续几天，这要看主力的计划和策略。如果当时的吃货比较积极，可能股价当天就能还原；如果没有适当的成交量，则说明主力没有逼出抛盘而后会继续震仓。所以，对于低开很多的行为，最好持续观察5～10分钟，看清楚主力想要透露的信息。

（3）做好图。有时候，主力可以通过制造低开高走的大阳线，吸引交易者的注意或跟风，同时稳住持股人的信心。它的特征是：股价低开后就会缓慢回升到昨日收盘价附近。

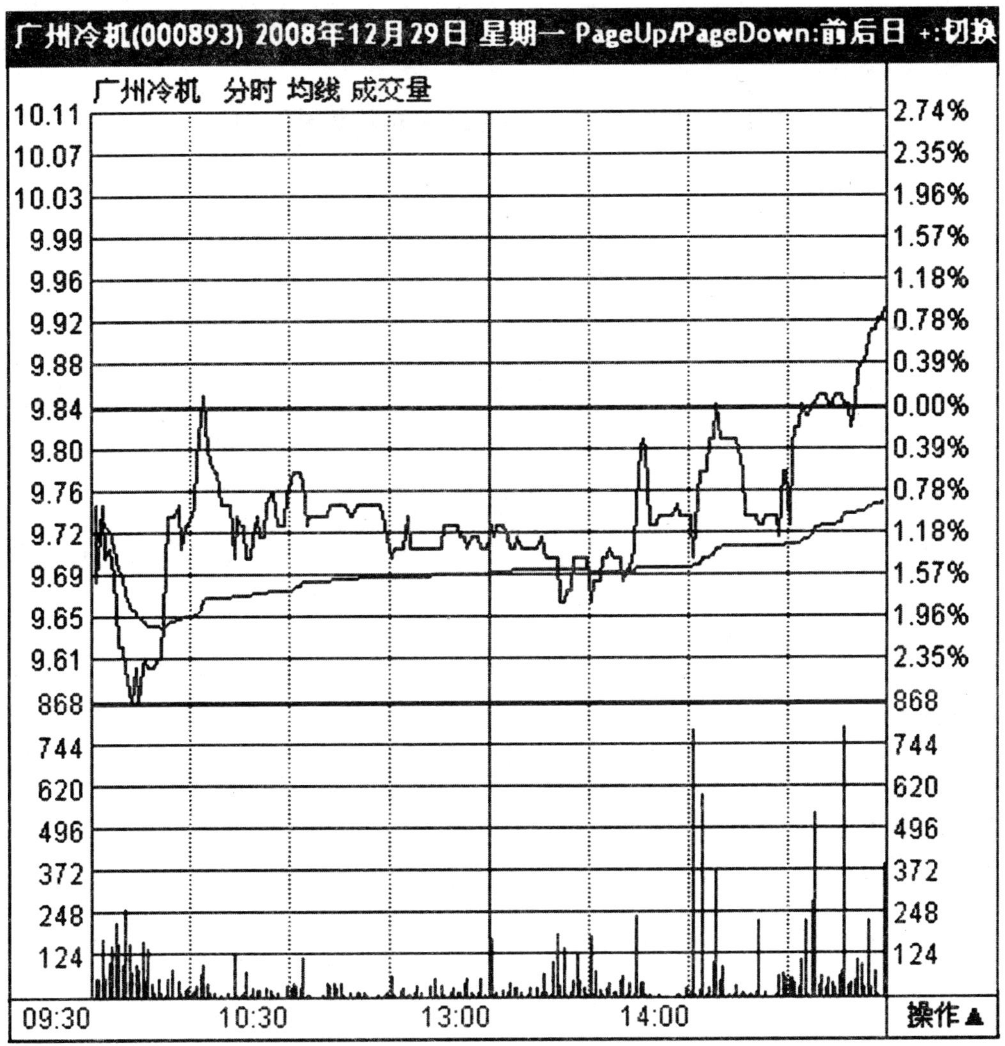

（4）出货。低开出货是屡见不鲜的出货方式了。识别它的前提是个股前期涨幅过大，至于何谓大，何谓小，每个股票都不一而论，需要交易者的经验。当主力要出货时，有时会出现不顾一切的砸盘动作，低开甚至跌停开盘都很正常。

上图就是000893在2008年12月29日星期一的盘面走势图。该股当日跳空低开，随后下行，主力在此压盘是为了敦促散户投资者习惯持币过节的心理，希望散户抛出股票有利于自己建仓。股价在到前一日收盘价下方时时常有资金进场吸货，成交量表现为脉冲放量。结合上述分析的几种情况和其前期走势，可推断主力在此低开属于引发卖盘，布局吸筹。

四、解析上下平衡形态收盘

上下平衡形态就是上、下买卖盘的单子大小差不多、价位差异也不大的情况。

收市时，如果在报价栏中挂出的总卖出量和总买进量差不多，且报价相差不大，也没有异常的大单挂在上面，这就是比较真实的交易状况，它说明股价在收盘时没有受到非市场性因素的干扰。

需要注意的是，上下平衡形态并不表示股价在收市前没有受到主力的影响。

下图就是600037在2009年7月17日星期五的收盘挂单图。该股收盘时买一到买五价格连续，卖一到卖五价格连续，且委比仅为5.84%，应该属于比较正常的市场上下平衡形态，表明主力并未在收盘时故意以高挂或低挂单、多挂或少挂单方式来干扰散户的盘后分析。

L 600037 歌华有线			
委比	-5.84%	委差	-213
卖⑤	12.29		259
卖④	12.28		318
卖③	12.27		305
卖②	12.26		223
卖①	12.25		826
买①	12.24		276
买②	12.23		139
买③	12.22		597
买④	12.21		354
买⑤	12.20		352
现价	12.24	今开	12.11
涨跌	0.12	最高	12.42
涨幅	0.99%	最低	12.10
总量	25.4万	量比	0.86
外盘	14.0万	内盘	11.4万
换手	2.40%	股本	10.6亿
净资	4.09	流通	10.6亿
收益(一)	0.04	PE(动)	78.2

五、解析上空形态收盘

当收市出现上空形态时，往往上档的卖出价远离收盘价而买进价等于收盘价，通常表现为尾市打压或急遽下跌。

如果当时在盯盘，这个动作就可以看得很清楚，最后的卖单脱离原有的价格区域，快速向下打压成交或照买单成交，由此和后面的卖单拉开距离，形成了卖盘空虚的状态。在尾市被打压的时候，通过急遽下行的分时走势图也可以获得佐证。

600265 景谷林业			
委比	-45.75%	委差	629
卖⑤	10.65		11
卖④	10.64		61
卖③	10.63		51
卖②	10.62		218
卖①	10.61		32
买①	10.60		2
买②	10.59		118
买③	10.58		35
买④	10.57		267
买⑤	10.56		580
现价	10.60	今开	10.66
涨跌	-0.07	最高	10.79
涨幅	-0.66%	最低	10.55
总量	39241	量比	0.63
外盘	16380	内盘	22861
换手	5.73%	股本	1.30亿
净资	2.91	流通	6848万
收益(一)	0.08	PE(动)	—

如果该股平常成交量稀少，那么出现该形态是正常的，说明盘中可能没有主力或者主力不愿意在收盘价上做文章；如果当时大盘在收市时也在杀跌，那么这种个股同步杀跌的行为也是正常的；如果该股当天的成交量适中，则可能是有资金在吸纳筹码，不断将上档抛盘打掉并在下面挂接单，造成了买一和卖一之间的空心距离，这种现象在盘中看得最清楚；如果当日的成交比较活跃，那么有可能是大单在尾市偷袭出逃，由此拉开了买卖价格之间的差距。

上图就是600265在2009年7月17日星期五的收盘挂单图。该股收盘时买一到买五价格连续，卖一到卖五价格连续，但是委比为45.75%，表明主力想向市场透露的信息是后市买盘较多，下跌空间不大。

六、解析下空形态收盘

当收市出现下空形态时，往往下档的买入价远离收盘价而卖出价等于收盘价，通常表现为尾市拉升。

如果当时在盯盘，这个动作也可以看得很清楚，最后的买单脱离原有的价格区域，快速向上买入，和后面的买单拉开了不小的距离，形成了买盘空虚的状态。在尾市被拉升的时候，通过急遽上行的分时走势图也可以获得佐证。

如果该股平常成交量稀少，那么出现该形态是正常的，说明盘中可能没有主力或者主力不愿意在收盘价上做文章；如果大盘在尾市快速上涨，那么这种个股同步上涨的行为也是正常的；如果该股当日的成交比较活跃，那么有可能是大户在尾市扫货，也有可能是主力在制造收盘价格。在主力制造收盘价时，既可以像大户一样一路扫货，也可以预先在卖三左右挂上一笔大卖单，然后在最后一分钟内用一笔大买单照此价位买进，快速吃掉卖一、卖二、卖三等处的所有抛单，由于后续散户的买单跟不上，自然就造成了买盘的中空状态。股市的收盘价不是最后一笔的成交价，而是最后一分钟内所有交易的平均成交价（沪市如此规定，但深市最后三分钟则采取的是集合竞价制），所以用这两种方法都可以将当日收盘价和成交量做上去。

下图就是600387在2009年7月17日星期五的收盘挂单图。该股收盘时买一到买五价格连续，卖一到卖五价格连续，但是委比为79.17%，委差为-2121，表明主力想向市场透露的信息是后市抛盘较多，压力较大。

600387 海越股份	
委比79.17%	委差 -2121
卖⑤ 13.02	155
卖④ 13.01	233
卖③ 13.00	1315
卖② 12.99	619
卖① 12.98	78
买① 12.97	28
买② 12.96	180
买③ 12.95	25
买④ 12.94	15
买⑤ 12.93	31
现价 12.98	今开 12.78
涨跌 0.31	最高 13.13
涨幅 2.45%	最低 12.68
总量 97147	量比 0.77
外盘 53927	内盘 43220
换手 3.68%	股本2.97亿
净资 3.06	流通2.64亿
收益(一)0.53	PE(动) 6.1

七、解析单笔成交

单笔成交分析属于精细分析，是盘口分析的重点观察对象。在前面介绍过，由于“成交明细”里个股在每个时刻上的成交数据都是由交易所延迟发过来的信息，是交易所两次快照期间累计的成交量和最后一笔的价格，所以这里成交数据的真实性是有问题的。如果交易者不注意单笔成交的细微变化，往往就会被假象迷惑，很难得出股价波动背后的主力意图。

在看每笔成交数值的时候，交易者不要过多地去关注成交时的价格颜色是红色的还是绿色的，或者当时的箭头是红是绿、是上是下，无论数据传输如何延迟，无论主力成交如何巧妙，我们要关注的是大单成交的时候，股价究竟是在涨还是跌，或者是根本就没有动。主力可以隐瞒几分钟，但隐瞒不了更长的时间，市场也不会给他更多的时间来掩藏行踪。

从深交所传过来的成交数据中，在成交数量后面带有灰色的数字，这代表每笔成交价格背后有几单在进行交易。如果当时的成交价格是20元，成交数量是500，后面的灰色数字是15，则意味着当时以20元价格成交了500手，这500手是由15单买卖申报一起完成的。假如事先有700手的卖单挂在20元的位置，则该成交可以是由15个客户以20元进行了买入申报而组成的；也可以是部分客户以更高的价格申报，但由于卖单在先，所以最后都以20元进行了成交；还可以是由一个客户用15个资金账号一次性批量买入而组成的。细心的交易者可以发现，凡是大单的成交，往往是数笔单子组成的，难以通过察看每笔手数来寻找主力的痕迹。即使是真的可以找到大手笔的单子，那也往往是大户的单子而非主力的单子，因为主力往往都很谨慎，不轻易露出马脚。

000488 晨鸣纸业 分时成交

时间	价格	现量		
14:05	8.36	59	S	4
14:05	8.36	1325	S	60
14:05	8.36	10	B	2
14:05	8.36	208	B	8
14:05	8.36	10	B	1
14:06	8.36	12	B	4
14:06	8.36	73	B	4
14:06	8.36	417	B	12
14:06	8.37	54	B	2
14:06	8.36	53	S	3
14:06	8.36	25	S	2
14:06	8.36	18	S	2
14:06	8.36	2759	S	158
14:06	8.36	3	S	1
14:06	8.36	6	S	1

成交笔数

上图就是000488在2009年7月17日星期五的收盘挂单图。该股成交现量后灰色的数字就是表示成交笔数。14：05分的1325手卖盘就是由60单交易在这1分钟内形成的。

八、解析隐性买卖盘

所谓隐性买卖盘是指有那些没有在买卖报价栏里出现却在成交栏里出现了的单子。正如前面所述，这些才是较为真实的买卖力量。如果手数不大，往往是普通交易者急于买卖的结果；如果手数过大，则往往是主力急于成交的结果。

通常而言，如果卖一至卖五栏中没有大卖单出现，却不断有大买单主动向上吃货，则往往是主力吸货的表现；如果先有大卖单挂在上面，后有大买单主动吃货，则有主力对敲之嫌疑。反之，如果买一至买五栏中没有大买单出现，却不断有大卖单主动向下砸盘，则往往是主力出货或减仓的表现；如果先有大买单挂在上面，后有大卖单主动砸盘，则有主力对敲之嫌疑。原因是真正的大买单和大卖单都不会挂在盘口，否则，想买的往往买不到，而想卖的也往往卖不出了。

下图就是002226在2009年7月17日星期五14：56分的盘口。该股买一到买五的价格分别为29.52~29.47元，卖一到卖五的价格分别为29.54~29.60元。但是14：56分出现了139手以29.46元成交的卖盘，这就是隐性卖盘。

002226 江南化工			
委比	92.21%	委差	568
卖⑤	29.60		3
卖④	29.59		5
卖③	29.58		3
卖②	29.55		11
卖①	29.54		2
买①	29.52		74
买②	29.51		395
买③	29.50		119
买④	29.48		2
买⑤	29.47		2
现价	29.52	今开	29.80
涨跌	-0.40	最高	30.65
涨幅	1.34%	最低	29.32
总量	19369	量比	0.94
外盘	7176	内盘	12193
换手	5.91%	股本	6997万
净资	4.19	流通	3275万
收益(一)	0.18	PE(动)	41.7

时间	价格	量	方向	笔数
14:55	29.46	12	B	4
14:55	29.45	2	S	2
14:55	29.46	6	B	2
14:55	29.47	3	B	1
14:55	29.50	59	B	3
14:55	29.50	101	S	3
14:56	29.46	139	S	10

九、解析买一、卖一

有时候，个股即时成交的数量不大，但买一处或卖一处的数量却常常发生变动，有撤单的，有马上新增的，但总的手数没多大变化。这种现象的出现如果是发生在一个很短的时间内，往往是主力的行为而非市场的自发行为。

因为在一个价位上的交易量往往是几笔不同所有者的单子，根据同一价格谁先挂单谁先成交的原则，排在前面的单子自然就会先成交。如果前面的单子撤下来了，那么后面的单子就会排到前面去，也就是说，主力可以把自己先前的单子撤下来，使别人的单子排到前面去。

主力这样做的目的有两种情况：如果撤的是买单，说明他不想要筹码了，推别人前进，这可能是其即将出货的前兆；如果撤的是卖单，说明他其实并不想卖，而会在下面偷偷接货，就算有人向上吃货，先吃的也是别人的货。这样维持单量的另一个目的，就是继续保持这种状态，使市场朝有利于自己的方向发展。

十、解析当面大单撤销

对于撤单行为，有可能在股价下跌以后，前期挂在上面的卖单被撇下来按下面的价格卖掉了，或者随着股价的回升，卖单又不愿意卖出而撤单了，这都是正常的。但是，某个一直挂在上面的大单公然消失了，就不是很正常的现象，它的一直存在和突然消失，反映了主力不忌讳身份暴露的心态。它的目的很明确，就是告诉市场有主力存在，且希望市场看到它随后的动作进行跟风。

但对于收市前几分钟的大单撤销，则往往是因为主力担心尾市有交易者照大单成交。大卖单撤，可能是主力怕尾市看好者突然吃货，把自己的低价筹码吃掉了；大买单撤，可能是主力担心尾市有大户出逃，同时也可以测试一下市场对大单撤销后的反映，以为明天开盘奠定基础。

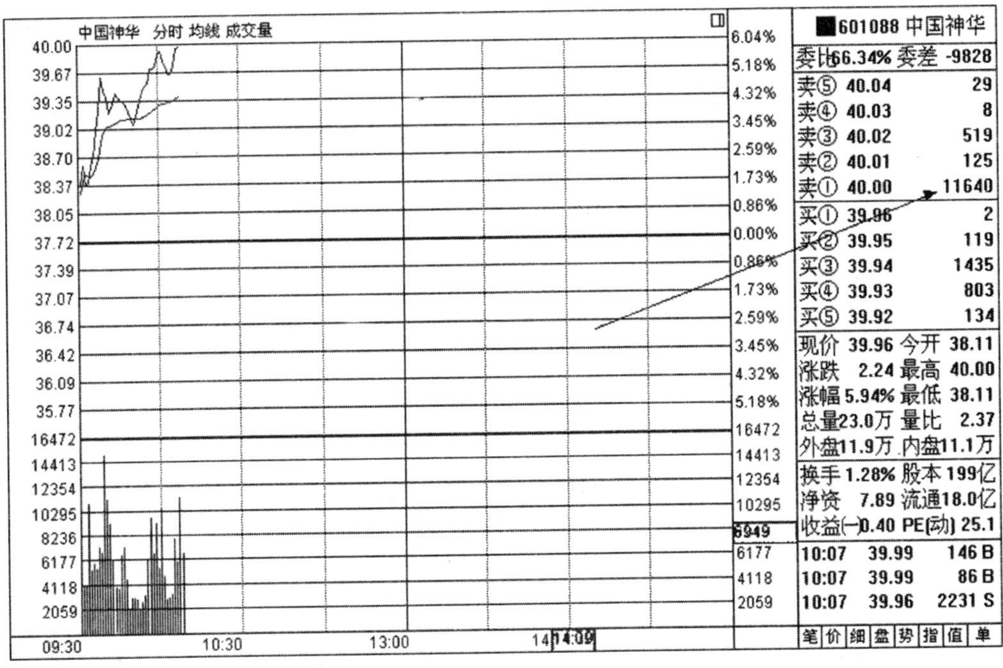

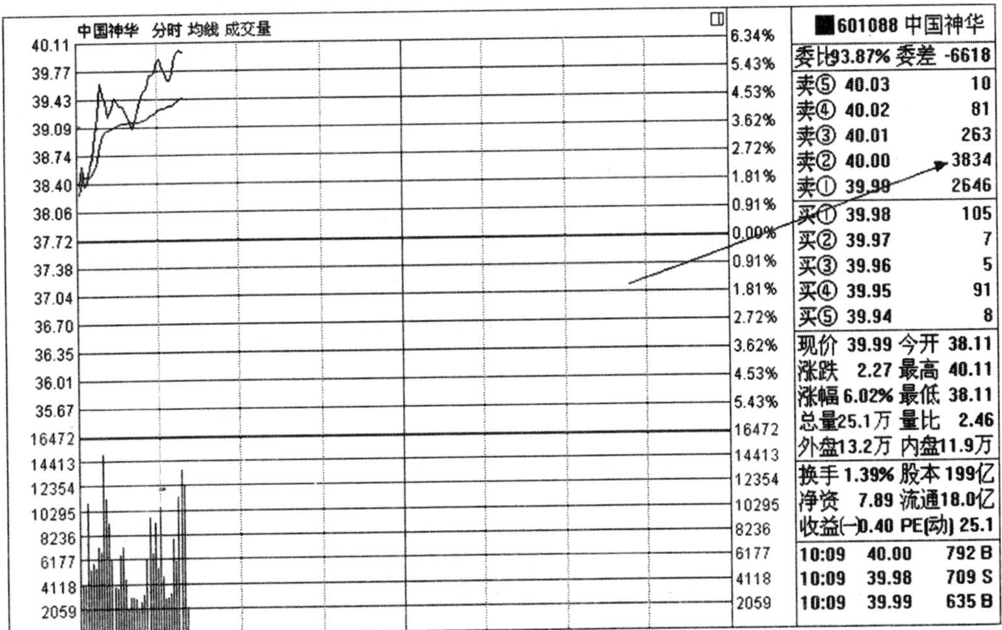

上图就是601088在2009年7月24日10：07分和10：09分的盘口。该股主力在

10：07分以40元的价格在卖一挂单11640手，在10：09分时仅成交少量，而卖一挂单就只剩3 834手了，这就是当面撤单。

十一、解析转身集体撤单

前面讲述的是某个大单的撤消行为，但也会出现几个大单集体撤消的情况。如果几个价位的大单陆续消失，这种明显的集体行动通常是主力操作的结果。但主力在集体撤单的时候，往往不会当着交易者的面进行，而是等到看盘者看不到那些价格的时候才开始撤单，当价格又回到原来的地方时，那些曾经显赫的大单常常就不翼而飞了。转身的集体撤单是个隐晦的动作，它常常说明主力不想让市场知道它的存在，也许是还没到明目张胆的时候。

主力在撤单的时候，往往会有反向的做法。即卖单撤消，往往持续的买单就会发起攻击；买单撤消，往往持续的卖单就会发动袭击。如果没有反向的动作，那么说明主力只是为了做做图形，控制一下走势，也或者只是为了试盘，看看盘口对于撤单后的反映。

十二、解析上压板

在报价栏里出现大量的卖单而少量的买单现象，俗称“上压板”。如果空头真要出货，往往不会挂在报价栏里，即使其大卖单只成交了部分而剩余的挂在卖单上档处，也会马上撤单，重新照现有的买单申报。将大量的卖单挂在盘口，只会使其他交易者以更低的价格赶紧成交而轮不到挂单者。迫使散户交出筹码或阻止股价暂时上升，是上压板的真正用意。

600232 金鹰股份		
委比-50.69% 委差 -6064		
卖⑤	5.94	662
卖④	5.93	1266
卖③	5.92	1378
卖②	5.91	1143
卖①	5.90	4564
买①	5.89	392
买②	5.88	880
买③	5.87	284
买④	5.86	725
买⑤	5.85	668

当股价处于刚启动不久的中低价区时，如果出现了上压板而股价却不跌反涨，则主力压盘吸货的可能性较大，这种现象往往是股价上涨的先兆，当交易者发现上压板被撤掉或被大口吃掉时，则要考虑跟进了。当股价的上涨已经有一定的幅度时，而此时上压板较多且上涨无量，则意味着主力想迫使获利盘看到股价受压制而快速出局；同时想看这笔压单有没有人会买，如果有，是散户在买还是大户在买；顺便也看有没有人会跟着抛，如果有，是散户在抛还是大户在抛。通过这种试盘后，主力能摸清市场状况并会调整操作思路。

上图就是600232在2009年7月17日星期五收盘时的盘口。卖一到卖四均为千手大单，买一到买五均为百手小单，属于上压板的情况。

十三、解析大压小托

有时我们会看到这样的现象：某一时期个股的上档都是大卖单，下档全是小买单，但是第一买盘或第二买盘处却有大接单，而且在一段时间内这张大单一直存在，即使是该单不断被卖盘冲减少了，但马上又被后来的新买单替补上。这种现象就是“大压小托”的现象，也是一种反常的现象。如果卖压真的那么大，买一或买二处的买单应该早就被消灭了，但它们却一直存在。这说明其实没有什么大单子想要卖，反而是主力一手打压、一手吸筹的表现。

002254 烟台氨纶		
委比 -60.02%	委差 -1390	
卖⑤	28.47	2
卖④	28.46	63
卖③	28.45	517
卖②	28.44	154
卖①	28.43	1117
买①	28.42	77
买②	28.41	22
买③	28.40	288
买④	28.39	25
买⑤	28.38	51

“大压小托”往往体现着主力打压吸筹的策略。比如在股价较低的时候，主力往往会在卖二、卖三挂有巨量抛单，使交易者认为抛压很大，因而抢在买一的价位或挂在卖一的价位卖出股票，而此时的主力则早已在买一处挂上买盘或直接向上吃进；待筹码吸纳充足或主力认为这样的行为已无法继续获得筹码时，就会突然撤掉巨量抛单，通过拉升股价来吃掉上面积累的卖单。

上图就是002254在2009年7月17日星期五收盘时的盘口。卖一压单1117手，买三仅288手，属于大压小托的情况。

十四、解析下压板

在报价栏里出现大量的买单而少量的卖单现象，俗称“下托板”。交易者如果真看好该股，通常会朝现有的卖单直接申报，甚至直接照卖二、卖三的价位挂单，很难在盘面上出现有大量委买单的现象。委买单越多，只会迫使其他交易者以更好的价格买入，而挂在盘口的买单是无法很快成交的。所以，迫使散户抢单或阻止股价下跌，是下托板的真正用意。

000037 深南电A		
委比77.35%	委差	3996
卖⑤	6.47	32
卖④	6.46	10
卖③	6.45	181
卖②	6.44	78
卖①	6.43	284
买①	6.42	313
买②	6.41	1007
买③	6.40	1376
买④	6.39	600
买⑤	6.38	1285

当股价处于刚启动不久的中低价区时，如果主动性买盘较多而盘中出现了下托板，往往预示主力积极做多的意图，交易者可考虑逢低介入；当股价升幅已大且处于高价区时，如果盘中出现了下托盘，此时交易者要注意主力是否在诱多出货。通常是看下面的托单是否在频繁更换，如果是，那么说明主力在不断撤掉自己的单子而把其他交易者的单子推在了前面，然后用自己的卖单来成

交。这往往是不祥之兆，一旦大托单被撤消或被吃掉，交易者就要考虑避避风头了。

上图就是000037在2009年7月17日星期五收盘时的盘口。卖一压单1 117手，买二、买三、买五均为千手大单，而卖单稀少，属于下压板的情况。

十五、解析大托小压

有时我们又会看到这样的现象：某一时期个股的上档都是小卖盘，下档全是大买单，但是第一卖盘或第二卖盘处却是一档大卖单，而且即使是该卖单不断被买盘冲减少了，但马上又被后来的新卖单替补上。这种现象就是“大托小压”的现象，也是一种反常现象。因为如果买方真的很强劲，卖一或卖二处的卖单应该早就被吃掉了，但它们却一直存在。这说明主力以假托的现象来促使交易者吃进自己的卖单，是减仓的表现。

000768 西飞国际		
委比 1.41%	委差	246
卖⑤	13.04	404
卖④	13.03	1023
卖③	13.02	1614
卖②	13.01	457
卖①	13.00	5129
买①	12.99	1948
买②	12.98	2482
买③	12.97	1574
买④	12.96	1160
买⑤	12.95	1709

“大压小托”往往体现着主力托盘减仓的策略。在利用下托板来减仓的时候，通常是股价上升到较高位置的时候，主力此时往往会在买二、买三处挂有巨量买单，使交易者认为行情还要继续发展，从而以卖一价格买入股票或抢在买一处挂出买入单，而此时的主力则在悄悄出货；待手中的筹码出得差不多时，主力往往会突然撤掉巨量买单，并照着下面积累的买盘开始全线抛空，导致股价迅速下跌。

上图就是000768在2009年7月17日星期五收盘时的盘口。卖一压单5129手，买一到买五均为千手大单，属于大压小托的情况。

十六、解析夹板

有时候，主力为了让股价按计划在一个狭小的波幅空间里进行震荡，就会买、卖盘处分别放上一笔大单，这种上、下都有大单相夹的现象叫做“夹板”。

夹单的用意是：上压单压抑着股价上涨，下托单防止股价下跌。这种挂单现象经常在主力进行洗盘的时候出现。主力通过上、下两个大单，牢牢地控制住股价在一个较小的区间内震荡，如果买入者没有耐心就会选择离场，而持股者则会抛出手中的股票，如此就达到了主力洗盘的目的。

但是，如果夹板的现象出现在股价的高位区间，则往往意味着主力以控制着股价波动的方式，为后续的出货操作奠定基础。当交易者都以为股价比较稳定，又有主力护盘的时候，实际上主力正在暗中小单出货，一旦主力失去耐心或见势不好，往往就会突然撤掉大买单，开始往下砸盘。所以，交易者要随时注意下托板消失的情况。

下图就是000677在2009年7月17日星期五收盘时的盘口。卖二压单1 569手，卖三压单1 948手，买二压单1 338手，买三压单1 030手，主力这样压单的目的是为了控制股价在6.70~6.75元的窄幅内波动，属于夹板的情况。

000677 山东海龙		
委比17.46% 委差 -1630		
卖⑤	6.77	591
卖④	6.76	505
卖③	6.75	1948
卖②	6.74	1569
卖①	6.73	869
买①	6.72	597
买②	6.71	1338
买③	6.70	1050
买④	6.69	576
买⑤	6.68	291

十七、解析试盘对敲

试盘有两种，一种向上试盘。主力先在卖盘处埋下大单，然后再通过连续性大买单一直将自己所埋的大卖单吃完，目的是测试上升的卖压和买盘的跟风状况。当然，有试盘的现象也是佯装上攻无力而吸引卖盘涌出的一种方式，其目的是继续吸收筹码。

还有一种是向下试盘。主力先在买盘处埋下大单，然后通过几笔大抛单的砸盘动作，将股价一直砸到自己的大卖单被消化完为止，目的是为了测试下方接盘的支撑力度和市场关注度。当然，有些试盘的现象也是佯装破位而吸引卖盘涌出的一种方式，其目的也是继续吸收筹码。

试盘往往发生在主力建仓和洗盘完毕之时，主力通过试盘测试出筹码的锁定程度之后，只要情况使其满意，往往就会随即拉升。所以届时的长上、下影线都是值得交易者备加关注的。但是也有少数试盘发生在底部区域，通常是主力在测试个股里有无早期主力的存在。如果通过连续打压后股价不跌反涨，则往往说明个股里存在着早期主力，那么想跟庄的主力就会介入，而想坐庄的主力则会另寻他股。总体来看，试盘的突出表现为：股价上窜下跳速度快，而且持续时间短，往往很快就会还原。

下图就是601166在2009年4月29日14：11时的盘口。主力在发动主升浪前，不断以大单对敲试盘，这样的目的是测试跟风盘的多少，属于对敲试盘的情况。

14:10	23.91	131 B
14:11	23.95	830 B
14:11	23.96	898 B
14:11	23.97	10029 B
14:11	24.05	333 B
14:11	24.00	7020 S

十八、解析拉升对敲

拉升对敲通常是在建仓完毕但又没有垄断流通筹码的情况下进行，其目的是制造交易的热烈气氛，吸引跟风，以替换过去的短线介入者，抬高市场平均持仓成本。比如主力可以在集合竞价时通过对敲制造一个较高的开盘价格，之后在高位挂出几笔大卖单，同时利用另外的账户不断吃掉这几笔大卖单，使股价立刻提升。这种方式往往配合着大盘的走势进行，直到主力要推升的目标价格实现为止。这是典型的对倒诱多行为，预示着主力在引诱跟风者介入，以减少拉升的压力。

下图就是600981在2009年7月17日9：33时的盘口。主力不断提高几分的价格以大单对敲拉高股价，这样的目的是引诱跟风盘一起拉抬股价，节省主力成本，属于拉升对敲的情况。

时间	价格	现量
09:33	6.87	129 B
09:33	6.86	384 B
09:33	6.86	1437 S
09:33	6.88	81 S
09:33	6.88	131 S
09:33	6.89	638 S
09:33	6.90	249 B
09:33	6.90	618 S
09:33	6.90	2191 B
09:33	6.90	2619 B

十九、解析出货对敲

当主力要出货时，为了吸引人气来买入，也会通过对敲制造交易活跃的情景。比如主力可以在高位挂上几笔大卖单，但同时也会在买盘处挂上几笔大买单，以显示买卖实力不至于过于悬殊而引发更多的抛盘。随后，主力将利用大盘的良好走势，开始用小单蚕食上面的大单（与拉升对敲不同，此举给人的感觉是市场真实的买盘正在介入，而拉升对敲的大笔买入显示的是主力开始拉升时的气魄），直到有凶悍的跟风盘开始吃掉上面的大卖单为止。之后，卖单会不断地以大单的方式出现并不断提高价位，诱惑急需筹码的交易者买入。

下图就是600112在2008年1月24日11：20时的盘口。主力突然以20.40元的高价大单对敲拉高股价，这样的目的是引诱散户买入，属于对敲出货的情况。

11:18	20.30	10 B
11:18	20.30	2 S
11:18	20.31	2 S
11:18	20.37	89 B
11:19	20.30	33 S
11:19	20.29	77 S
11:19	20.30	27 B
11:19	20.30	9 B
11:19	20.28	193 S
11:19	20.30	50 B
11:19	20.30	180 B
11:19	20.28	8 B
11:19	20.28	3 B
11:20	20.25	70 S
11:20	20.28	3 B
11:20	20.26	40 S
11:20	20.26	10 S
11:20	20.40	1549 B

二十、解析隐性对敲

因为资深的交易者都知道主动出击的买卖盘才是真实的，所以主力也有可能制造隐性的对敲行为。当成交栏中连续出现较大成交量而买卖队列中没有此价位的挂单，或成交量远大于买卖队列的挂单量时，往往是主力刻意的对敲行为。由于很多操盘手在交易所进行场内交易，其挂单速度非常快，以至于其买卖挂单可以在零点几秒内成交，根本不会出现在买卖委托盘口。这种对敲方式既不会使主力失去筹码，也不会浪费多余的资金，但是却制造了成交量。需要注意的是，倒仓往往也是以这样的形式进行的，为的是杜绝其他交易者的介入。

一般而言，我们比较容易识别对敲行为，但不一定能及时了解对敲的用意。对于中线交易者而言，只要能识别对敲行为，并意识到对敲必然是将做于主力有利而于交易者不利的动作，就可以对风险进行规避了。对于超级短线交易者而言，对敲即使是陷阱，里面往往也有很多超级短线的利润空间，有时也是值得参与的。

二十一、解析吸货大买单

当机构或基金看好时，往往会策略性地介入个股，通常的情况是一次性吃掉几个价位的抛盘，歇了一段时间之后，市场抛盘见股价回落又会涌出，于是机构再重复该动作。通常而言，这些买单都是主动性的，不会出现在买盘的报价区，属于突然出现的动作，它不会促使股价持续上升。这是机构真实买盘和虚假对敲的重要区别。机构买入的股票还有另外一个特征：由于它不是主力庄家，而是一次短暂的建仓过程，所以在这个过程结束后（0.5～5天），股价通常就会回落下来。

一般而言，基金或机构建仓的时候，交易员都会得到一张指令单，在指令单上有详细的建仓品种、建仓数量、建仓时间、买入价格区间等要求。交易员往往不会选择按最低的成交价来完成目标，因为市场价格不在其控制之中，若强求低价格则往往会完不成建仓任务，因而受到上司指责。所以，为了圆满完成任务，交易员往往选择的是快买的方式，尽管交易的成本可能偏高，但其仍在指定的价格区间和时间内完成了任务。

于是，我们经常就会在盘中看到有人买单扫货，没有很大的成交量，也没有明显的对敲行为，这也许就是某个机构或基金的交易员在按指令行事（通常而言，主力扫货要比这更凶猛，而且更具有持续性。）如果我们能判断出是机构或基金在买单，那么就应该知道一旦这张指令单完成，股价就会跟随着大盘起落，当天过大的涨幅就会得到修正。因此，当判断出是机构或基金在买入时，交易者最好不要急于跟进，因为他们还没有拉升的动作；当然，资金量大的交易者或中线交易者则可以同步跟进，以免后期进入成本偏高。如果短线交易者手中持有该股，那么此时可以先行抛出，等到股价回落后再买入也不迟。

下图就是600189在2009年3月31日13：10左右时的盘口。机构突然连续以2 000~5 000手的大单强力扫货，这样的目的是为了收集筹码，属于大单扫货的情况。此后几个交易日股价加速上涨。

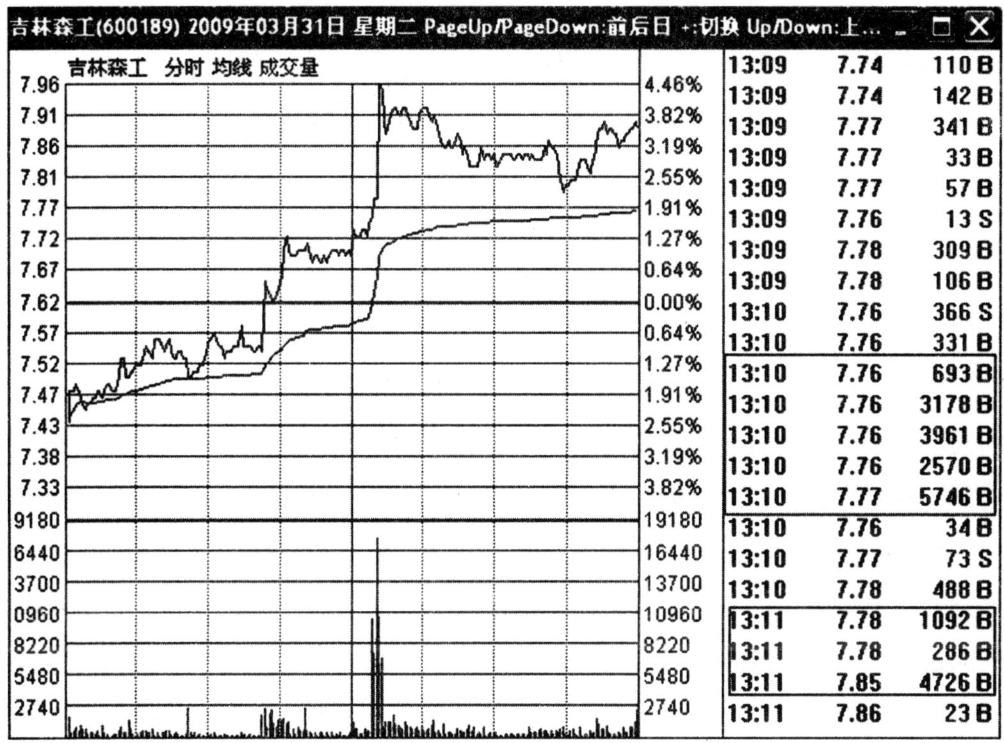

二十二、解析出货大卖单

主力减仓都会有一个明确的操作计划。对于中、长线的主力而言，其操作股价的依据和截至目标往往是当个股预期业绩实现（报表出来为止）、朦胧重组成功（重组公告出来为止）、主题开始透支（主题性利好出尽）等情况出现为止，至少也会等一个大致的上涨幅度（如0～500%）达到为止。若不出现这样的结果，只要主力的资金链不断，只要大盘不是极度恶劣，主力往往是不会全部出货的，也没有全部出货的氛围和机会。主力有可能在波段交易中高抛低吸，或者因意外提前减仓，这并不是主力全身而退的出货表现。减仓是部分出货，后面往往还会有更高的出货空间，而出货则是数次减仓之后的疯狂抛售，两者有本质的区别。

主力在减仓时的盘面特征是：上方没有很大的卖盘挂单，一旦下方有买盘挂单就会有抛单砸盘；或者卖单盘口中出现层层中等卖单，而买单盘口只有零星小单，突然盘中出现小单持续吃掉上方卖单，但紧接着又出现大卖单快速砸掉下方累积的买单，这是典型的欲擒故纵策略。另外，如果尾市卖盘压力不大，那么主力往往会将收盘的价格拉起来，这也是一个重要的识别特征。如果出现主力连续“减仓”，则可能就是主力出逃的行为了。但这不是一两日可以看得出来的。

此外，大卖单的出现也有可能是非主力的大单出逃行为。一般来说，大单的出逃并不一定表明上市公司有问题，可能是基金为了对付赎回等原因不得不卖掉一些筹码，也可能是某个大户急需资金周转而不得不平仓。如果是这种情况，对于中长线的交易者就应该按照既定方针，持有的继续持有，要买进继续买进，当上市公司的基本面或大盘走势发生了根本性的变化时，再去考虑卖出的问题。当然，大卖单出逃后股价最终能否回归原处，还取决于盘中主力是否愿意护盘，如果盘中根本就没有主力或者即使有主力也已经力不从心，那么大卖单完成以后股价也难以回升，如果继续持有该股票就会出现巨大的亏损。

下图就是601111在2007年9月20日14：34左右时的盘口。机构突然连续以9 712手的大单打开涨停板，属于大单出货的情况。此后一日股价达到历史高位30元，随后几股价震荡上涨，最低跌破4元。

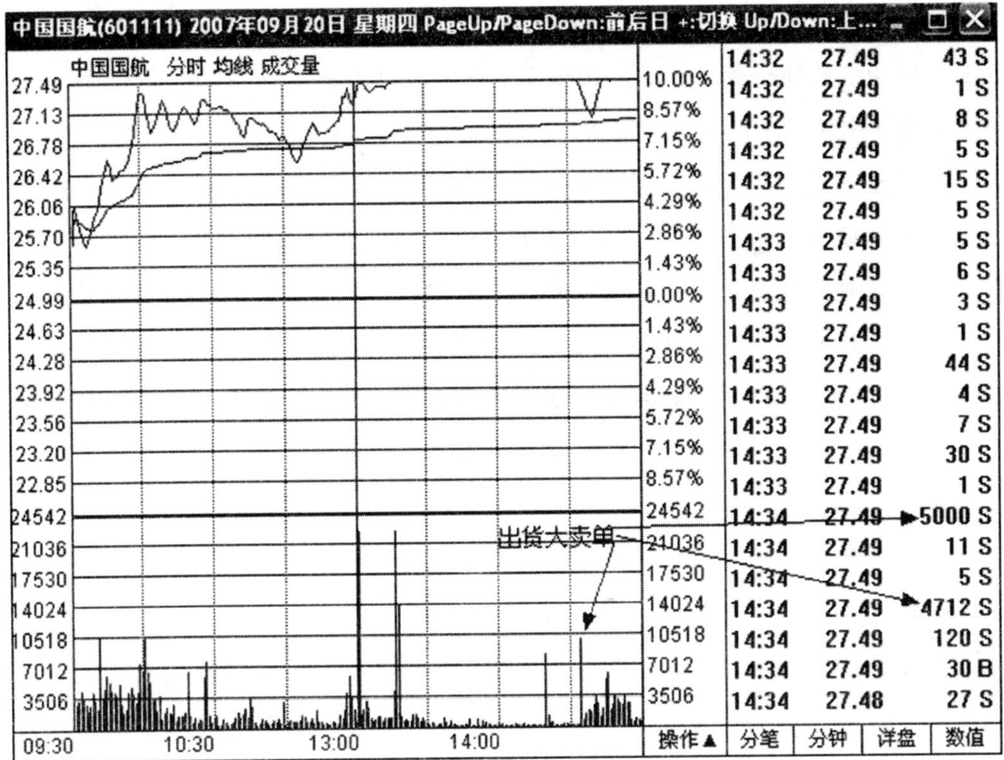

二十三、解析脉冲行情

所谓脉冲式行情，是指股价在较短的时间内突然脱离大盘走势，上冲到一定阶段又很快回落到原来位置的状况。这是股市里很常见的现象，尤其对于喜欢追高的交易者而言，更需要了解其用意。

一般而言，脉冲式行情有可能是以下原因造成的：

1. 机构抢货

前面论述过，当基金或机构交易员按交易指令单工作的时候，往往就会出现股价冲高的现象，而当其工作完成时，股价又会出现回落的现象。它的特征是：不会在几分钟内出现促使股价上升几个点的现象，一般呈现出阶段性的

“鱼吃食”行为，即向上吃一口就会停一下。如果交易者能判断出是机构在抢货，可以中、长线持股。

2. 散户抢货

散户抢货的原因，不一定是主力拉升股价所致，有时机构或基金的过急介入，或者是游资的抢盘行动，也会使散户以为是主力拉升的动作，进而导致集体跟风。这种状况通常发生在板块跟风的时候，一旦某板块有龙头股出现，其所属关联板块的个股往往就会出现跟风现象，而一旦龙头股显现弱势或大盘开始转弱，那么股价自然就会冲高回落而无人过问。所以，该情况的重要特征是行情跟随板块和大盘的走势。如果交易者能判断出脉冲式行情属于这种情况，又对板块连续上涨持怀疑态度时，应该考虑卖出该股。

3. 对倒诱多

当个股在中高价的时候，主力为了吸引跟风或减仓，也会制造脉冲式行情。前者是通过对倒做量吸引部分散户跟风，促使部分浮动筹码与新介入者进行交换；后者则是诱使散户在跟风的时候接纳主力的卖盘，以达到减仓的目的。当交易者判断出脉冲式行情属于这种情况时，应持警惕态度，因为主力自己已经不需要筹码了，从理论上来说，随时有减仓或出货的可能。

4. 试盘

主力在拉升股价前需要测试上方卖压有多大，以准备拉升的时机和资金，于是就会出现试盘。对倒后的试盘动作完毕，股价自然就会回落。需要注意的是，此时的主力往往不畏惧抛盘的大量出现，所以也有可能本身就是为了冲高吃货。该情况多半发生在个股的中低价位，一旦发现可继续持股或跟进，而窍门是多留意那些在底部或中部常常出现长上、下影线的个股，这些往往是试盘的表现。

5. 空头陷阱

当个股出现脉冲式行情时，往往成交量比较大，而且在其K线图上会留有长上影线，这样，普通交易者就认为该股出现了“十字星”或“流星线”，应该卖出股票，于是正好中了主力制造的空头陷阱，致使散户在股价被拉升前或拉升中就交出了筹码。当主力制造空头陷阱时，当日的上冲成交量往往是加大建立短期仓位的表现，随后打压吃货的行情也可能会继续展开。如果中长线交易者能判断出脉冲式行情属于空头陷阱，那么坚决持股或跟进就是明智的选择；

而短线交易者则可能还要面临一段时间的整理和折磨。

下图就是600097在2008年下半年的走势图。机构在10月下旬使股价在较短的时间内突然脱离大盘走势，上冲到20%左右又很快回落到原来位置，随后几日股价不断上涨。所以此处的脉冲式行情属于试盘动作。

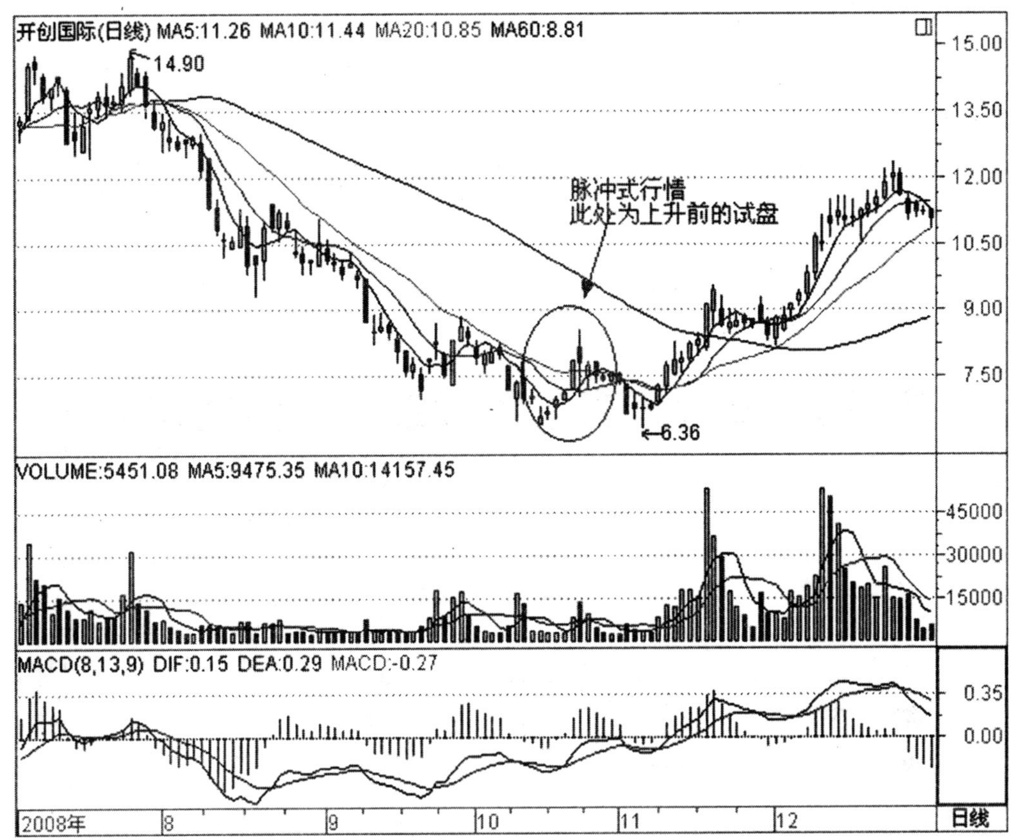

二十四、解析急涨急跌

急涨急跌是盘中突发性的行为，往往致使股价在几分钟内的涨跌幅达到了3%以上。很明显，散户往往是亦步亦趋的，不会率先发动涨跌的攻势，往往是主力的刻意行为才会导致这种现象的发生。急涨急跌常常伴随着大手笔的成交，且往往突破盘中的阻力点，是很好的交易时机。但其真实性也是需要交易者用心判断的，否则就会弄巧成拙，徒增亏损。

判断盘中的急涨急跌行为，仅从分时走势图上进行分析，大致有四个方面：

（1）急涨（急跌）后股价重新回到了原有的启动点之下（上），说明该急涨（急跌）虚假；

（2）之前盘中成交稀疏，突然出现急涨（急跌）现象，该现象往往也是虚假的；

（3）出现急涨（急跌）时，如果成交量跟不上，则该行为多半为外强中干，也不真实；

（4）如果股价处于明显的顶部（底部），急于创新高（低）的行为，也往往是虚假的突破。

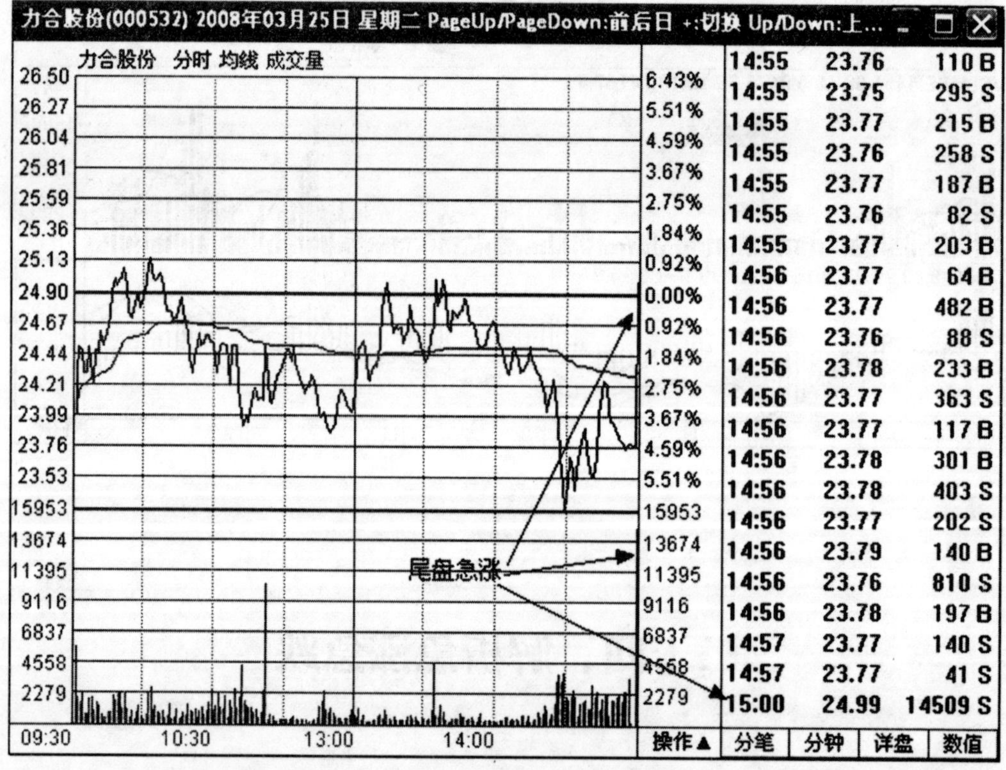

上图就是000532在2008年3月25日14：57左右时的盘口。机构突然连续以14 509手的大单向上拉升4%以上，使得收盘价定在24.99元。纵观股价历史，已经处于高位，此处急拉属于诱多的情况。此后几日股价快速下跌，股价最低跌破4元。

分时走势图实战解析

一、解析运作时间

时间是一个永恒的魔幻大师，能够演化无数的事物，对于千万人时刻都在进行着博弈的股市而言，时间是一个比价格更重要的因素。股价涨／跌多少的同时花了多少时间，是一个很敏感的问题，它直接反映了诸多投机者的心理状态。

在以时间为横坐标的分时图上，股价所有的变化都是在时间刻度之上的。升／跌多少价格时耗费了多少时间，说明了多头或空头攻击能力大小的问题；调整／反弹多少价格时用去了多少时间，则反映了空头或多头反攻力度的问题；升得快而跌得慢，或者升得慢而跌得快，又或者升和跌都是差不多的速度，它们反映出的是不同的盘面语言。图形变化的每一步都离不开时间，从消耗时间长短的问题上，我们可以洞察出市场多、空双方的微妙变化，以掌握买卖先机。

在股价的运行时间上，有几个时间段是很重要的。第一个是9：30~10：00阶段，属于早盘阶段，极强势和极弱势的股票都会在此时集中表现，以图一锤定音地定下当天的走势方向；第二个是10：30阶段，因为这是停牌个股复牌的时间，复牌的个股在复牌公告的刺激或大盘的影响下，常常会突然发力，而该举动又会影响同板块个股，并由此产生联动效应；第三个是11：00~11：30阶段，属于上午的尾盘阶段，很多有预见性的个股会在此时展开攻势，以图在下午的博弈中占据主动地位；第四个是13：00~13：30阶段，这是下午的早盘阶段，也许是交易者在中午休息的时候进行了进、出场的思考，也许是中午有一些突发性的消息传出，该时段往往也是当天多、空双方激烈争夺的时间段；第五个是14：30~15：00阶段，这是当天的收盘阶段，为使个股明天的走势符合自己的利益，或者主力终于开始透露本意，或者犹豫的交易者终于开始行动，或者有关明天的政策新闻隐约透出……该时段是一天最不安静的时段，最后一分钟的动作尤为精彩。

上图就是600843在2009年2月2日的分时走势图。该股在9：30～10：00阶段强势上扬，一锤定音定下当天的走势方向，此后11个交易日该股价突破6元。

二、解析升、跌幅度

股价运行了一段时间后，自然就会在分时图上留下上升的高度或下跌的深度，可能这只是多、空双方第一回合的较量，我们却可以看出这一回合的胜负战绩，即到底是多头占主动性优势，还是空头占主动性优势。

在以价格为纵坐标的分时图上，升的高度和跌的深度就是价格的涨跌问题，它显示着目前交易者的输赢状况。升高了，获利盘可能就会马上抛出；跌狠了，抢筹码的可能马上就会出现。这种涨跌的转化一直会持续到收盘时才能分出胜负。

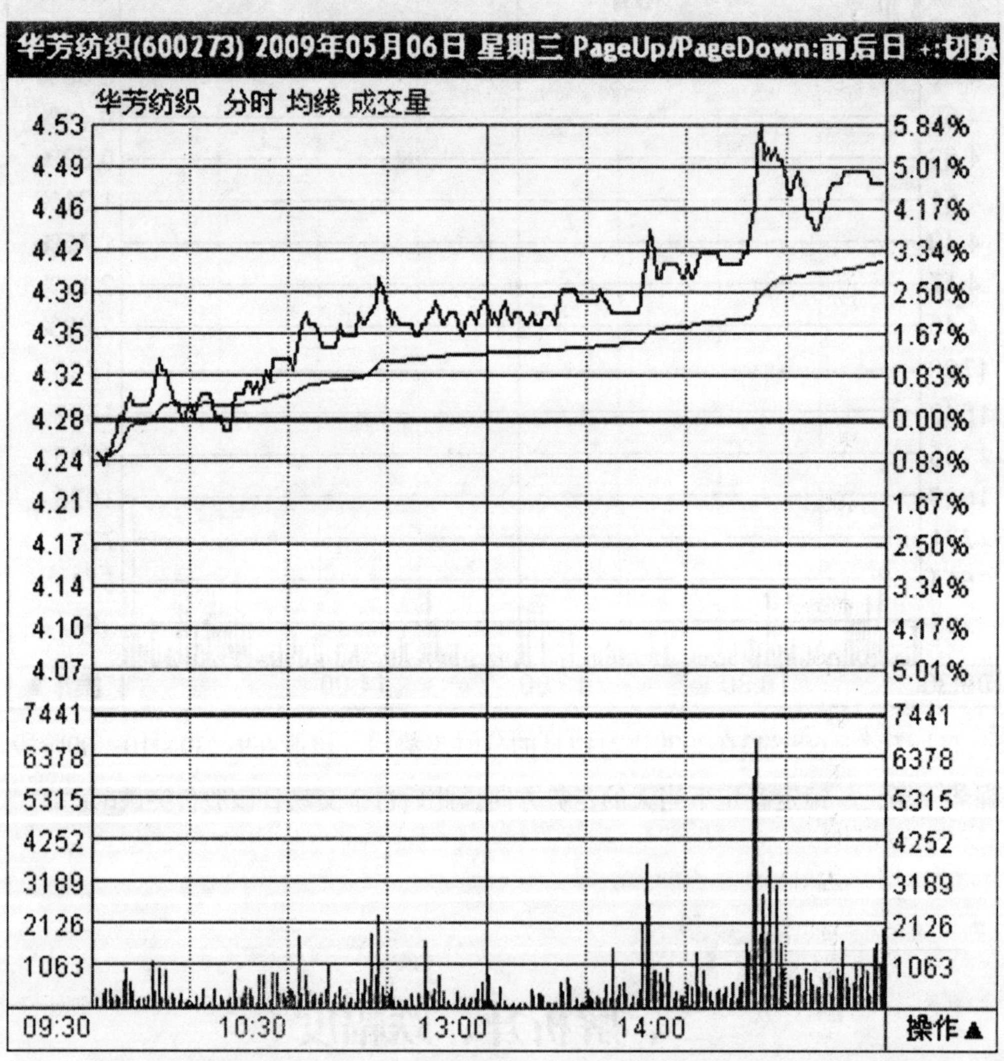

上图就是600273在2009年5月6日的分时走势图。该股上升时幅度较大，下跌时幅度很少，明显多方占优，此后3个月该股涨幅超过50%。

三、解析回调、反弹幅度

股价升高之后，或者会停顿下来积累力量后再继续前进，或者会停顿下来察看风向后掉头下行。这时，交易者就要看调整的深度问题了。比如，20元的股票涨了1元钱，可能是直拉式上升造成的，可能是斜推式上升造成的，也可能是曲折性上升造成的，但这些都不重要，重要的是现在它开始反向运动了。如果股价在向下调整了0.2元钱（10%）之后又开始攀升，我们称这种现象为小力度调整；如果股价在向下调整了0.4元钱（20%）之后才开始攀升，我们称这种现象为中力度调整；如果股价在向下调整了0.6元钱（30%）之后才开始攀升，我们称这种现象为大力度调整。一旦调整幅度太深，多头可能就会支撑不住，导致股价开始下坠。

小力度调整是强势股的表现，这种调整表示盘中做空的力度很虚弱，无力将股价打压下来，是一个好兆头；大力度调整则说明股价在升高后，马上遭受到空方的大力还击，说明空方的能量很大，应该引起重视；中力度调整介于这两者之间。但只要是股价出现调整而不是反转，说明多方总体上还是占有优势的。

反弹幅度也适用于上述原理。此外，在分析回调／反弹幅度的时候，还要同步考虑回调／反弹所用时间的问题，回调／反弹所用时间少，说明对手打击的力度大，很快就出现了价格回位现象；回调／反弹所用时间多，说明对手在稳步蚕食过去的成果，前者的强攻可能只是外强中干的表现。

下图就是601168在2009年2月19日的分时走势图。该股跳空高开，下探后上升，但是随后的回调幅度很大，遭遇了大力度调整，且反弹时幅度较小，明显空方占优，综合观察该股前期涨幅较猛，暗示短线将遭遇回落。

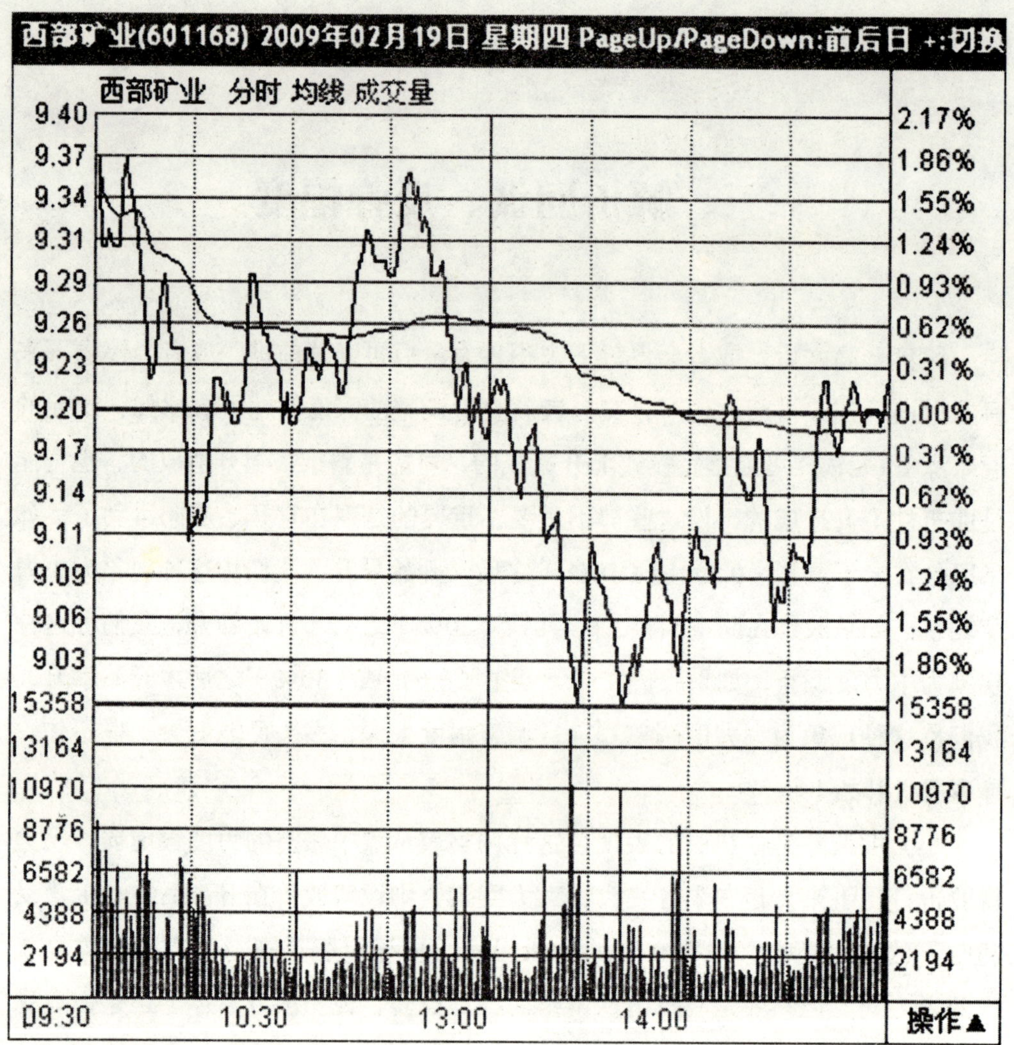

四、解析成交量

成交量是辅助分析股价涨跌原因、涨跌动能和涨跌虚伪性的指标。总体来说，成交量的变化代表了当前资金的操作性质与交易者买卖热情的高低，大量资金做多股价必然上涨，大量股票做空则股价必然下跌。但要注意，分时图里的无量下跌是主力当日没有出货或没有主力参与的标志，这种下跌并不可怕；而无量空涨也是主力无法出货的信息，只要不放量，后面就还会有新高出现，因为主力往往会选择在高处出货。

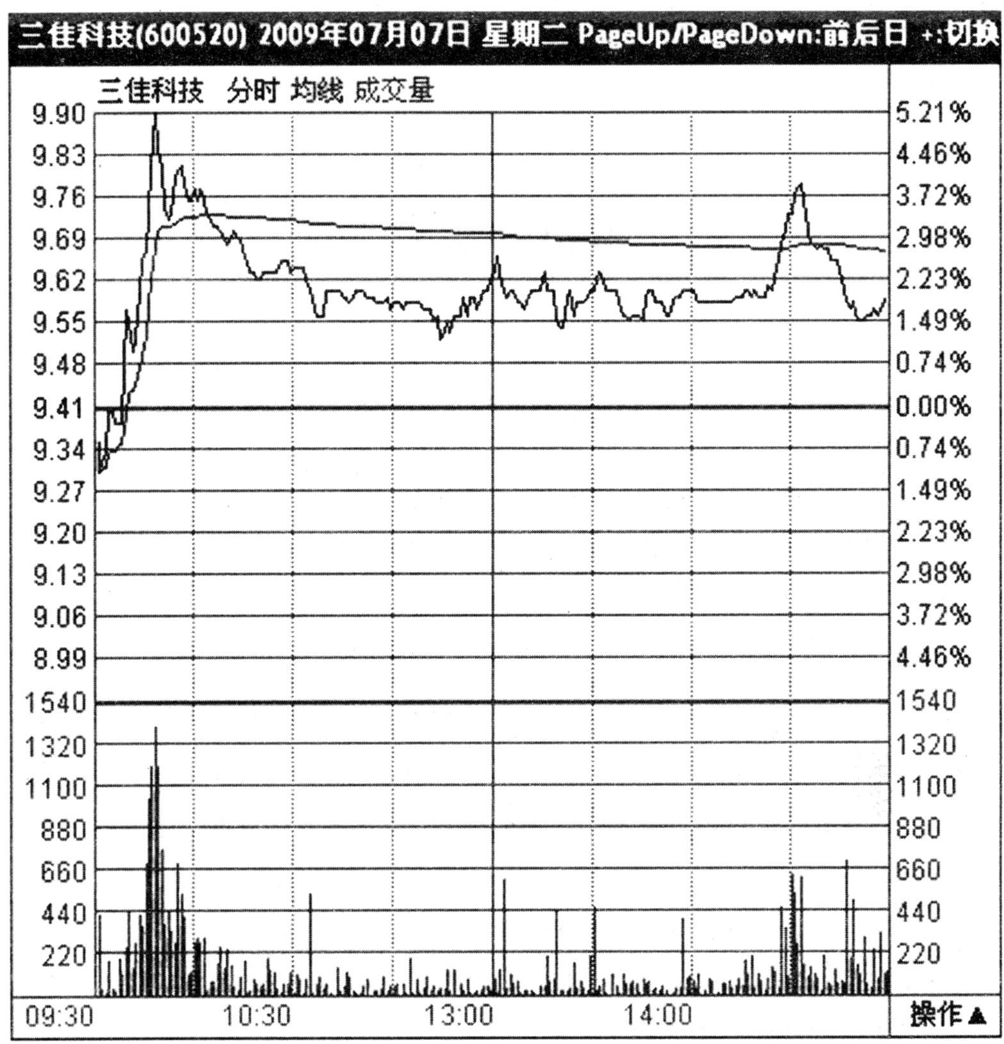

看分时图下面的成交量数据时，该线状图是红是绿都不重要，因为每个第60秒钟的成交价格都包含着数笔成交状况，而且都是交易所延迟发过来的数据，这些数据难以真实地反映在一分钟内是主动卖出的多还是主动买入的多，因而红色并不意味着涨，绿色也并不意味着跌。如同前面“单笔成交分析”里讲述的一样，我们要关注的是成交量线状图的长与短，以及与该成交量对应着的价格变化。通过调整软件的设置，交易者也可以将红、绿色的成交量线状图改为单一的黄色，同时也可以点击下面的“量比”指标，通过量比曲线来察看更细微的成交量变化。

上图就是600520在2009年7月7日的分时走势图。该股做多时量大，做空时量小，说明多方占优。

五、解析一字形涨停

一字形涨停的主要特征：股票开盘就涨停，且一直将涨停封到收盘之时。

主要用意是。

1. 拉升，使股票迅速脱离成本区，通常发生在主力建仓完成之后

基本原理：当股价处在底部的时候，持股者普遍惜售，此时只要少量资金就可以将中小盘的个股封至涨停，尤其是在开盘时就封涨停，愈发能显示出主力拉升的决心和实力。此时，抛盘会非常少，人们普遍持股待涨，往往该涨停板很轻易就能封到收盘时。此外，当个股筹码基本上被主力收购之后，外面的抛盘很少，同样可以轻松封一字形涨停板。当股票出现一字形涨停板时，往往会最先进入“涨幅排行榜”，锁定交易者视线，吸引其后期跟风。

2. 吸筹

有主力在不破缺口的情况下进行吸筹，只是这种情况较少。

下图就是600591在2009年7月14日的分时走势图。该股开盘就涨停，成交量稀少，说明持股者普遍惜售。

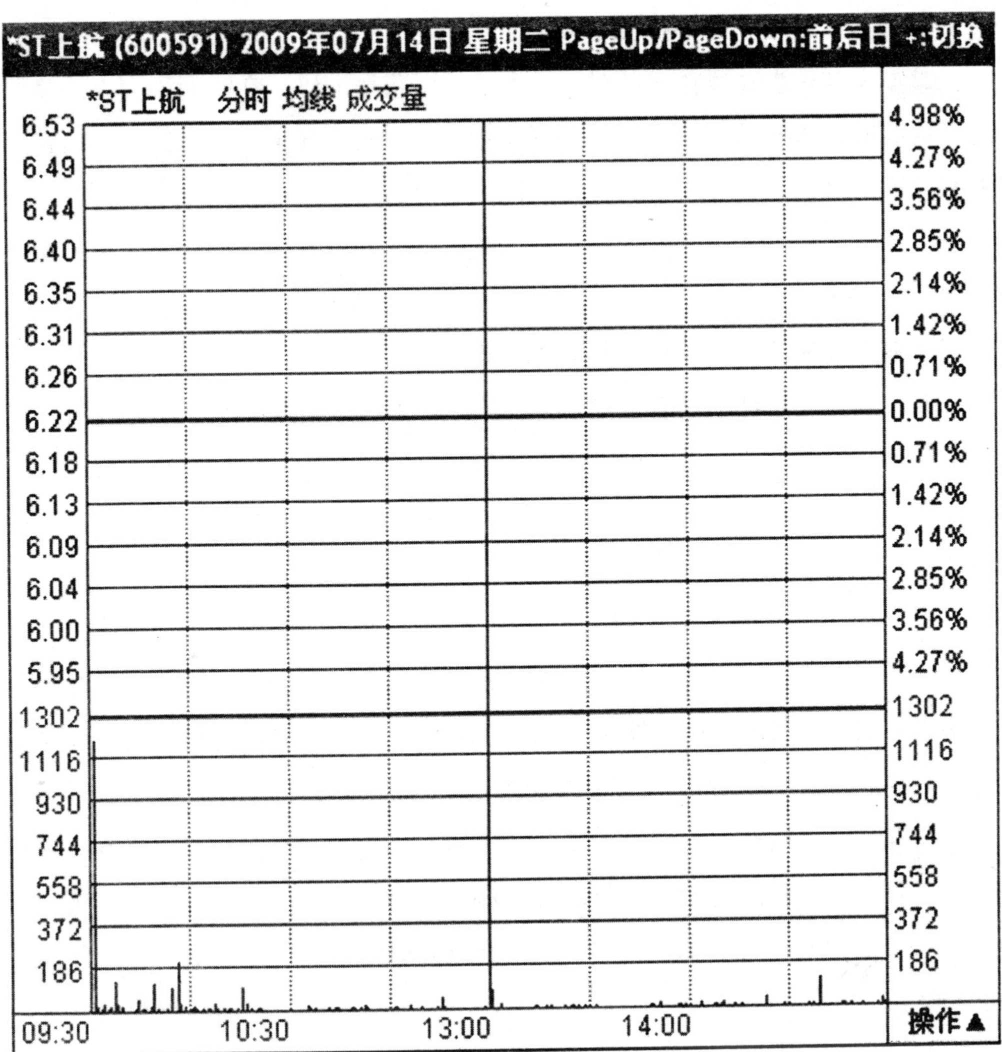

六、解析T字形涨停

T 字形涨停的主要特征：开盘即涨停，但是中途涨停板被打开过，之后又被封住涨停板，直至收盘。

主要用意是：

1. 吸筹，往往发生在新股的建仓中

基本原理：当股票在底部时，主力已难以获得筹码，在时间不允许的情况下，或者股票本质较好而导致不拉升则不易吸筹的情况下，主力往往会通过高开涨停吸引抛盘的注意，然后在涨停途中作出买盘支撑不住的样子，打开一个缺口来诱惑抛盘出来。此后，在第二日或第三日加大筹码收集力度之后，做出短线需要调整的动作，吸引抛盘加大供给，以快速完成吸筹工作。

2. 减仓或减压，一般发生在股价连续上涨后

基本原理：这种图形通常都发生在连续上涨后的后期，原因是开盘涨停能形成惜售的局面，但是主力可以趁人不备，快速开个缺口进行减仓，可通常又出不了多少货，于是就继续封住涨停板，方便后期出货（真要大量出货时，通常就会出现连续的缺口）。

看T字形涨停图形时要注意，如果缺口只有一个，就要看缺口的深度是否过深，缺口过深说明抛压巨大；如果缺口有几个，则说明主力可能在陆续减仓；如果当日成交量过大，则说明主力加大了减仓的力度。但是一般来说，只要主力的减仓动作不大，是很难区分主力是在减仓还是在减压的。这并不重要，因为两者都已经透露出主力筹码过多的信息了，既然主力开始减仓或不要筹码了，那么就预示着后期股价拉升的空间有限了。

只要股价不是涨得太高，通常出现这种图形时，就是主力示意该有新人进场交换少许筹码的时候了。如交易者在主力利用涨停处的缺口进行洗盘时介入，往往也能得到一定的甜头，但短线交易者必须提高警惕，后期见势不好就要出货；如果涨幅过多，中线交易者也要注意减仓了。

下图就是600591在2009年7月16日的分时走势图。该股在停牌1小时后交易，开盘就打开涨停板，成交量放大，但又在不到1个小时内封上涨停板。日K线上留下T字形涨停图形，说明主力有所减仓。

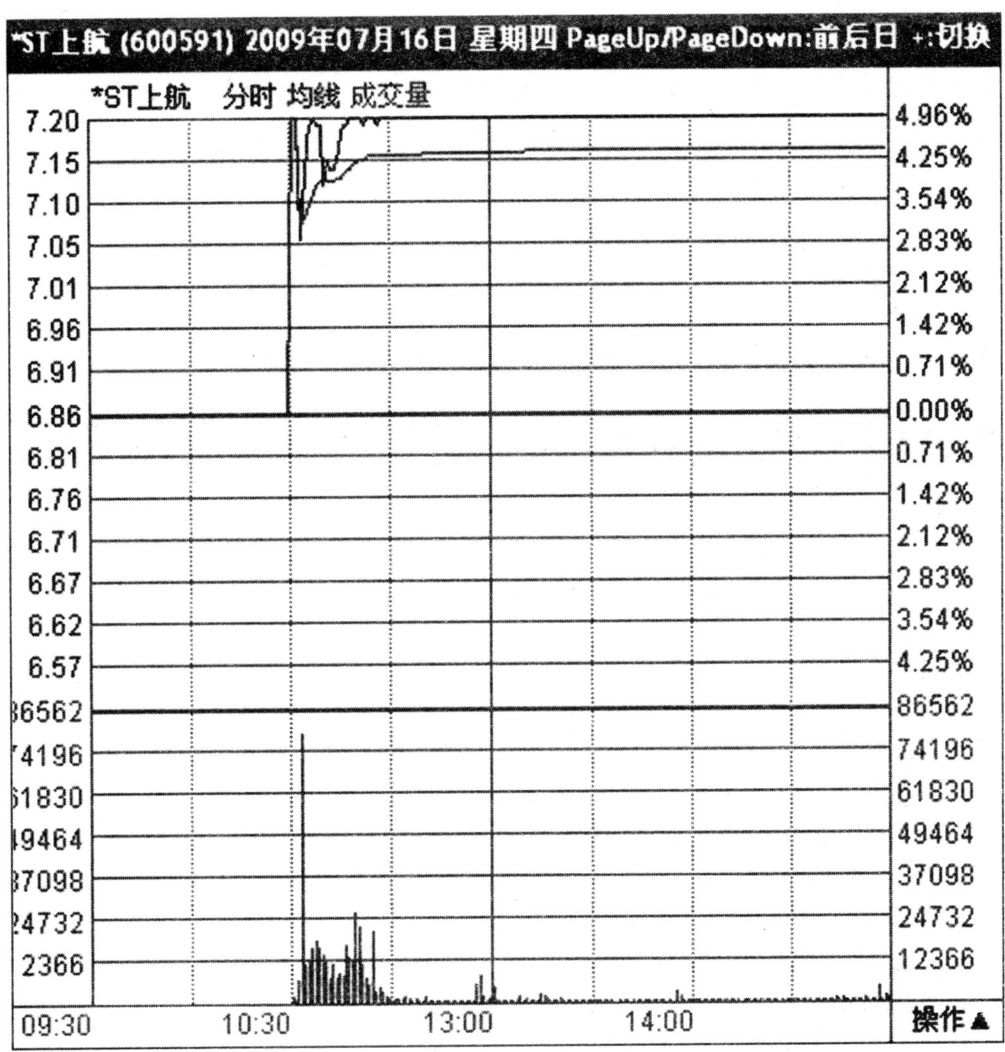

七、解析拉高形涨停

拉高形涨停的基本特征：低开、平开或高开后，股票被封到涨停板处。

拉高形涨停看起来多种多样，但实际上只有两种：斜推式涨停和平台整理式涨停。其他样式都是由这两种演变的。

拉高形涨停和一字形涨停的目的及意义是不一样的。虽然两者都是涨停，也都是为了吸引市场目光，但是一字形涨停暴露的是主力不希望市场跟风的用意，当其连续拉一字形涨停时，意味着主力不是吸筹而是建仓已经完成，需要快速脱离成本区赶紧盈利。为了快速将高风险筹码转换给后来者，主力往往在拉了2~4个一字形涨停板之后，又会采用T字形涨停板或拉高形涨停的方式，以吸引市场跟风。所以，交易者如要跟风，须考虑个股当前的涨幅情况。如果涨幅过大，则暴涨的背后可能就是暴跌，这通常体现了主力速战速决的心态。

拉高形涨停则一开始就透露出主力希望市场跟风参与的意图，同时在边拉升、边吸筹、边洗盘的过程中，不断提高市场参与者的成本，不断过滤不稳定

的浮筹，不断吸引新的买家入场。在股价逐级抬升的过程中，主力的新筹码也在不断增加，但市场人气被彻底激活。采用这样的拉升方式后，后期主力多半是通过慢熊型或震荡型的方式进行出货，毕竟前期的高成本筹码也有不少。在到达市场最高点时，巨量长阴线或墓碑线往往是这段行情反转的标志。

上图就是600621在2009年5月22日的分时走势图。该股在平开后不断上拉，盘中和尾盘拉至涨停板。说明主力边拉升、边吸筹、边洗盘的过程中，不断提高市场参与者的成本。

八、解析涨停又开板

涨停又开板的主要特征：其一是高开盘，吸引人注意；其二是曾经一度急拉，诱多涨停；其三是封住涨停板一段时间后，又屡屡被打开涨停板。

这种手法用在股价不同的阶段，所透露的意义是不一样的。主要用意有。

1. 减仓，主要发生在行情的阶段性顶部

基本原理：一只股票被迅速拉到涨停并进入了市场涨幅排行前列，自然会引起诸多短线客的关注，越是强势的股票就越会有短线盈利的空间，这也是短线客普遍存在的认知。于是，只要个股被拉到涨停且当时并没有放出巨量，那么他们就会毫不犹豫地跟进。如果当时没有抢到筹码，哪怕挂单排队或者抢涨停缺口，他们也愿意。正是基于这种心理，主力就会悄悄撤掉买一处的巨大接盘，让后面的散户买单顶上，而自己则开始照着买一处的价格快速出货。散户的买单自然封不住主力的巨量卖单，于是主力把卖单暂停一下，再把股价推至涨停板，然后再撤买单接着卖。如此往复，自然就出现了封不住的涨停现象。

涨停减仓往往是建立在大盘很强势或个股有利好的情况之上的，因为这种封不住的涨停现象，市场基本上都认定是主力在出货，主力必须借助利好环境才能麻痹广大交易者，这是它的一个特征；它的另一个特征是个股的股价往往不低，主力获利空间已经比较丰厚了。

所以，在个股累计升幅较大后，短线交易者见到涨停封不住的图形时就要准备出货了，尤其是当日跌破均价线或第二波跌幅过深时；稳健一点的交易者则可以等待股价跌破5日均线时再出局，以避免中途自动出局；中线交易者则需要看30日均线，但如果股价距30日均线高出太多，也应该考虑减仓了。

2. 试盘或整理，主要发生在行情的中途

基本原理：当股价处于即将拉升阶段或关键部位时，主力通常会有试盘的动作，以确定市场的跟风状况和抛压状况，方便下一步的计划和部署。如果试盘时发现买盘很多，在主力筹码足够的情况下，可能就势发起上攻的动作；如果试盘时发现卖盘很多，则主力会停止拉升，接下来进行浮动筹码的清理过程，迫使浮筹出局，避免后期拉升时浮筹溢出下挫股价。若大盘状况不好，主力也会借势打开涨停板的缺口进行洗盘的动作，但这个缺口往往不深，几分钟之内就会被填补。需要注意的是，试盘和吸筹或试盘和洗盘可能是同步进行的，主力见风使舵是常有的事。

3. 拉高吸筹，主要发生在阶段性底部

基本原理：当股价升到涨停板时自然就会出现惜售的局面，一旦涨停板被打开，则会出现恐慌性抛售的现象，持股者本能地会以为是主力在靠涨停板出货，或者卖压大到抢单的人封不住涨停板。在见好就收的思维下，市场的卖单会蜂拥而出，主力为了买进更多的筹码也不会去封住涨停板。主力在每次买到涨停价附近时就会停止购买，等待抛盘涌出之后再继续买进。即使此时有散户跟进也没有关系，主力要么会在后期进行洗盘，要么正好利用他们来提高市场介入者的平均成本。“涨停封不住”往往是主力拉高建仓时特有的现象，但这种现象一般出现在股价的相对低位。

下图就是601600在2009年2月9日的分时走势图。该股在高开后逐渐上拉至涨停板，盘中涨停板两次打开，似乎要下行，但尾盘又封住涨停，说明主力在每次买到涨停价附近时就会停止购买，等待抛盘涌出之后再继续买进，属于吸筹行为。

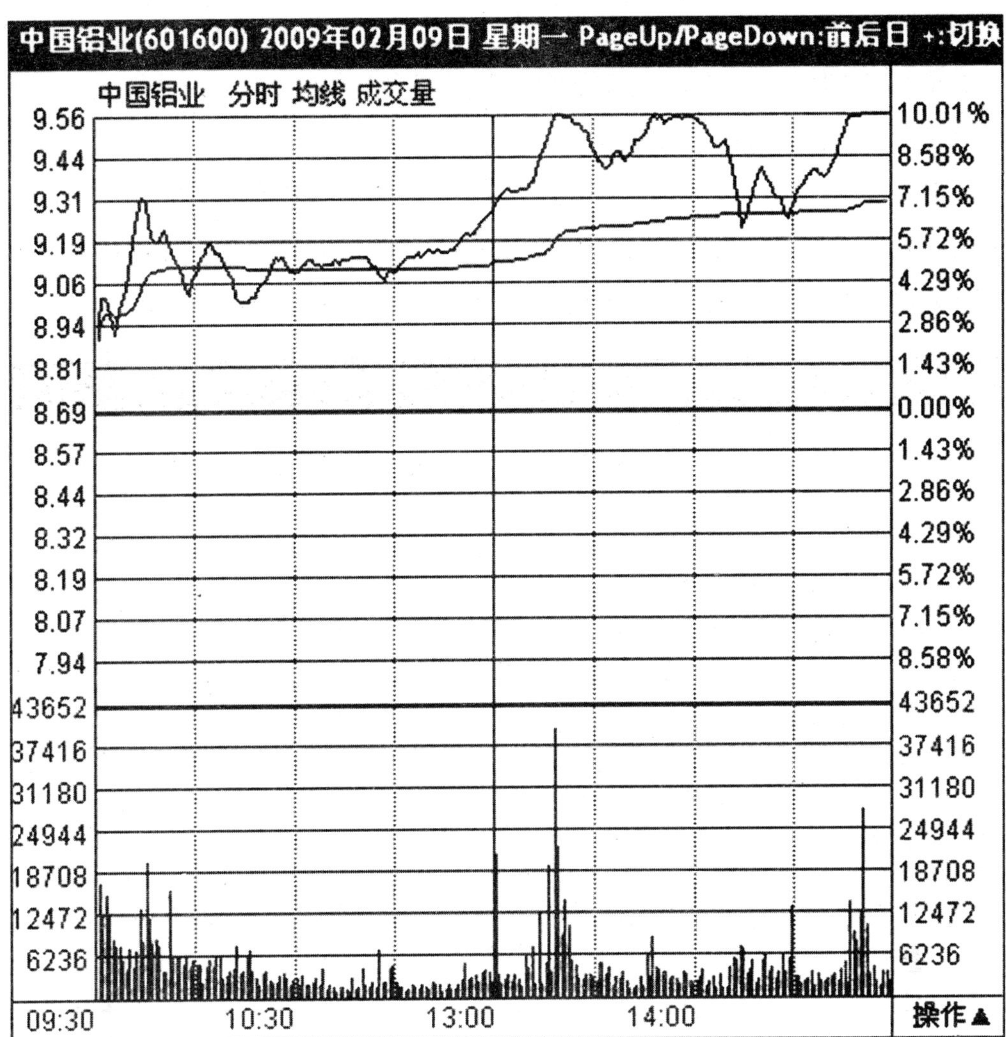

九、解析冲击波形出货

冲击波形出货即前面每急拉一次股价，后面就会慢慢退下来一些，表面上形成了稳步上升的台阶，事实上抛盘的压力很明显，必须靠主力的强拉才能维持。这是主力在刻意制造一个向上的运行趋势，而实则是在对敲急拉后小单出货，一旦遇到形势不好，就会马上高台跳水。遇见这种图形，如果股价在高位，交易者不用等待股价破5日均线才出局，而应在当日股价跌破均价线时就撤离，把不安全丢给别人。

下图就是600478在2008年6月2日的分时走势图。该股在9：30~10：30不断以冲击波形态上涨，这是主力在刻意制造一个向上的运行趋势，然后盘中震荡下跌，说明主力在对敲急拉后小单出货，此后9个交易日股价跌破16元。

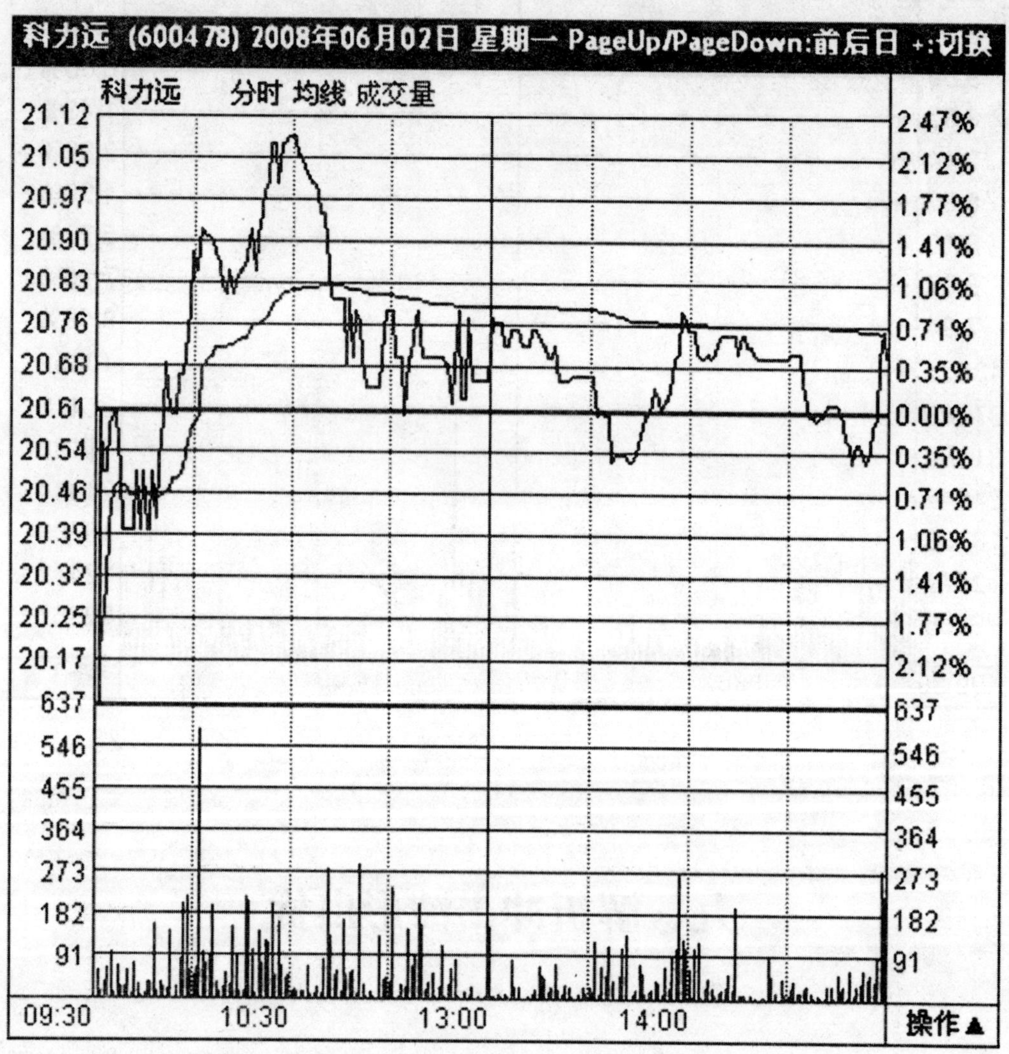

十、解析震荡形出货

震荡形出货即当股价处于阶段性高位的时候，当日股价震荡的波幅开始加大，显示出多、空双方的分歧开始加剧，后期不稳定性因素开始出现，交易者应随时准备出局。这里的震荡形出货只是显示单日的出货状况，实际上，个股在某一段时期内可能都会出现震荡形出货的K线图，那时主力出货的意图将更加明显。

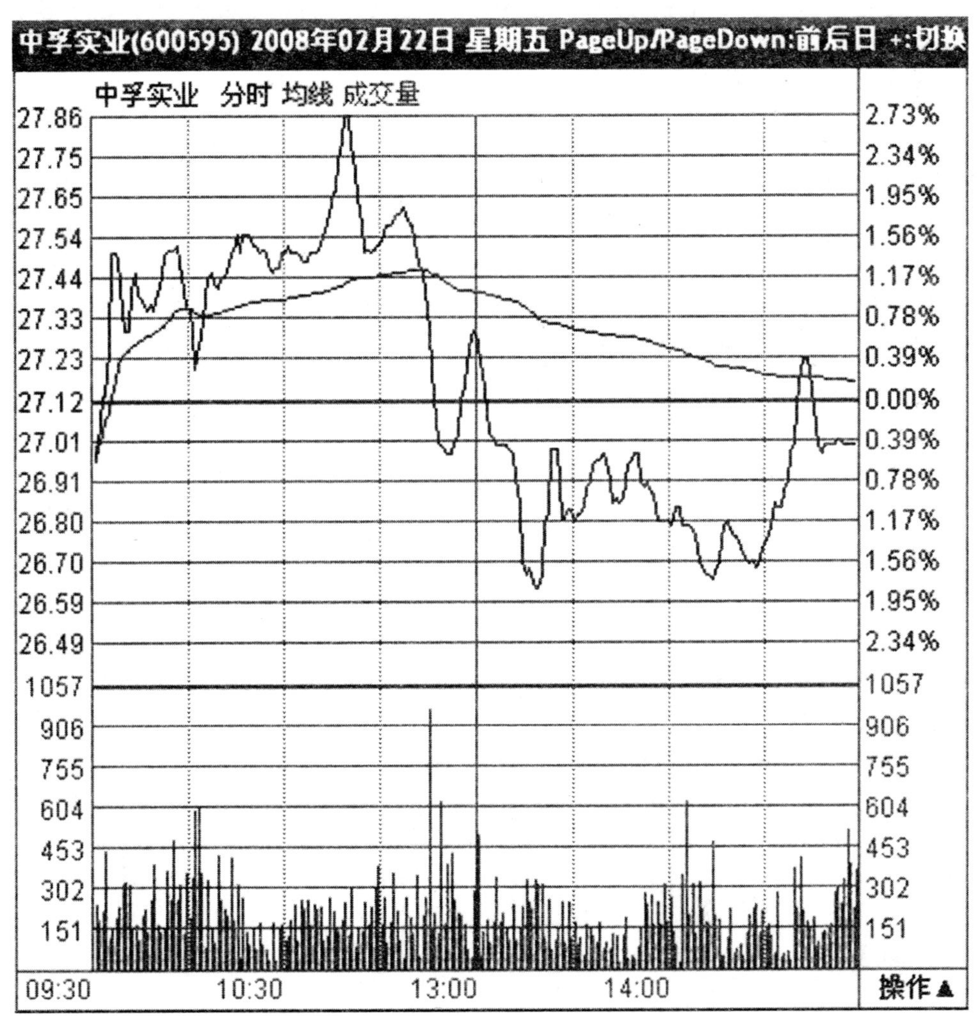

上图就是600595在2008年2月22日的分时走势图。该股在上午上涨最高至2%，下午震荡下行至约2%，这是主力利用盘中震荡手法出货下跌，此后不到1个月股价跌破18元。

十一、解析旗形出货

旗形出货即一开始主力会用几笔买单急速冲高，形成旗杆；但在吸引了部

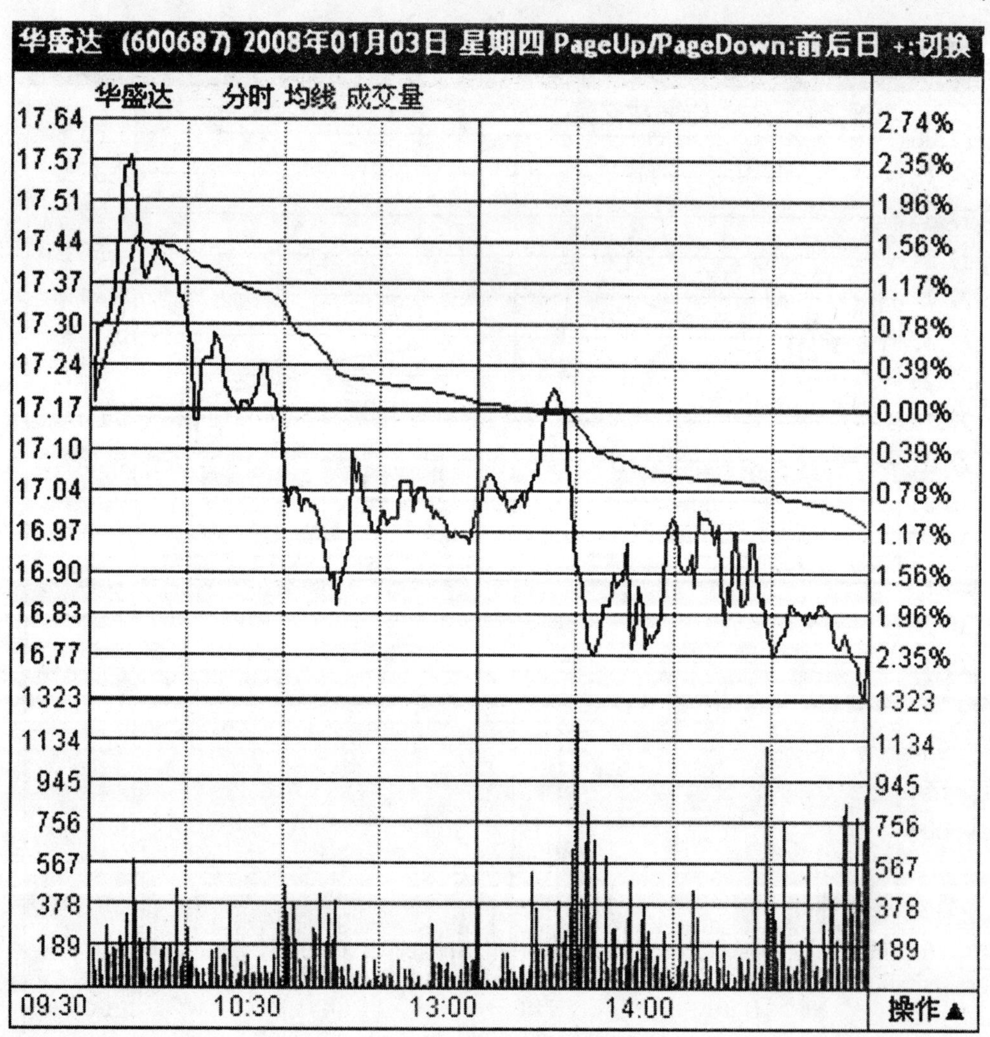

分人气之后，主力则开始小心出货，并任由股价向下飘落，形成像旗帜一样飘扬的图形。除有旗杆的特征外，该图最明显的另一个特征是“狼牙不断”，即到了一定的时候，只要买盘稍有累积，主力就往下咬一口，这是典型的见买盘就抛的图形。见此图形，当股价无法反弹至均价线附近时，交易者应先走为妙。

上图就是600687在2008年1月3日的分时走势图。该股在早盘以陡直形态上涨，形成旗杆，吸引买盘，然后以锯齿形态不断下跌，这是主力在运用旗形手法出货，此后4个月内股价跌破10元。

十二、解析心电图形出货

心电图形出货即股价原本处于正常状态，但突然出现大笔卖单向下砸盘；虽然买盘马上跟进，但紧接着的砸盘行动又开始了；只要有买盘出现，主力就会不遗余力地往下砸，先人一步地夺路而逃。经过几番挣扎后，股价最后在分时走势图上呈现的犹如心电图。这种手法也叫心电图形出货。当交易者见到这种图形，只有赶紧出局。

下图就是600478在2008年9月9日的分时走势图。该股在以心电图形态走出，盘中可见一有买单进入即有大单砸回。这是在利用心电图手法出货，此后3个月内股价跌破3元。

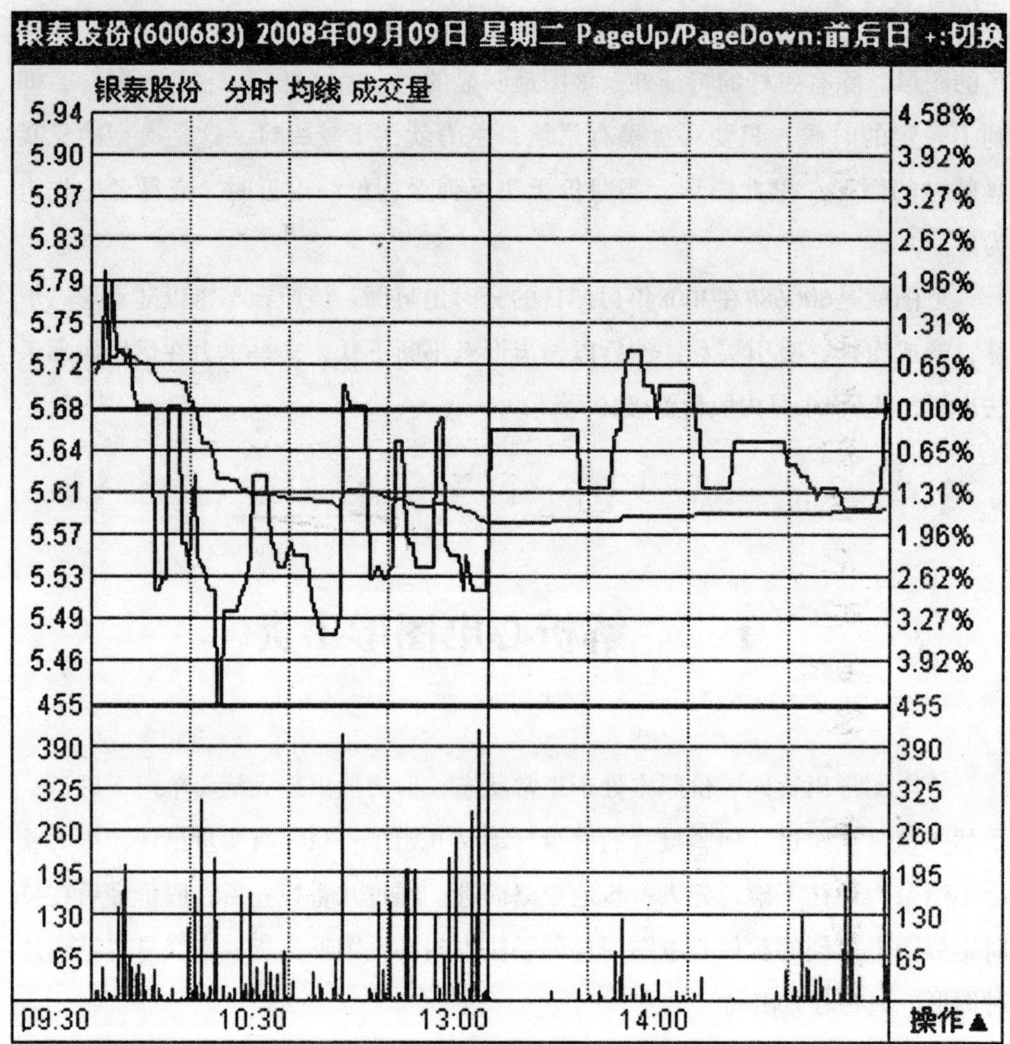

十三、解析钓鱼形出货

钓鱼形出货即主力通过使股价低开后快速冲高来吸引市场眼球，亮出一根“鱼竿”，然后在跟风盘不足的情况下或在跟风盘堆积的时候，突然反手砸盘，不计成本地进行抛售，致使“鱼钩”沉没水里，不见踪影。这是一种凶猛的钓鱼形出货方法，有的“鱼竿”则要经过半个小时以上的缓推才能形成，后面的结果也不至于这么凶悍。但不管是哪一种，如果主力采用这样的方法也出不了多少货，那么往往又会拉起股价，再往复几次。见此图形，交易者除了快跑之外，别无他法。

下图就是600684在2008年1月31日的分时走势图。该股在低开后快速冲高，在吸引来跟风盘以后主力反手下砸，综合观察该股前期涨幅巨大，说明主力在利用钓鱼手法出货，此后3个月股价跌破8元。

十四、解析一字形出货

一字形出货即开盘以跌停方式出货。出现这种状况，要么是主力资金链出了问题；要么是大盘极度不好；要么就是一直没有什么接盘。所以主力必须使股价快速下跌到某个程度，然后再利用交易者抢反弹的机会进行出货。见此图形，交易者只有赶紧挂单抛售，或者等反弹来临时再出局。

暴涨之后必有暴跌，往往涨停板背后就是跌停板，谁也出不来，我们称之为头部跳水。可见，当一只股票狂拉猛涨之际，就是我们该告别之时，好股票多的是，何必要守住高风险的股票睡不好觉呢?

上图就是000549在2004年4月19日的分时走势图。该股是德隆系著名的三大庄股之一，但因为德隆系资金链断裂，其控股的上市公司股价也随之崩盘。主力一字形跌停出货，散户逃生无门。

十五、解析尾市急拉

尾市急拉的主要特征：全天股价走势正常，成交量也正常，但股价在收盘的半小时内出现了快速上涨的现象；或者一天内的成交比较活跃，趋势具有明显的向下趋势，但尾市却出现了急遽的拉升动作。

尾市拉升通常是为了做非正常的K线图、非自然的均线图和虚假的成交量，其用意有四。

1. 为了明日高开

当个股处于阶段性的顶部而需要减仓的时候，尾市拉升可以躲过大部分交易者的卖压，轻松使股价收到高位，方便第二日高开，但这往往是主力不需要筹码或资金不足的表现。验证方法是第二日主力出面促使股价高开（至少应比昨日没拉升之前的点位要高），否则，股价就会以低开来修正昨日尾市的异常状况，导致昨日主力在尾市所做的是无用功。

注意，尾市拉高后，如果时间许可，通常会有抛盘涌出并打开涨停板，因为交易者对尾市拉高普遍不看好；但只要撕开的口子不大，涨停板被打开的次数不多，且成交量也不大，就不用担心是主力在出货。因为主力不会用那么大的资金来封涨停，而结果却只是为了出一点货，其用心往往在后面的走势上。

交易者见此图形时，要注意成交量，如果成交量不是很大，短线可关注5日均线何时被向下突破，中线可谨慎持有。如果成交量很大，则无论是短线还是中线，都要考虑减仓了，尤其是涨幅巨大的股票。平仓是最好的躲避风险的方式。

2. 护盘

A. 如果个股在当日的股价底部曾出现过几笔大单直接交易，而股价并无波动，则可能是主力在进行利益输送或筹码交换，尾市出现拉升是主力将股价收回到正常价格的护盘表现。

B. 如果股价在当日曾被连续的大单砸到底部，且并无反手做多的现象，则属于主力减仓或机构大单的出逃行为；但如果股价曾经出现过短暂的快速下跌，而后又被快速拉起，则往往是主力震仓的表现。

如果是主力出货，往往出货的力度都很大，不将股价砸到很低的时候是不会有什么买单进场接盘的，而普通交易者则不会有那么大的狠心来砸股价，毕竟建仓成本不像主力那么低。所以从砸盘的力度和成交量上，我们可以看出是主力在减仓之后再为自己做收盘价，还是在为大户几笔大单的出逃收拾烂摊子。当然，也有可能是某大户的出货量太大，是其在为自己做收盘价，但它在收盘时所花的成本显然不会太大。

见到这种图形时，如果判断出主力是在对阶段性高位进行护盘，那么短线交易者就要提高警惕了，中线交易者也需要进行阶段性减仓了。毕竟护盘总是权宜之计，具有诸多的不稳定性因素，主力见势不好而倒戈的比比皆是，更何况是靠尾市偷袭成功的护盘。

3. 准备拉升

当主力建仓完毕之后，为了避免众多交易者跟随买进，主力常常会在尾盘突然拉高股价，并在第二天开盘时迅速将股价拉至涨停，使其他交易者来不及反应，随后该股股价通常会迅速飙升；或者当个股处在持续下跌的末期时，由于有突发性利好消息的刺激，个股也会在尾盘半小时内出现大量的抢盘现象，为明日的继续上涨作好准备。

4. 做账

每个季度基金都会计算净值，季度末的最后一天就是其净值计算日，基金为了拉高其市值，通常都会在季度末的最后时刻去拉升自己所持股票的价格；或者上市公司在年度会计结算的时候，为了公司账面上的盈利比较好看，为了获得交易者或银行的普遍支持，往往也会在特定的时间内安排特定的交易行为来拉升股价。但通常在这种情况出现之后，股价都会自动恢复常态。

下图就是600877在2009年7月16日的分时走势图。该股在14：30后突然以大单不断上拉，尾盘竟然摸到涨停！这是主力在刻意制造一个向上的运行趋势，目的是为了吸引跟风盘，为后几个交易日出货做铺垫。

十六、解析尾市急跌

尾市急跌的主要特征：全天股价走势正常，成交量也正常，但在最后收盘的半小时内，出现了股价快速下跌的走势；或者全天成交活跃，趋势向上，但尾市却出现了急遽的打压动作。

一般来说，尾市急跌的原因也有四种。

1. 跳水出货

见上面的“跳水形出货”，主要特征是尾市下跌力度大，且往往会持续10～30分钟。

2. 利益输送

有时候，对于成交稀疏的股票，在即将拉升股价之前，主力会向内部人员抛出低成本筹码，市场称之为“送红包”。即在收盘的2分钟之前，内部人员先在低价位的买盘处埋好几笔大单，该买单往往排在5个甚至10个买单报价之后；在收市前的最后一分钟内，主力会快速向下砸盘，将卖盘的报价一笔压到内部人员的报价处，使其申报得以成交。由于该股一直以来的成交稀少，所以主力在向下砸盘的时候，偶尔也会惠及他人，但毕竟只是少数。这种行为的特征是：往往发生在收市前的最后一分钟内，且一笔就完成成交，非常迅速，同时也将股价打压得非常厉害。

3. 吸筹

吸筹即先通过尾市的打压拉下股价，第二日再通过高开吸引持股者注意，以缴获更多的筹码。其优点是：个股往往在第二日开盘时就冲入了涨幅排行榜，引起了市场的关注，但若扣除昨日的大幅急跌后，其实个股根本没有涨多少，主力吸筹的价格也并没有增加多少。这种先抑后扬式的吸筹方式，在股市里也是屡见不鲜的。

4. 拉升前的洗盘

当主力控盘达到尾声时，市场流通筹码通常已经大量集中，此时多头微小的买单都可能会使股价快速上浮。为了不被市场注目而识破即将拉升的计划，主力此时会利用尾市的动作将股价尽量打低，以大阴线或长上影线制造下跌假象洗盘，让交易者赶紧抛出筹码，另寻好股。该动作往往发生在收市前的10分钟之内，因为这样不需要牺牲主力太多的筹码。

下图就是600029在2008年12月23日的分时走势图。该股在14：30突然以大单不断下砸股价，尾盘下跌到7.77%，这是主力在刻意制造一个向下的运行趋势，目的是为了洗筹，为后市拉升做准备，此后4个月内股价突破6.5元。

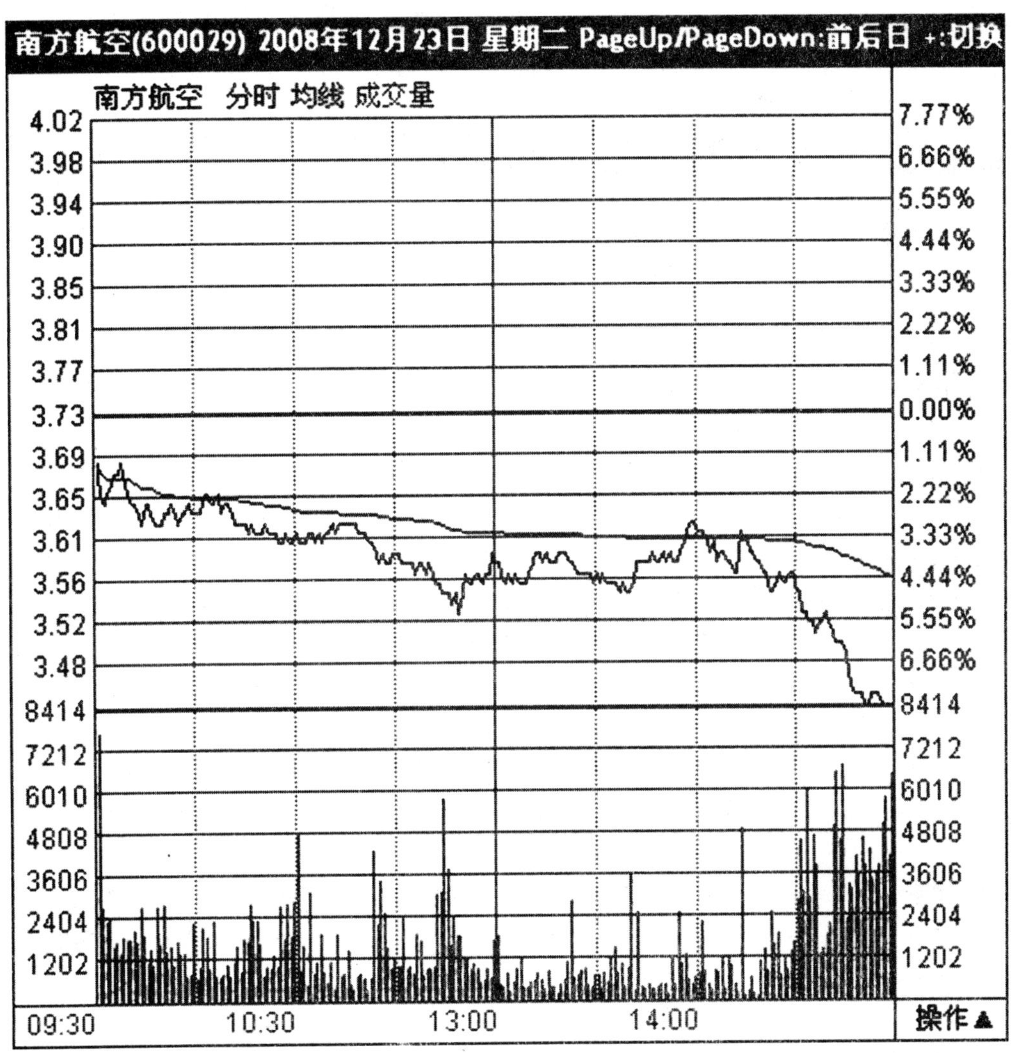

十七、解析砌长城图

砌长城图的主要特征：成交稀疏，仅在数个价格上成交。

由于成交量极为稀少，任意一笔主动的买卖盘都会引起股价的上涨与下跌，使股价间歇性地忽然向上又忽然向下，这就是砌长城图的成因。它反映的

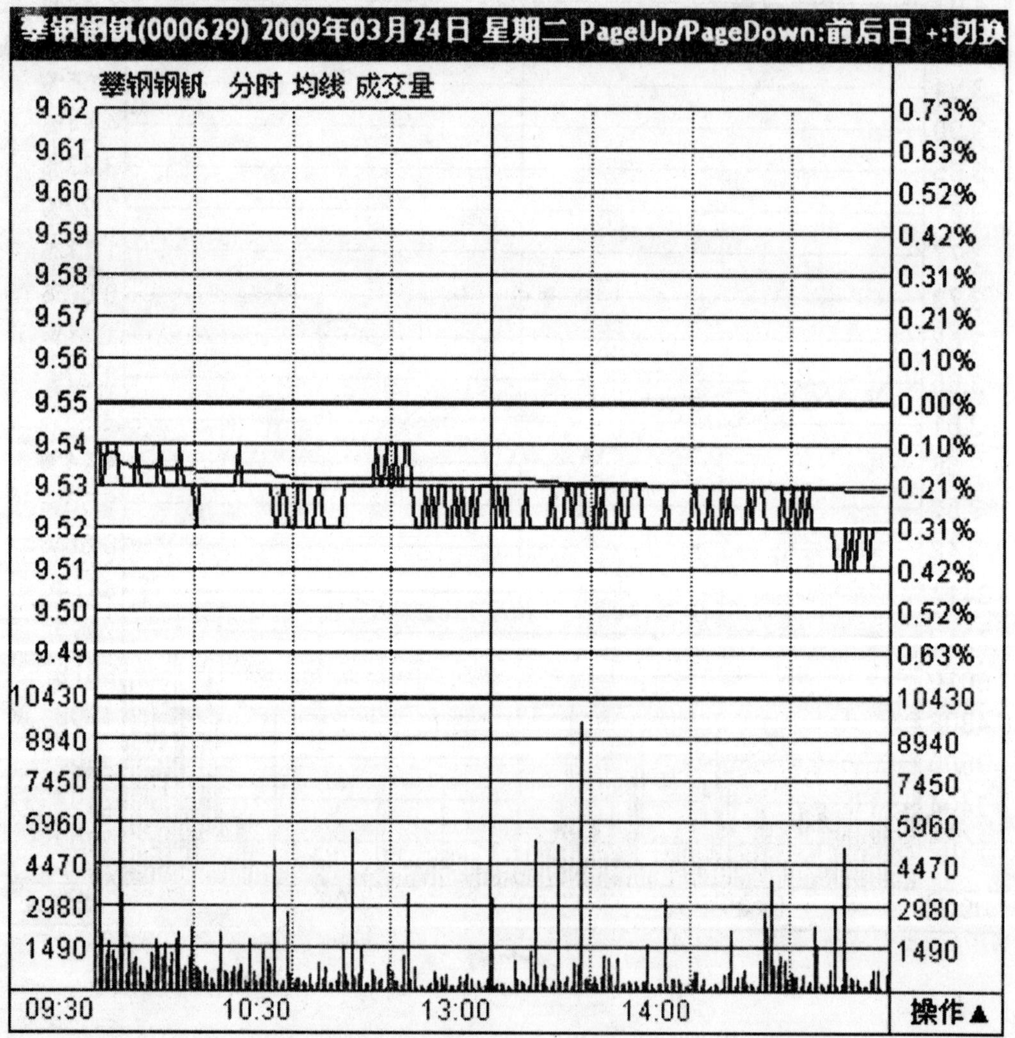

是成交量呆滞的现象，如果在股价下跌或是底部震荡过程中出现该走势，是很正常的疲软反映；但是在股价上涨的时候，如果出现该现象，则透露了持股者的稳定心态或主力高度控盘的信号，值得交易者关注。

上图就是000629在2009年3月24日的分时走势图。该股是一个流通盘为31亿股的大盘股票，全天换手率仅为0.77%，几乎处于休眠状态。日K线窄幅横盘，说明主力已经高度控盘。

十八、解析1分钟分时走势图

K线图富有视觉冲击力，其一能清晰地显示股价在拐弯时的微小异动，而分时图上此时只是一个不引人注意的小勾点；其二是1分钟K线图比分时图多了开盘价、最高价和最低价，能知道每分钟内股价曾在什么地方受到了阻力限制或支撑作用，而分时图里只有每分钟的收盘价；其三是1分钟K线图下面的成交量也是以柱状图显示的，清晰地对应着股价的变化状态，而分时图上的成交量是线条状，不引人注意。

相比于1分钟K线图而言，分时图的优势是简单明了，最大的特点是：经过训练后，交易者对于特定走势的图形往往很敏感，能很快看出主力的意图和下一步走势，这对于需要快速进行决策的短线交易来说，非常重要。此外，同样的一分钟走势图里，分时图中的均线支撑作用比较明显，很多时候股价都会在那里受到影响，而1分钟K线图里的均线则往往失去了作用。由于大多数交易者都在以分时走势图作为当日成交的参考工具，所以分时走势图也就理所当然地成为了重要的短线博弈工具，其重要性超过了当日任何一个周期的K线图。

把分时图当作即日交易的决策工具，可以省掉复杂的多周期决策工具，即可以放弃用以1分钟、5分钟、30分钟、60分钟K线图同时观察的繁琐方法。为了结合1分钟K线图和分时图的优势，交易者首先必须意识到，在一天240分钟的交易时间内，是可以忽略每分钟里的最高价和最低价的（长线交易者甚至可以忽略掉一周内的最高价和最低价，而仅凭月K线来进行交易决策）。其次，为了吸收1分钟K线图的优势，必须放大分时走势图，密切关注走势图上价格拐弯处的微小变化，同时密切关注成交量线型图的高低变化，将1分钟K线图上的细微优势融合进来。

下图就是000630在2009年7月17日的1分钟K线图，与分时走势图是一致的，但某些细节更直观。

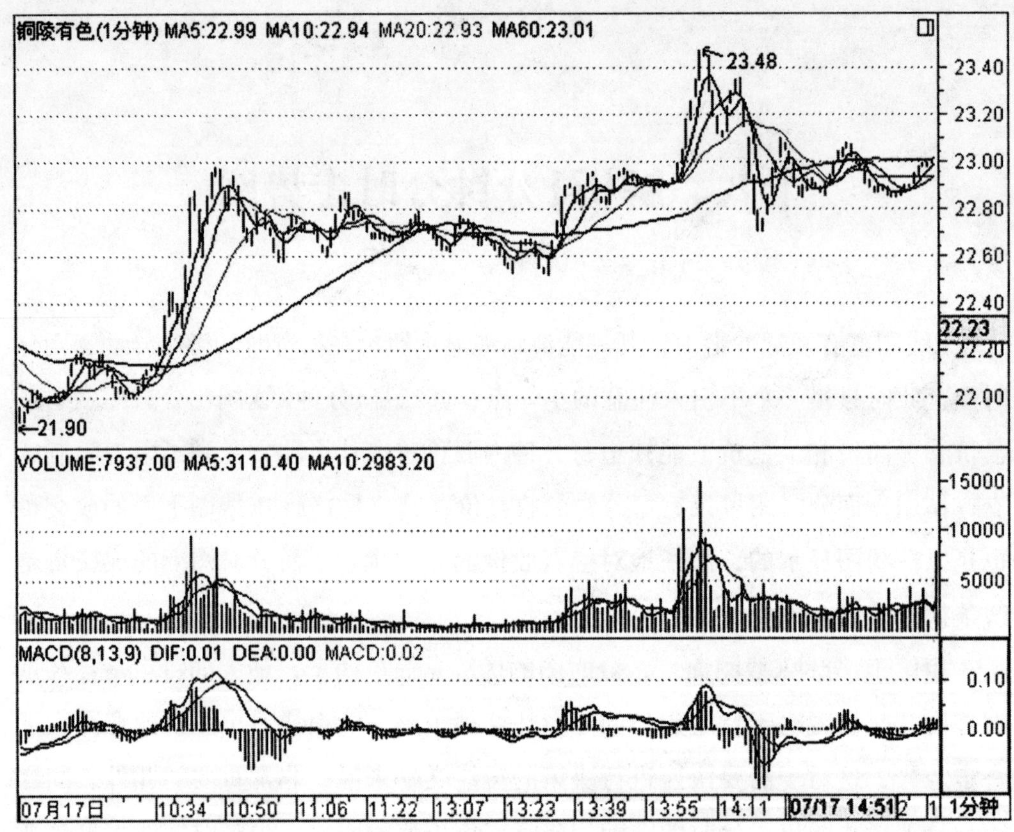

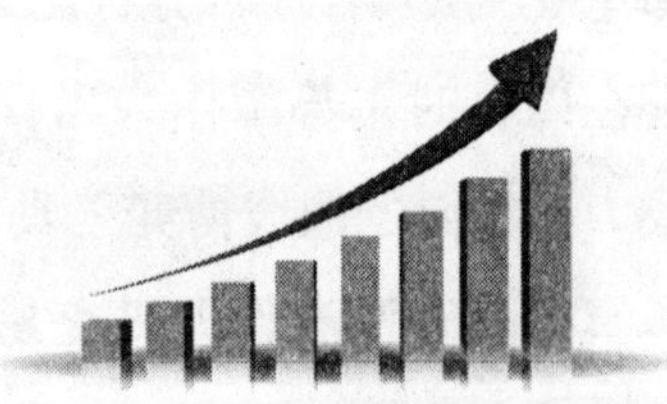

K线图实战解析

一、解析大阳线

大阳线表示最高价与收盘价相同，最低价与开盘价一样。上下没有影线。从一开盘，买方就积极进攻，中间也可能出现买方与卖方的斗争，但买方发挥最大力量，一直到收盘。买方始终占优势，使价格一路上扬，直至收盘。表示强烈的涨势，股市呈现高潮，买方疯狂涌进，不限价买进。握有股票者，因看到买气的旺盛，不愿抛售，出现供不应求的状况。

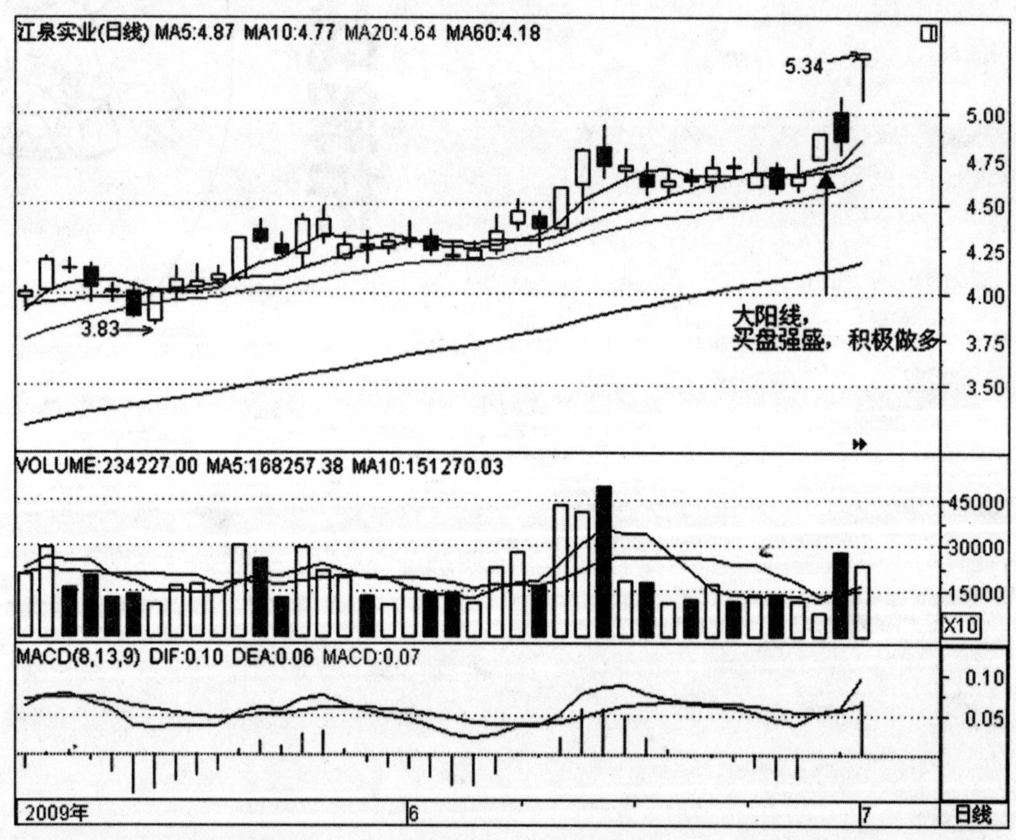

翌日总体以逢低吸纳的买入思路应对，尤其是当翌日行情价格的回档到前日大阳线（高低点间距）的2／3以上处企稳时，更是短线介入的契机；如果翌

日仅回档至1／3处就掉头上行，表明其涨势之强劲，短线非但应该逢低吸纳，甚至也可适时进行追涨介入做短多。

上图就是600212在2009年6月29日的走势实例。该股在当日尚未摘帽，以5%的大阳线封住涨停板，表明买盘力度非常强，对抛单有来者不拒的气势，此后3天内有2天股价以10%的幅度继续涨停。

二、解析大阴线

大阴线指大幅开高收低的阴线，实体甚长、上下影线极短，以至于可以忽略不计。这是跌势信号的一种，而且可由该阴线实体的长度推测出当日跌势的迅猛。如果股价有一段较大涨幅后出现大阴线，意味着市场杀跌能量大，则后市看跌，投资者此时应考虑卖出脱身；如果股价刚开始下跌时出现大阴线，对跌势确认起助跌作用，表明后市将下跌，投资者应立即清仓退出。如果在下跌过程中出现大阴线，则表明后势仍有下跌空间，投资者应继续看空、做空；如果股票在连续下跌的情况下出现大阴线，则意味着空方的最后一击，往往是股价见底信号，后市行情可能会有逆转，这时候投资者应做好买进准备。

翌日总体以逢高派发的卖出思路应对，尤其当翌日行情价格的反弹在前日大阴线（高低点间距）的2／3以下处受阻时，更是短线淡出的契机；如果翌日仅反弹至1／3处就又掉头下行，则表明其跌势之迅猛，短线非但应该逢高派发，甚至也可适时进行杀跌淡出做短空。

下图就是600212在2008年12月23日的走势实例。该股在盘中逐步下跌，临近收盘时以5%的大阴线封住涨停板，表明卖盘力度非常强，对承接盘有来者不拒的气势，此后3天内股价继续下跌。

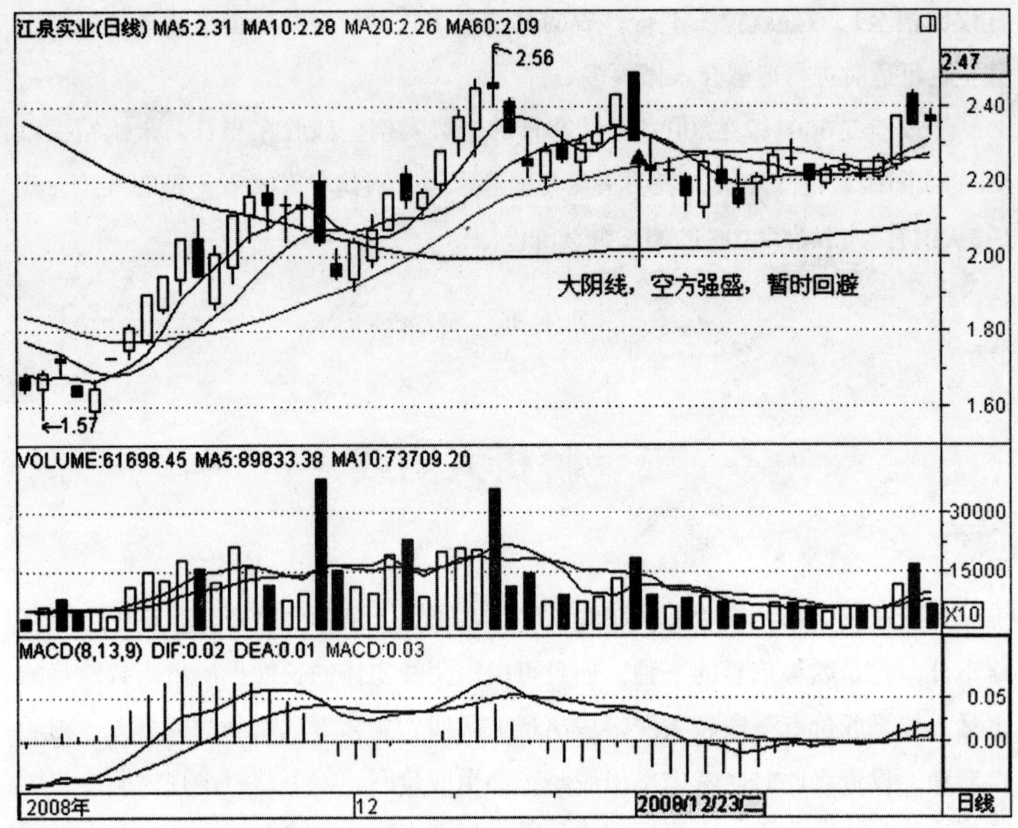

三、解析锤子线

锤子线的下影线很长，上影线不存在（或很短），实体很小而位于交易区间的上端。“锤子”的名称有两个含义，一是“夯牢底部”；二是底部非常坚实，即使以锤子敲打都不能突破。

锤子是一个重要的反转信号，必须发生在大幅的下跌之后或严重的超卖情况中才有意义。如果发生在两三天的下跌走势之后，通常没有特殊的意义。另外，由锤子所发动的反弹很可能遭逢卖压，所以涨势经常拉回重新试探锤子的底部。

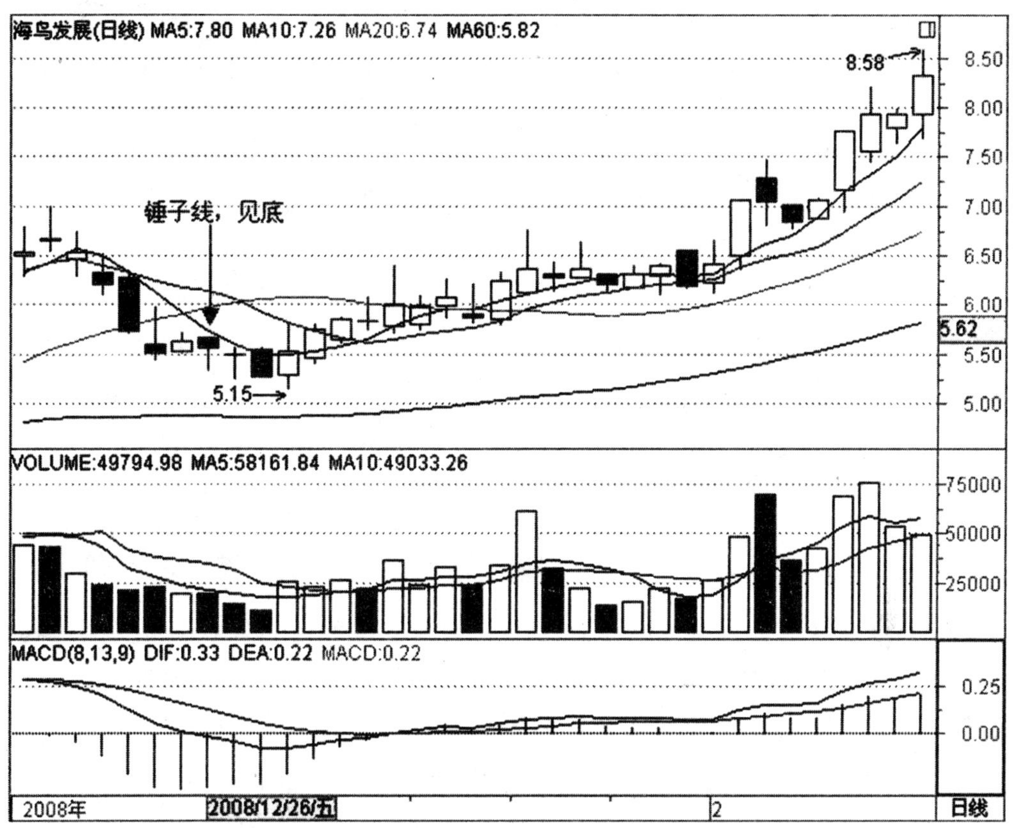

根据锤子进行交易，取决于交易者的心态与风险偏好。某些交易者希望在锤子之后立即买进，因为价格未必会重新试探锤子的底部；另一些交易者希望等待价格拉回，完成试探之后再进场。如果盘势成功地试探锤子的支撑区，底部将更为坚实，随后的涨势也比较稳当。操作策略：当锤子刚出现时，先以小量进行交易，如果价格拉回，并成功完成探试，再加码买进。同时，停损点（以收盘价为准）设定在锤子最低价的下方。

上图就是600634在2008年12月26日的走势实例。该股在长期下跌后于2008年12月26日走出一个锤子线的走势，其下影基本就是底部，此后，多方力量逐步占上风，以小阳线稳步攀升。

四、解析上吊线

上吊线的下影线很长，上影线不存在（或很短），实体很小而位于交易区间的上端。上吊的图形与锤子完全相同，但后者是低档的买进信号，前者是高档的卖出信号。

因此，上吊是上升走势中的头部反转信号，而锤子是下降走势中的底部反转信号；相同的线形可以是多头或空头的信号，其实际的意义取决于先前的趋势。同一根线形将根据先前的趋势而区别为多头的锤子或空头的上吊。

在上吊的线形中，偏长的下影线代表买进的意愿，似乎应被视为多头的信号。可是，上吊的线形显示，一旦价格开始下跌，多头的力量相当脆弱。另外，上吊的小实体也代表先前的涨势可能在变化中。由于上吊当天具有多头的意味（价格一度大幅下滑而收市前价格走高，留下很长的下影线），所以必须经过空头的确认。一般的确认方法是，观察隔天的收盘价，应该低于“上吊”的实体。

上吊之所以需要经过确认，是因为它的下影线显示市场中仍有相当的买盘。可是，一旦价格跌到上吊实体的下方，代表上吊当天在开盘与收盘附近买进的人都亏损。在这种情形下，多头或许希望认赔出场，可能会令价格进一步走软。

经过空头确认，隔天的收盘价，低于“上吊”的实体，应立即卖出。

下图就是600064在2008年9月22日的走势实例。该股在长期下跌后于2008年9月26日前走出一个短线反弹的走势，而反弹的高点就是上吊线的顶部，次日的下跌表明多头认赔出场，令股价进一步走软。

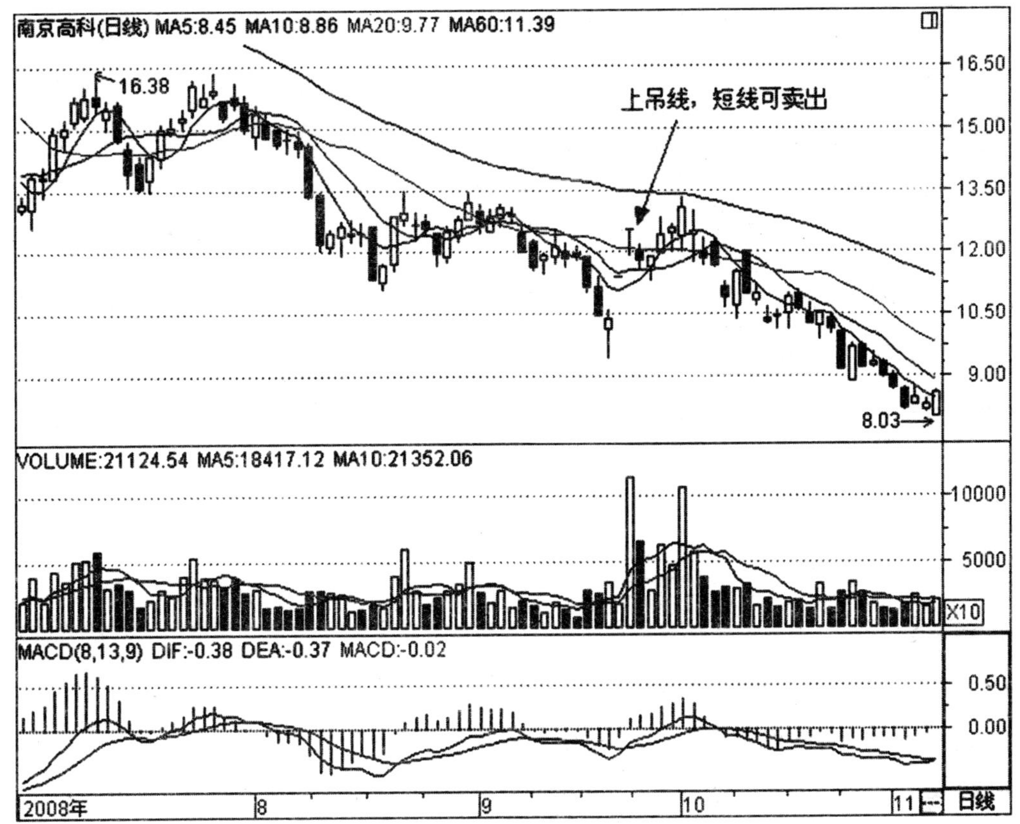

五、解析射击之星

射击之星指出现在上升趋势末端的一根K线，上影线较长，实体部分较小，近似于“⊥”。射箭一完成，多头能量就衰竭了，发出可能见顶的信号，但可靠性低于黄昏之星。典型的技术表现：K线由阳线或阴线构成；实体部分较小；实体上方出现一枝箭，即长上影线，构成射箭动作。射击之星与倒转锤头在形态上如出一辙，区别在于出现区域的不同，射击之星在上升趋势的顶部出现，倒转锤头则在下跌趋势的底部出现。虽没有对K线性质硬行规定，不过如为阴线的话，转势的可能性往往要比阳线高。典型的射击之星要求“⊥”当日以缺口形式向上跳空高开，但这仅是理想的K线组合，实战中并无强制要求。由于以一根K线来研判，射击之星为次要转势信号，在实战中要结合趋势与次交易日涨跌进行综合研判。如果射击之星出现在上升趋势末端时，才具有看跌的意义；如果射击之星出现后，次日股价向下跳空或者收出一根阴线，其转势向下的信号就越强。

一根K线要成为射击之星，必须满足以下两个基本条件：第一，K线实体要很小，阴线、阳线均可，但影线要很长（是K线实体2倍以上）；如若有下影线，也是很短；第二，出现在上升趋势中，通常已有一段较大的涨幅。

下图就是600064在2008年7月28日的走势实例。该股在当日的走势完全符合射击之星的形态，以缺口形式向上跳空高开，实体非常小，上影线较长而下影线很短，表明短线多头已经力竭而空头马上要掌控局面。

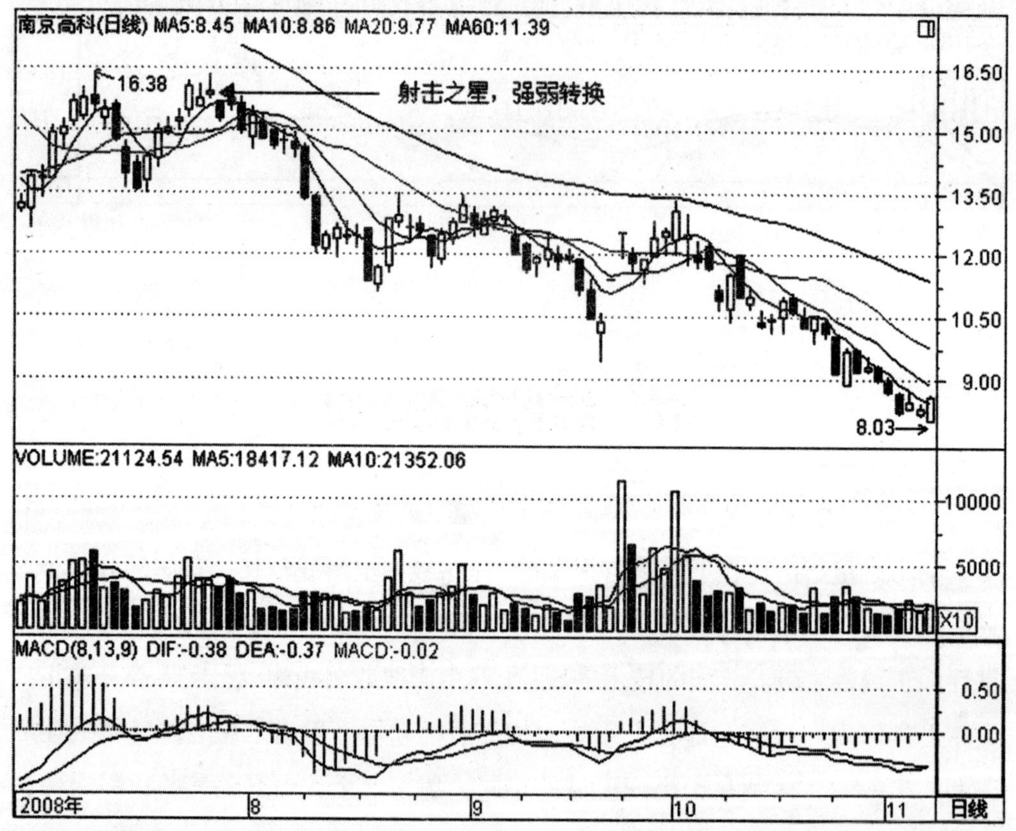

六、解析倒锤头

倒锤头是一根上影线很长的线形，实体很小，位于交易区间的下端。图形与射击之星基本一样，不过，它是行情有可能见底的信号。如果发现此星，第二天又高开，K线充实前一天的上影线，应及时买进该股票。

锤子的下影线具有多头的意义；同理，射击之星的上影线具有空头的意义。上影线很长，代表空头有能力大幅压低价格。

锤子、上吊、射击之星与倒锤头这四个信号都必须发生在明确的趋势中，它们的差异是：①上吊与射击之星：必须发生在明确的上升走势之后，上影线很长。②锤子与倒锤头：必须发生在明确的下降走势之后，下影线很长。③有些K线的图形与锤子、上吊的图形相同（下影线很长，实体很小，位于交易区间的上端），但它不是锤子，也不是上吊，因为当时并不处于上升或下降走势，而处在横向发展的行情。虽说如此，由于下影线很长，这种线形仍然应该解释为多头。④有些K线的图形与射击之星、倒锤头的图形相同（上影线很长，实体很小，位于交易区间的下端），但它不是位于上升或下降走势中，也不可以视为射击之星与倒锤头。

总之，锤子、上吊、射击之星与倒锤头都必须由先前的趋势所界定，并因此而决定所采取的相应对策。请留意，它们都是反转信号，所以先前必须具备可供反转的趋势。

下图就是600533在2009年4月30日的走势实例。该股在2009年4月经过调整后走出一根上影线很长的线形，实体很小，表示的是反转信号，从5月开始该股逐步攀升，成交量也温和放大，表明主力非常有耐心地逐步拉抬。

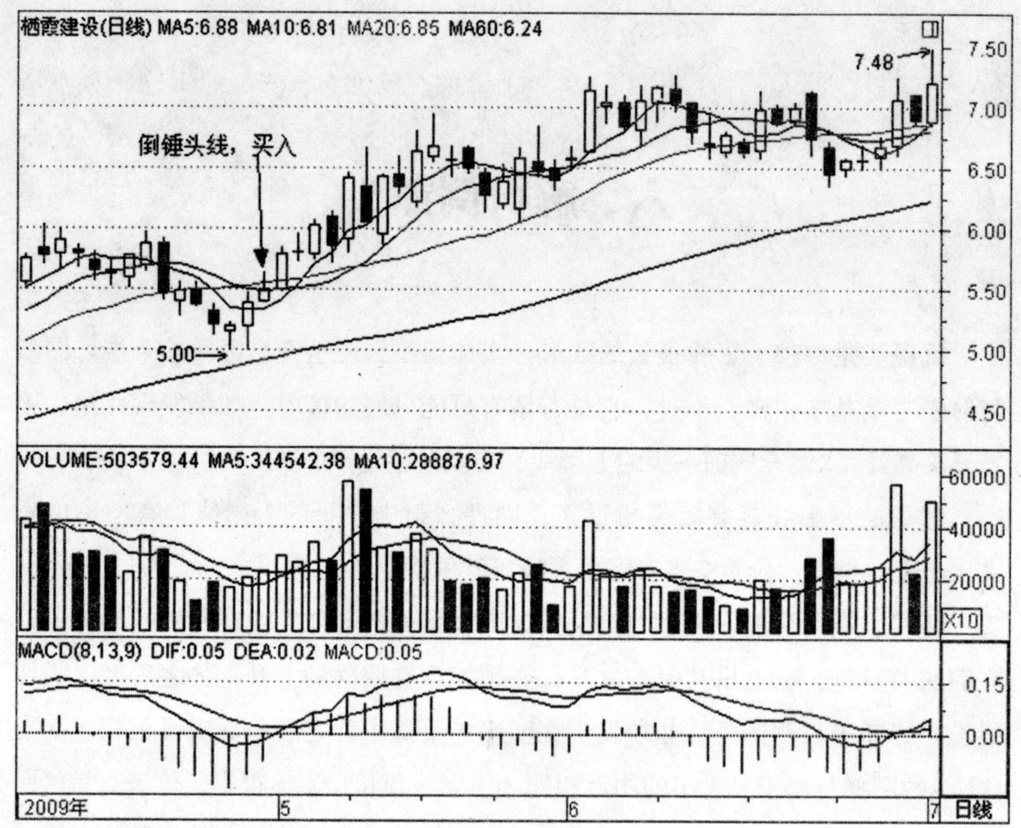

七、解析极线

在连续上涨的行情中，于长阳线的上方，出现两颗小K线，这两颗小K线就称为“极线”，又称为“二颗星”。此种形态有可能出现三颗小K线，又叫作“三颗星”。极线一般出现在上升趋势行情中居多，下跌趋势行情中，出现的概率不多。

可以想象，一段顺利上扬的行情，突然出现下跌的小K线，其原因多半是因为短期涨幅已大，多头欲趁机了结所造成的。结果多头卖出股票之后，股价并未反向下跌，此时，图表上暗示两点含义：①K线走势相当强劲；②多头有卖错股票的感觉。

出现极线的时机，如果伴随着大成交量，股价不仅未反应下跌，而仅以“二颗星”收盘时，这种形态的可靠度更高。一般有所谓“量大成头”的观点，股民害怕成交量过大，会形成头部，都急于抛出。但回头一看，股价并未出现想象中的下跌。不过，在这“二颗星”当中买入的股民，显然也未被套牢。基于此，当时急于获利了结的多头，此时心中不免惋惜又惊慌踏空。在这种情绪下，原本已退场的多头，大多会回头重新加入战局，并且奋力追高，导致股价大幅扬升。

下图就是600533在2009年3月18日的走势实例。该股自从2009年3月以来逐步走出上升趋势，3月17日拉出中阳线，有部分短线获利盘在3月18日抛出。此后几个交易日中股价并未像短线客们想象的那样出现下跌，于是又重新买入，从而推进行情向纵深发展。

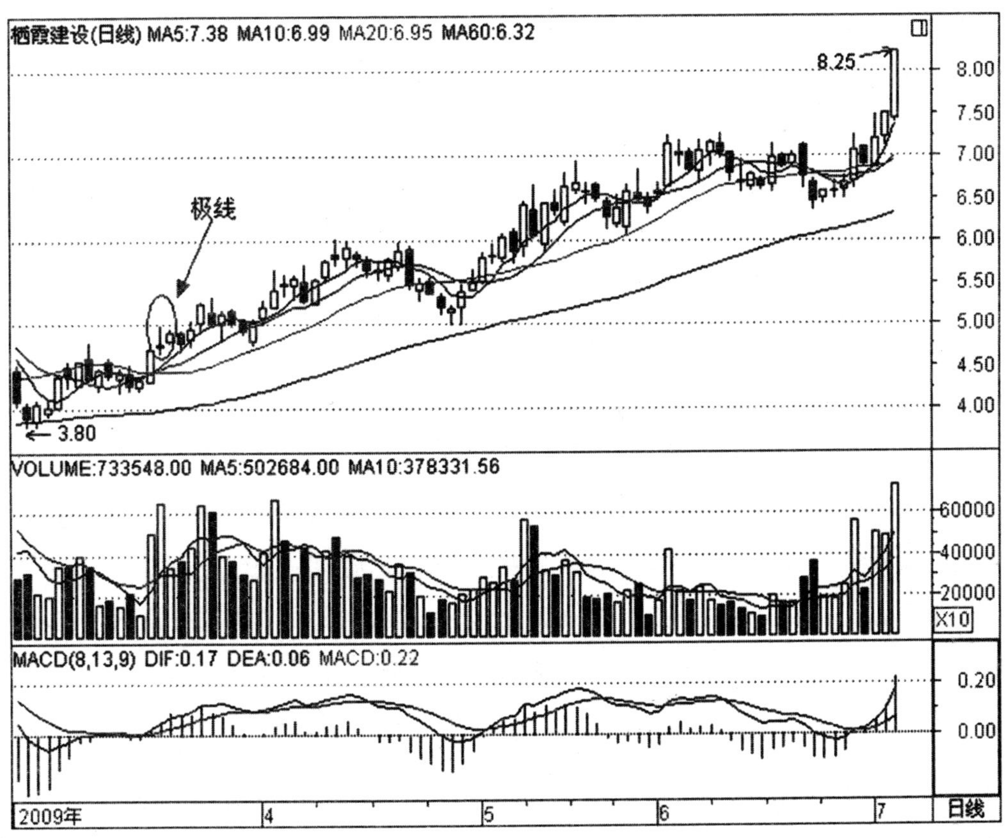

八、解析乌云盖顶

在连续上涨的行情中，在阳线的上方，出现一条高开走低的阴线，这一阳一阴的组合就叫做“乌云盖顶”，它给上涨的走势蒙上一层阴影。这个形态由两根线形构成，一根是强劲的长阳线，第二根线形仍残留少量的买盘而开高，但收盘价深入第一根阳线的实体内（超过实体长度的50%）。它的市场意义是，长阳线所代表的上升动能被第二根阴线冲散。对于一个理想的乌云盖顶，第二根阴线的收盘价应该深入第一根阳线的实体一半以上。如果深入的程度未超过一半，属于不完整的形态，应该观察隔天的收盘价作为确认信号。一般来说，第二根阴线收盘价进入第一根阳线实体的程度愈深，形态愈具有空头意义。

如果第二根阴线的收盘价未超过第一根阳线的实体一半，所代表的空头意义也逊于标准的乌云盖顶。所以，在这种情况下，我们需要等待隔天的进一步确认。如果第二根阴线的开盘价高于第一根阳线的最高价，这种形态是比较有效的反转信号，因为价格由最高价拉回，空头意图更加明确。一旦乌云盖顶形成，经常成为后续走势的压力。如果价格穿越乌云盖顶的最高价时，行情可能持续走高。所以如果我们发现市场某只股票收盘价穿越乌云盖顶的最高价，而且还出现一个向上的跳空缺口，这便是一个很好的买入良机。如果以乌云盖顶为压力而考虑买进，应该等待收盘价穿越形态的最高价再买进。

下图就是600246在2007年8月6日的走势实例。该股在经过一段大力拉抬后，当日走出了乌云盖顶的走势，盘中主力抛单较多，表明主力已无意愿继续拉升，准备部分出货或进入盘整。此后的股价走势印证了乌云盖顶的较大可靠性。

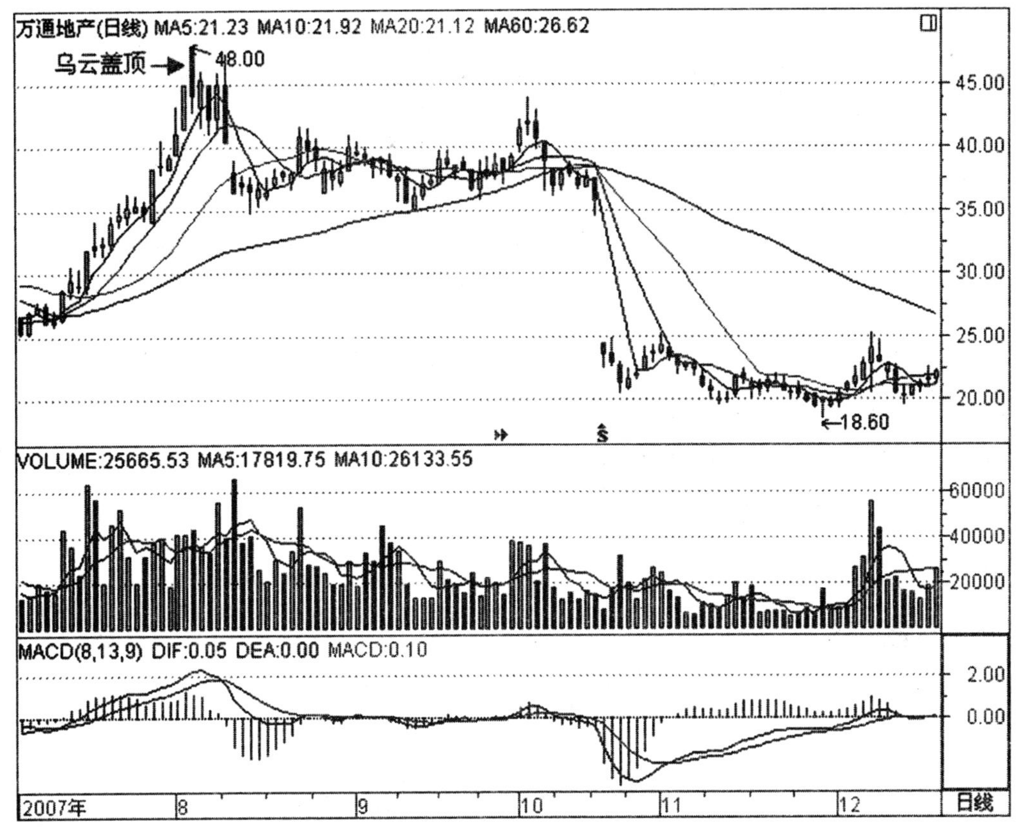

九、解析穿头破脚

穿头破脚指后一根K线的实体将前一根K线实体全部覆盖，这是一种转向形态。构成穿头破脚必须满足下列几个先决条件：

（1）事先有明显的上升或者下降趋势，短期的升势或跌势还有可能继续。

（2）第二根K线实体部分必须把第一根K线的实体部分全部包含在内，形成穿头破脚的形态。值得注意的地方是，穿头破脚形态仅指K线的实体部分，上下影线不在其中。

（3）上升市势当中，前一根阳线之后，必须出现一根较长的阴线，合并而形成转跌的穿头破脚形态。

（4）在下跌市势当中，前一根阴线出现之后，必须出现一根较长的阳线，才足以构成向好的穿头破脚形态。

若穿头破脚形态中出现下列情况者，其可靠程度更高：

（1）第一根K线的长度与第二根K线的长度比例越悬殊，转向的力度愈强。

（2）第二根K线的成交量越大，转向的力度亦越大。

下图就是600246在2007年8月10日的走势实例。该股在经过一段大力拉抬后，8月6日走出了乌云盖顶的走势，表明主力已无意愿继续拉升，3日后紧接着又走出穿头破脚的形态，更加进一步确认了空头掌握盘中局势。此后的股价走势印证了乌云盖顶和穿头破脚搭配形态的可靠性。

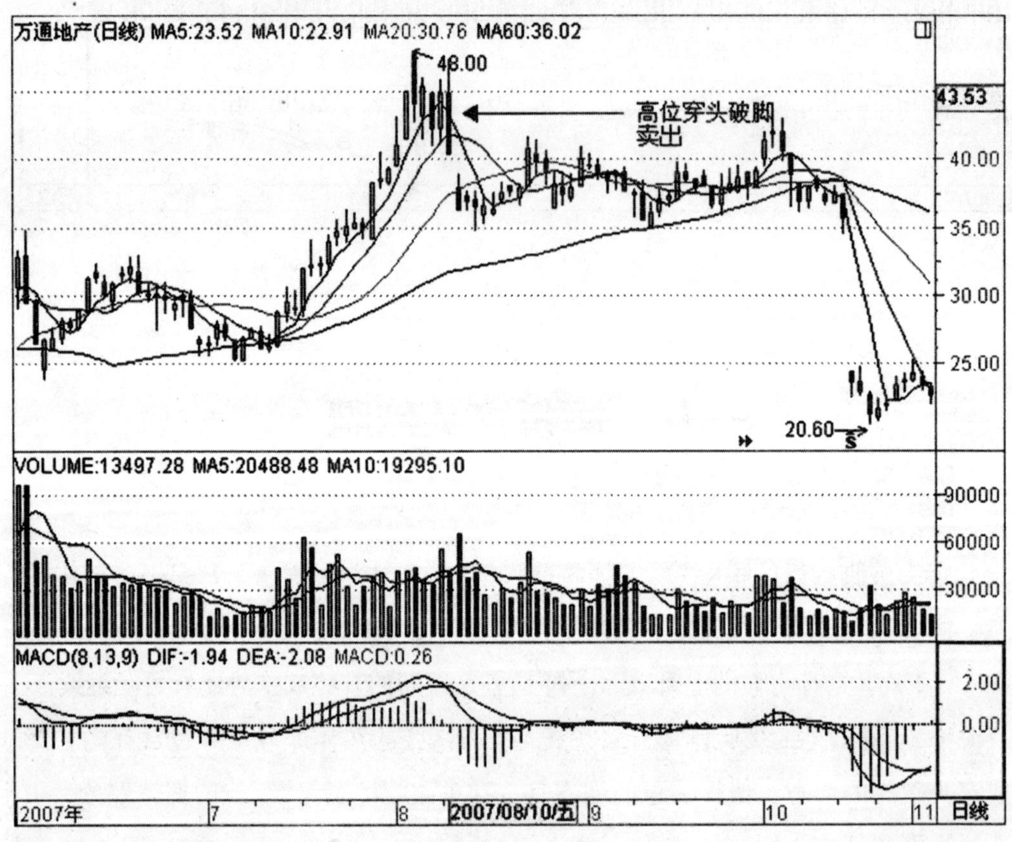

十、解析曙光初现

从字面上就能理解，曙光初现是指黑暗过去，阳光露出，可以说前景一片光明。这种图形出现在股价走势中，显示市势可能见底回升。

曙光初现有以下特征：

①基本上与乌云盖顶相同，只不过方向相反而已。前者出现在顶部，而后者出现在底部而已；

②第二根K线（即阳线）的实体部分越长，表示上升的力度也越强，其可靠程度也越大；

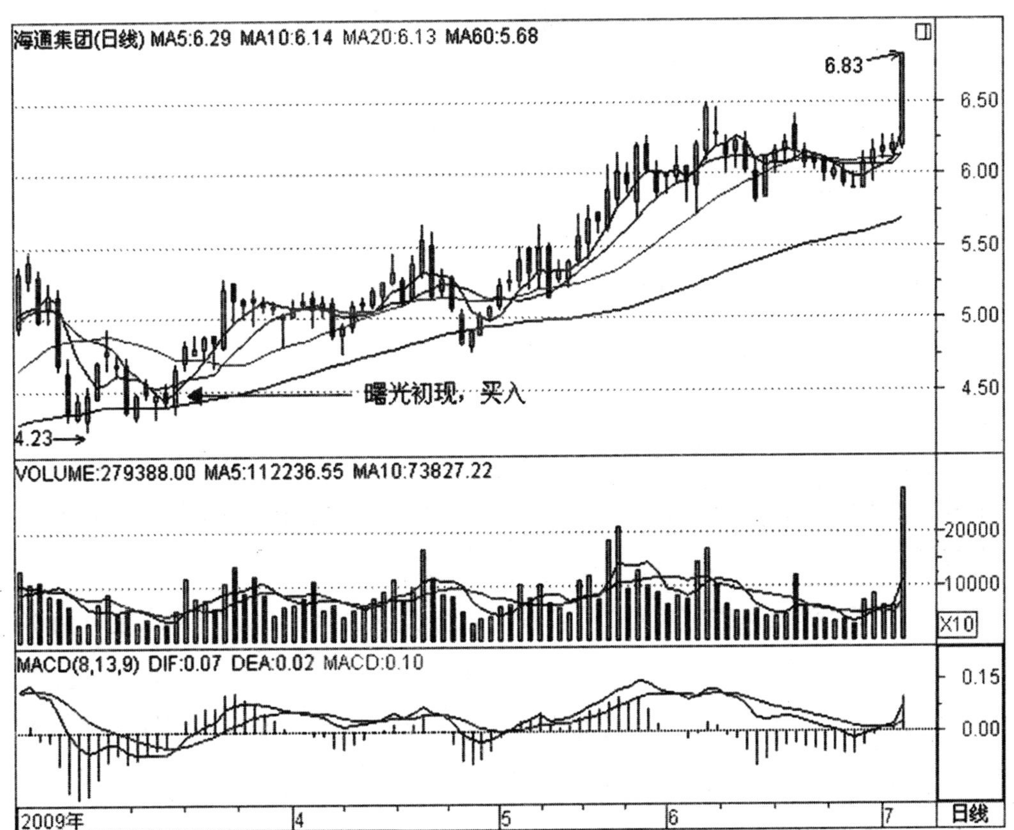

③第二根K线（即阳线）的收盘价必须高于第一根K线（即阴线）实体部分一半以上。

曙光初现的市场意义可理解为：

①第一根K线（即阴线）表示市况仍然向下；

②第二根K线（即阳线）以跳空低开出现，其后出现强有力反弹，填补跳空缺口之后，更穿越上日收盘价，深入阴线的实体部分，令市场做空者不愿再抛售，甚至开始纷纷补仓而促使价位反弹。

上图就是600537在2009年3月16日的走势实例。该股在前期震荡探底后，于3月16日拉出一根完全包含前一交易日阴线实体的阳线，表明底部反转形态即将形成，投资者可以逢低买入。

十一、解析身怀六甲

身怀六甲是一种转向形态。它既可以在底部出现，也可以在顶部出现。在上升市势中，出现一根较大的阳线之后，突然出现一根实体部分非常小的K线（无论是阴线还是阳线都一样），实体部分在前一条K线实体部分之内，便构成了身怀六甲的图形。这表示上升力度转弱，市势上升出现停顿，有见顶回落的可能。

反之，在下跌市势中，出现一根较大的阴线之后，突然出现一根实体很小的K线（阴线或阳线均可），也构成了身怀六甲的图形，这表示下跌力度转弱，下跌趋势出现停顿，有演变成见底回升的可能。

下图就是000019在2008年12月17日的走势实例。该股从11月进入上升通道后，经过持续上涨，在12月15日拉出中阳线，16日拉出大阳线，17日走出实体较小的K线，且实体在16日的K线实体内。表示经过加速上涨后，短期内多头力量不足，短期顶部即将形成。身怀六甲意味着转势。

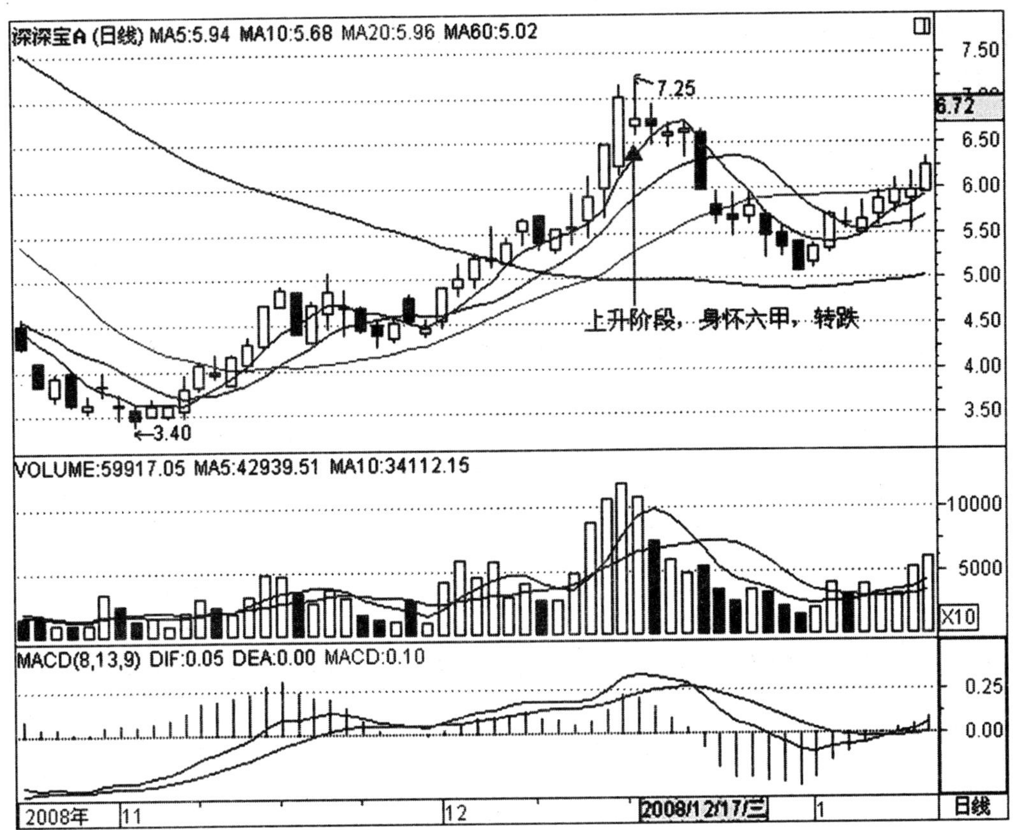

十二、解析十字胎

十字胎，是身怀六甲中的一种特殊情况。由于开盘价和收盘价相同，因此，K线实体部分为一根横线，形成一个十字星。由于十字星处于前一根K线实体之内，形状酷似胎儿，故称之为十字胎。它与十字星处于前一根K线实体之上，所起的作用不一样，市场意义也完全不一样，无论在上升或下跌市势中，出现较长的K线之后，突然发现十字胎，表示大市上升或下跌的动力已经逐渐消失。这段时间出现转向的机会相当大。

下图就是000019在2006年8月和000021在2009年6月的走势实例。000019自从除权后，经过多日下跌于8月15日拉出中阳线，16日走出十字星，且十字星在

15日的K线实体内，表示经过持续下跌后，短期内空头力量不足，短期底部即将形成。十字胎意味着转势。

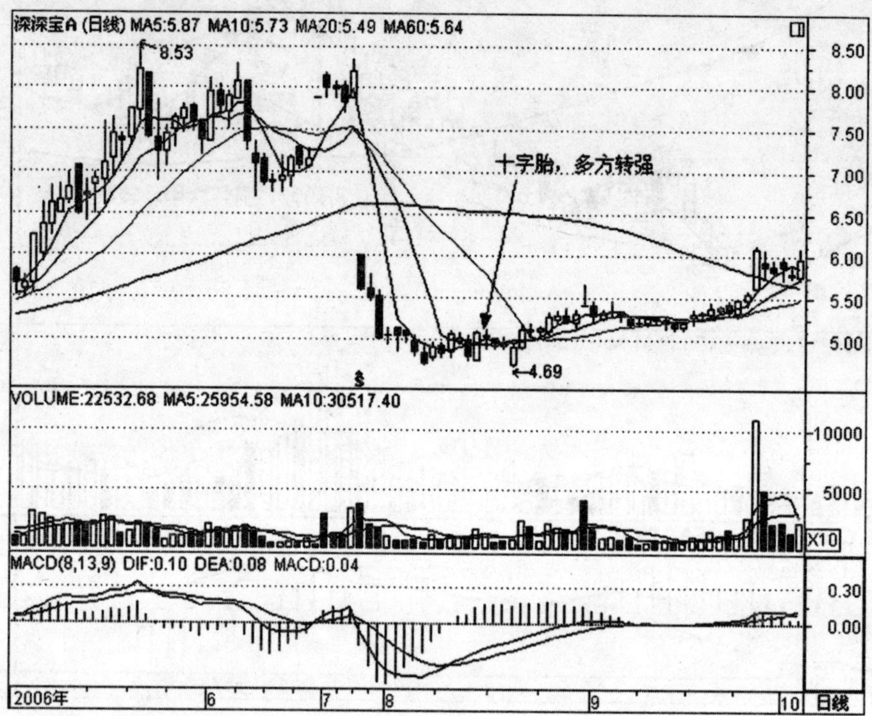

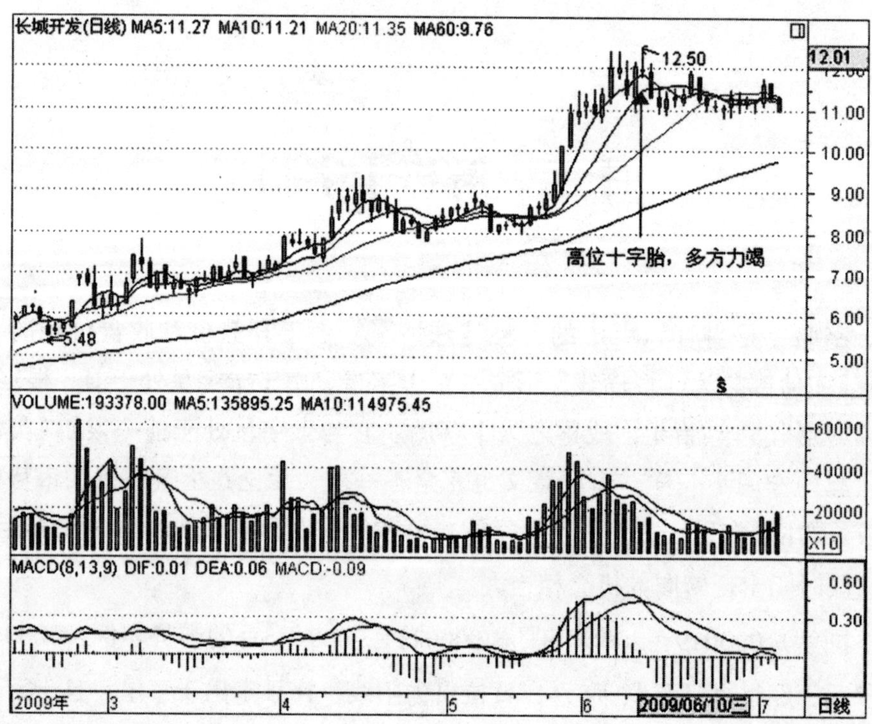

十三、解析早晨之星

早晨之星组合由三根线形构成，出现在下跌趋势中。首先是一根顺势的长阴线，其次是一根实体向下跳空的十字星，最后是实体向上跳空的长阳线。早晨之星的排列是第二根K线的实体与前后的实体之间都存在缺口。第三根阳线的收盘价越深入第一根阴线实体的内部越长，形态的多头气势也越强。在这个排列中，中间的部分是十字星，这个十字星所处的价位就像早晨的太阳一样，给人无限生机，所以又称为早晨之星。

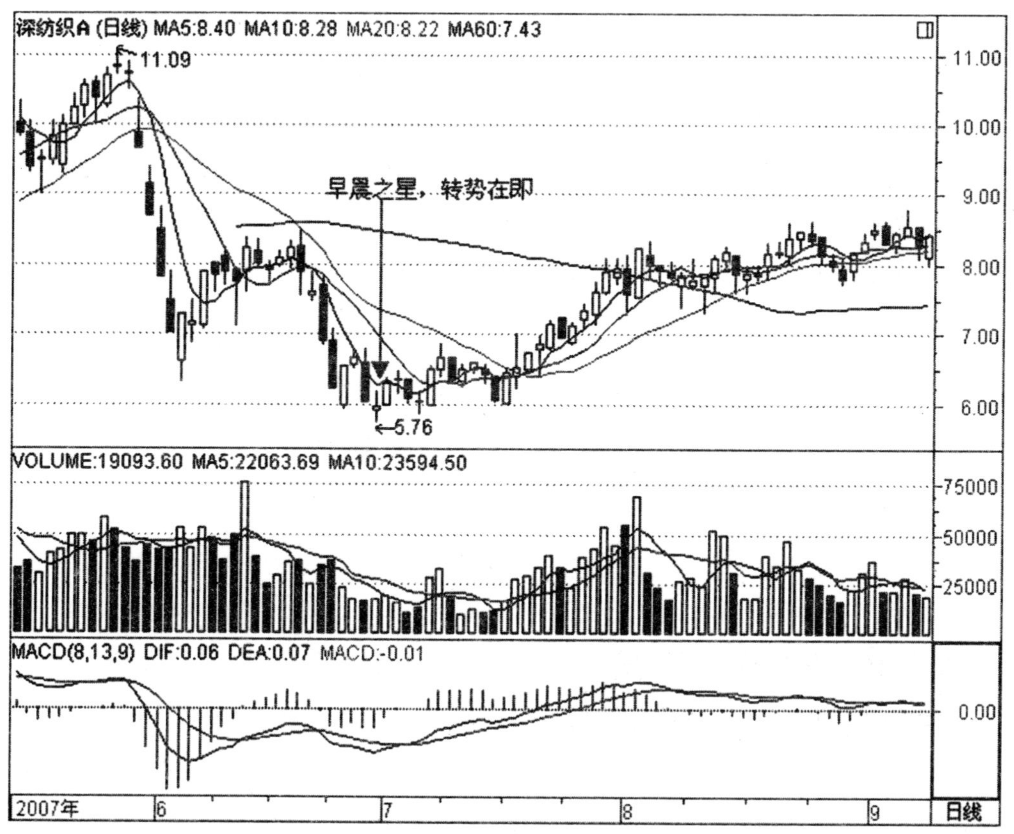

在典型的早晨之星形态中，第一根K线应该是长阴线，第三根K线应该是长

阳线。但有时市场上出现的第一根K线是小阴线而不是长阴线，或第三根线形是小阳线而不是长阳线。如果这两个形态发生在相同的价位，一样可以代表明显的支撑力量，不论它们是否被视为早晨之星的变形，其多头意义毋庸置疑。

上图就是000045在2007年6月29日的走势实例。000045自从5月底从11元的平台跌下来，经过多日快速杀跌于6月28日拉出长阴线，29日走出十字星，且十字星实体跳空向下，次日又拉出向上跳空的长阳线。这表示经过持续下跌后，短期内空头力量不足，短期底部即将形成。早晨之星意味着股价即将上升。

十四、解析黄昏之星

黄昏之星也是由三根线形构成，出现在上升趋势中。首先是一根顺势的长阳线，其次是一根实体向上跳空的小线形，颜色不拘，最后是实体向下跳空的长阴线，收盘价深入第一根阳线的实体之内。如果第二根线形是十字线，形态便是黄昏之星。市场意义是：在上升走势中，多头已经到达极度疯狂的境地，顺势拉出一根大阳线。第二根实体很小的线形，代表多方与空方已经势均力敌，第三天出现一根长阴线，代表空头已占主导位置。在这个排列中，务必等待第三根长阴线的确认。因为在前两根线形完成时，我们只知道先前的涨势（长阳线）已经转变为多空僵持的局面（第二根小线形）。唯有第三根长阴线出现，我们才知道空头已经掌握大局。

标准形态是第二根K线与前、后两根K线在实体上都有跳空的现象。但在真实的交易中，有时会出现一定的差异。如第二根K线的开盘价，大约等于前一根K线的收盘价与后一根K线的开盘价，都可以。股价排列虽然允许某种程度的弹性，但形态越理想，头部的反转信号也越可靠。市场上所出现的图形和标准的图形不一定完全相同。例如，在上升趋势的高价区，先出现一根顺势的阳线，其次出现一根向下跳空的十字线，最后再出现一根向下跳空的阴线，这种组合我们称之为“崩盘之星”。这种排列的三根线形与黄昏之星十分相似，唯一的

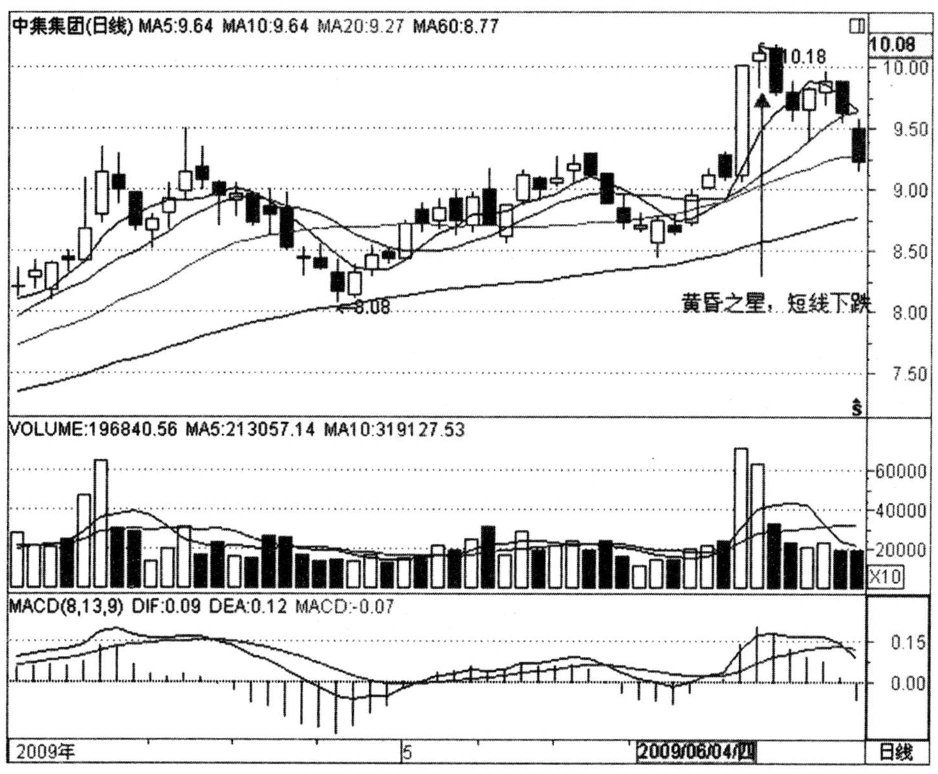
中集集团(日线) MA5:9.64 MA10:9.64 MA20:9.27 MA60:8.77
10.18
10.08
8.08
黄昏之星，短线下跌
VOLUME:196840.56 MA5:213057.14 MA10:319127.53
MACD(8,13,9) DIF:0.09 DEA:0.12 MACD:-0.07
2009年
2009/06/04/四
日线

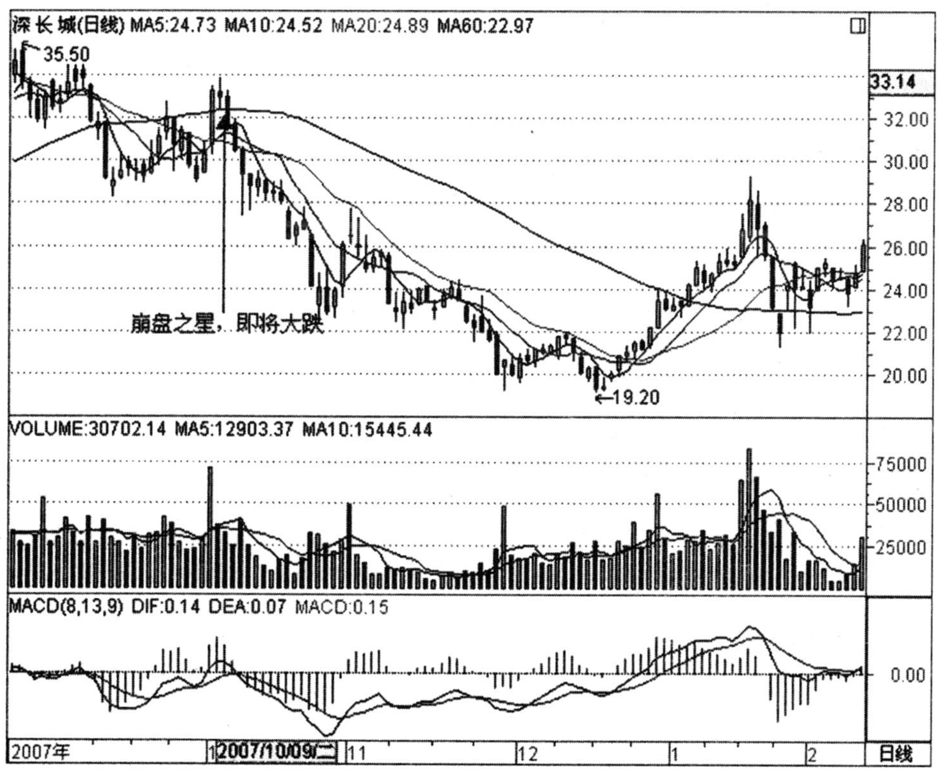
深长城(日线) MA5:24.73 MA10:24.52 MA20:24.89 MA60:22.97
35.50
33.14
崩盘之星，即将大跌
19.20
VOLUME:30702.14 MA5:12903.37 MA10:15445.44
MACD(8,13,9) DIF:0.14 DEA:0.07 MACD:0.15
2007年
2007/10/09/二
日线

差异是十字星的位置；在黄昏之星中，它是位于长阳线的上方；在崩盘之星中，它位于阳线之下，说明此形态的多头力度更弱，空头力度更强，是崩盘的前兆。或者第三根K线是小阴线而不是大阴线，它也是黄昏之星的变形，并具有黄昏之星所有的空头含义。

上图就是000039在2009年6月4日和000042在2007年10月9日的走势实例。000045自从5月底走出升势，6月3日拉出大阳线，4日走出实体向上跳空的小线形，次日又拉出大阴线。这表示经过持续下跌后，短期内多头力量不足，短期顶部即将形成。黄昏之星意味着股价即将下跌。

十五、解析红三兵

红三兵组合是由三根逐步攀升的小阳线所构成，每一天的收盘价都在向上推进，是一种上升形态，市场意义为多头能量在进一步聚集，表示可能继续上升。

在判断红三兵图形形态时，要特别注意差之毫厘，谬以千里。因为第二和第三根阳线的组合稍有偏差就可能出现方向性的错误。

如果有一个三条日K线组成的K线组合，它们也都由三根阳线组成，但第三根K线有较长的上影线，表示没有足够的力量以较高价位收盘，显示上档抛压沉重，上攻能量有限。或者K线实体部分逐渐缩短，表示上升势头开始减弱，而且第三根K线还有较长的上影线，表示空头力量在加强，对这种图形必须小心，绝不能粗心大意，否则极易出错。

下图就是000037在2007年3月7日的走势实例。该股在该日前后3天走出三根逐步攀升的小阳线，且每一天的收盘价都在向上推进，这是典型的红三兵形态，意味着即将走出有力的升势。

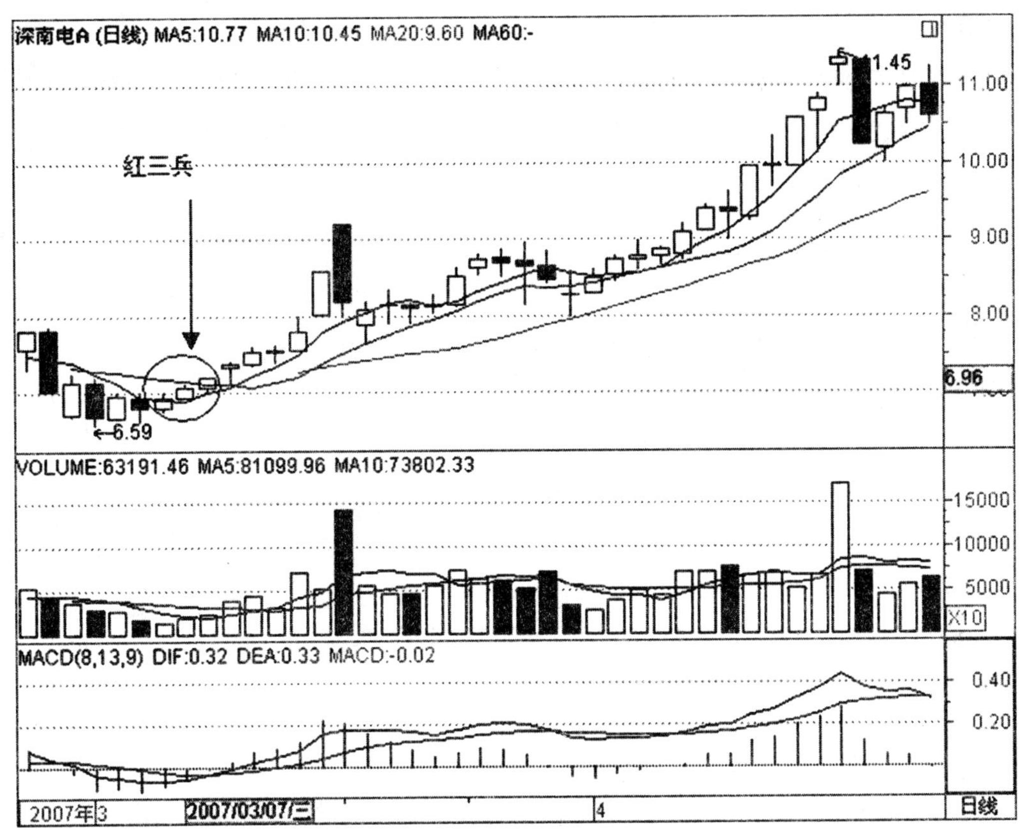

十六、解析三只乌鸦

三只乌鸦，也有人称其为黑三兵，这主要是与红三兵对应。图形是由三根逐步盘低的小阴线构成，三日的收市价都在向下跌。如果是在升势已经持续较长时间之后出现三只乌鸦，则是一种后市看淡的信号之一。

此组合有以下特征：连续出现三根阴线，每日收盘价都向下跌，收盘价接近当日的最低价，每日的开市价都在前一天的K线实体之内，第一根K线的实体部分低于前一天的最高价位。

连续出现两根阴线或三根阴线，构成双飞乌鸦或三只乌鸦，都是后市看淡的信号。

下图就是000037在2008年6月走势实例。该股在2008年6月的3天内走出三根逐步下降的阴线，且每一天的收盘价都在向下探，这是典型的黑三兵形态，意味着股价将进一步下跌。

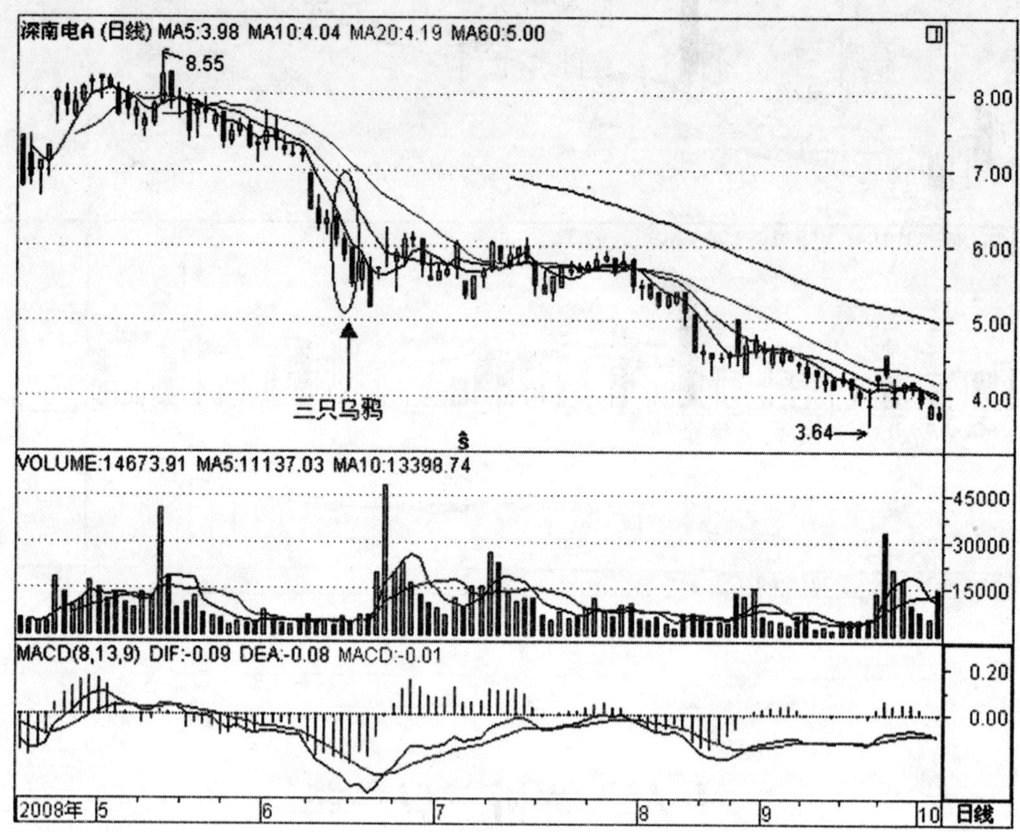

K线实战口诀一：顶部如穿头破脚，遇见就快跑快跑

口诀要点

K线走势图中出现两根不同的K线，其中第二根K线的实体部分完全地吞没

了第一根K线的实体，既穿了头又破了脚，这种形态也常被称为看跌吞没形态。在上升趋势当中，当第二根阴线完全吞吃了第一根阳线的实体，形成顶部穿头破脚，后市看跌。由于第二根K线的阴线实体部分完全打消了前一根阳线多头的所有努力，说明空方遏制住了多方的进攻，原有的上涨的趋势通常出现停滞，甚至有可能被逆转。

口诀详解

口诀中，所说的即是阴包阳吞没形态（见下图），这种形态通常出现在顶部，还有一种形态是与之相对应的，即阳包阴看涨吞没形态，阳包阴形态常出现在底部，是行情看涨信号。

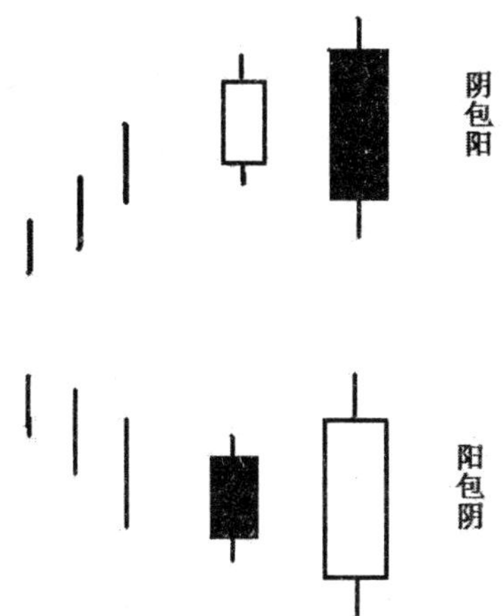

在高位出现阴包阳的穿头破脚，说明抛压沉重，行情见顶，如果对应着天量，则应证天量天价，投资者应该果断逃顶，至少应该减仓操作。股价经过一段时期的上涨，突然间成交量大增，并且以一根大阴线，包覆了左方的K线，这种现象被视为上升波段结束的信号。

从技术特征上来看，顶部穿头破脚的成因是在上升趋势中，出现了一根带很小实体的阳线，当天的成交量相对前期有所下降，第二天开盘价相对前一天创出新高，即高于前面阳线的最高价。然而好景不长，很快冲高回落。由于卖盘不断涌出，成交量也持续放大，最后收于第一天的开盘价以下。市场中看涨做多的情绪受到了打击，如果第三天的市场价格仍然走低，那么上升趋势将发生反转。

我们可以看到，在穿头破脚看跌吞没形态中，第一天的实体往往非常小，而第二天的实体非常大。这种情况可能说明原有趋势的驱动力正在消退，而新趋势的潜在力量正在壮大。如果第二天K线实体比第一天K线实体大一倍甚至更多，那么趋势反转的可能性将大大加强。

一般来说，在穿头破脚形态中不必考虑上下影线的作用，重点是把握K线的实体部分。当这种形态出现在市场价格的顶部，或者是上升趋势中，它反映市场的心态正在出现调整，投资者倾向于卖出。

在穿头破脚看跌吞没形态中，第一天的实体很短，而第二天的实体很长，这就说明第二天的市场价格波动要更加剧烈，它反映前一段市场发展趋势可能会结束。如果市场正处于牛市中出现了看跌吞没形态，这说明市场可能会下跌，因为已经没有足够的资金再推动市场继续向上；而第二个实体往往伴有超额的交易量，这种情形可能属于巨量出货暴跌现象。第二根K线的成交量越大，转向的可能性也越大。

高位穿头破脚形态的操作策略很简单，①在日线图接近收盘的时候卖出；②止损位放在长阴线的最低点即可。

例：江西铜业（600362）（见下图）经过2009年12月的大幅下跌后，该股在12月22日展开了一波上涨行情。成交温和放量，股价稳步攀升，就在市场一片叫好声时，2010年1月7日，该股在一个较高位出现了穿头破脚看跌吞没形态。随后股价迅速下跌，在17个交易日内，股价由43.60元跌至32.85元。

值得警惕的是，穿头破脚形态经常在股价趋势进行的中途出现“骗线”，也就是俗称的“假阴线”或“假阳线”。出现“假包覆线”的原因，不外乎以下两种：

（1）庄家刻意做线，意在摆脱跟风的散户。

（2）纯属技术巧合，例如：股价在行进途中，恰巧遭遇平均线压力、大自然数字的压力区、前波密集套牢区等等状况。

这些情况，都是因为股民心中对后市的看法仍有疑虑，因此，一有风吹草动，立刻引发庞大的卖压，形成一条超长的大阴线。注意！假阴线是出现在多头趋势，而假阳线则是出现在空头趋势。

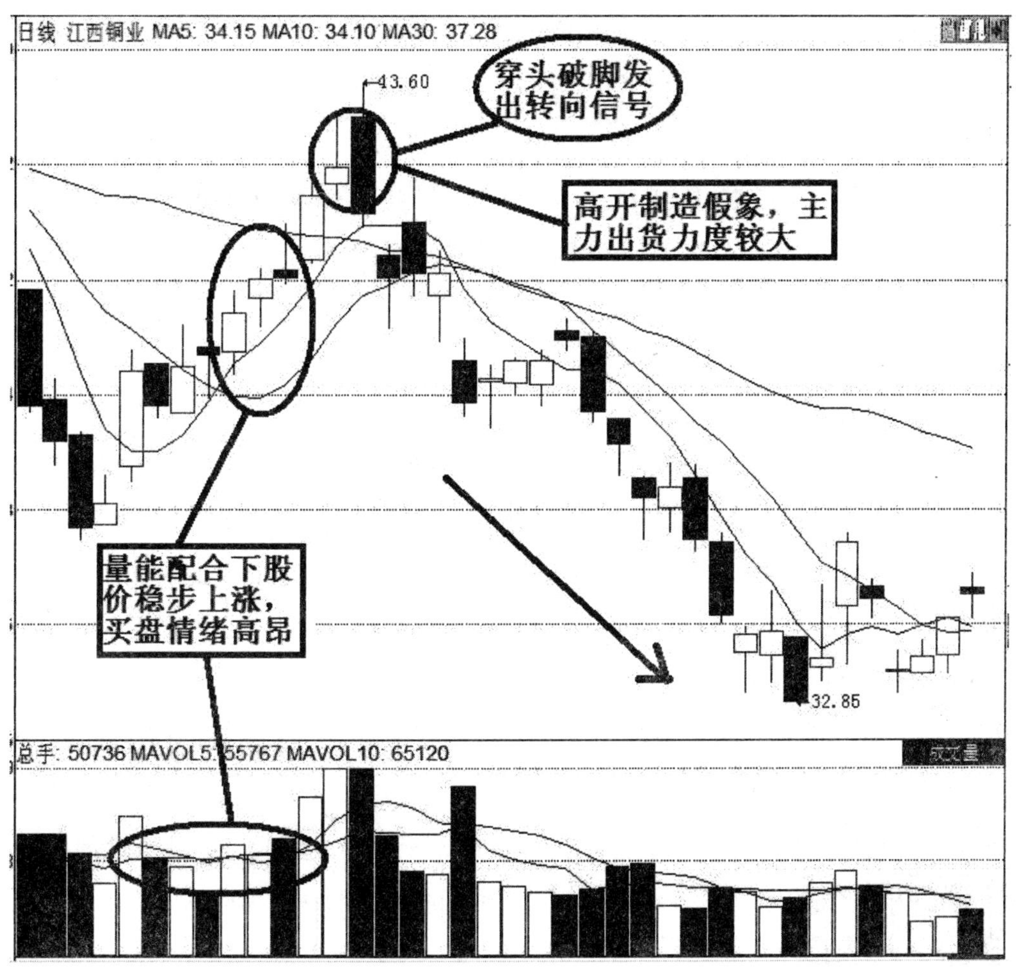

假阴线及假阳线还有一个技术名词，叫“反打前三”。为什么叫作反打前三呢？它的意思是说，在多头趋势中，前面连涨了三根阳线，今天一根大阴线就把前面三根阳线吃掉；在空头趋势中，前面连跌了三根阴线，今天一根大阳线就把前面三根阴线吃掉。

口诀点金

穿头破脚两根K线的长度越悬殊，转势的力度就愈强。如果第二根K线长度远远超出第一根K线，则说明多空双方力量对比发生逆转，转势的可能性更大；第二根K线包容前面的K线愈多，转势机会就越大。所以，在实践当中，我们经常会看到一阳包数阴或一阴包数阳的K线组合，对这类形态，大家应该引起足够的重视。

K线实战口诀二：乌云盖顶狂风吹，乌云压城城欲摧

口诀要点

这是一种顶部反转信号，由一根阳线与一根阴线组成，第一根为强劲的阳线，第二根K线开盘价比上日的最高价要高，但收盘价为当日波动的低点，而且深入第一根阳线的实体部分。出现该种形态后，投资者就应速速离场。

口诀详解

乌云盖顶（见下图）是由两支不同颜色及处于图表顶部的阴阳线组成，属于一种见顶回落的转向形态，通常在一个上升趋势后出现。第一根为升势阳线，显示升势持续向上发展，短期向好。第二根则为大阴线，其开盘价须比上日阳线为高，而收盘价则必须以低于第一根阳线线身的一半为标准。

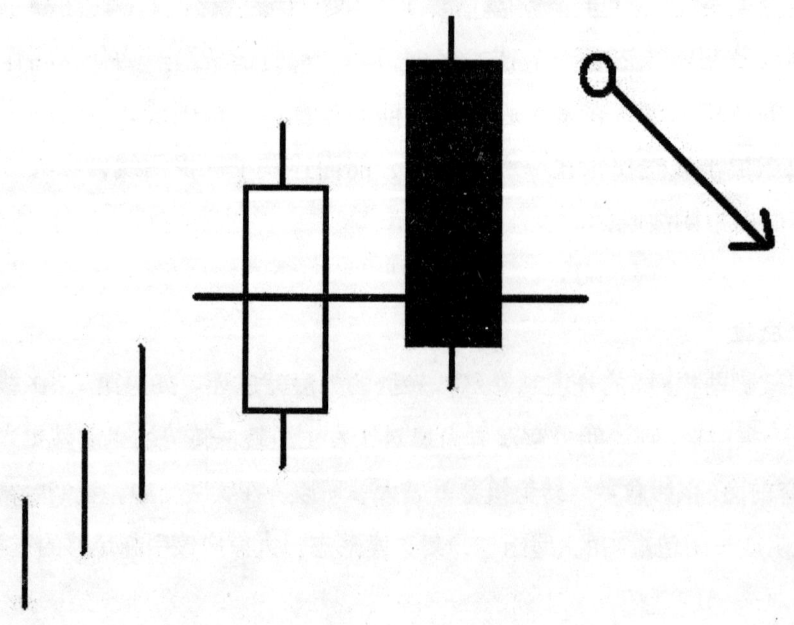

市场原本在已经确定的上升趋势中运行，当日大阳线的出现使得市场中处于强烈的买盘中，第二天市场向下跳空开盘更证明了买方的决心，但在整个交易日内，市场人气开始得到聚集，最后以阴线收盘，并且低于前一天阳线实体的中点。

乌云盖顶形态的一般识别法则为：

（1）市场处于上升趋势，第一天是一根大阳线。

（2）第二天是一根大阴线，它的开盘价高于第一天的最高价。

（3）第二天的收盘价应该低于第一天大阳线实体的中点。

这里我们还可以运用技术特征详细解释一下：

首先，乌云盖顶形态发生在一个超长期的上升趋势中，第二根K线应高开于第一根K线的最高价之上，但收盘价大幅回落，深入到第一根K线实体部分一半以下，否则分析意义不大。第二根K线实体深入第一根K线实体中越多，说明市况见顶回落的可能性越大。

其次，在乌云盖顶形态中，如果第二个实体（即黑色的实体）的开市价高于某个重要的阻挡水平，但是市场未能成功地坚守住，说则明多头上攻乏力，大势见顶的迹象已经显露。

第三，如果在第二天开市的时候，市场的交易量非常大，那么这里就可能发生胀爆现象。具体说来，当日开市价创出了新高，而且开市时的成交量极重，可能意味着很多新买家终于下决心入市，踏入牛市的“船”。随后，市场却发生了抛售行情。那么，很可能用不了太久，他们就会认识到，自己上的是一条泛舟江中偏又处处破损的船。

下面我们来看两个例子。

例1：如意集团（000626）（见下图一）2003年3月21日，该股启动了一波上升行情，股价由16.56元涨至20元以上。然而，在2003年5月26日摸高22.73元之后便以乌云盖顶K线组合见顶回落的。

例2：大连控股（600747）（见下图二）该股于今年5月20日实施了10送转5的分配方案，除权后其股价震荡走低，直至6月5日的6.53元方才止跌。此后，股价震荡走高，直至7月19日的8.84元，升幅达到35%。

看一下7月2日的这根K线，这是一根高开低走的阴线实体。我们注意到其开盘价8.90元已超过前一个交易日的最高价8.87元，而这根阴线也深深地插入了前一交易日的阳线实体之中，其相应的61 233手的成交量，明显较前期有所放大。

我们说，7月19日与22日的这两根K线组合就是典型的“乌云盖顶”形态。我们清晰地看到：在出现这一形态后，该股便进入漫漫跌途，自7月22日的8.90元至本周收盘，跌幅已近20%，而且意犹未尽。由此可见，这一K线形态在揭示阶段性头部方面，还是有比较现实的意义。

值得投资者注意的是，乌云盖顶形态是较次要的见顶信号，因此其可靠性也因其出现的位置不同而大相径庭。一般来说，如果该形态出现在反弹行情顶部，股价快速拉升之后，那么其可靠性较高；反之，若该形态出现在股价突破颈线之后，涨幅也相对较小时，则庄家洗盘的可能性较大。

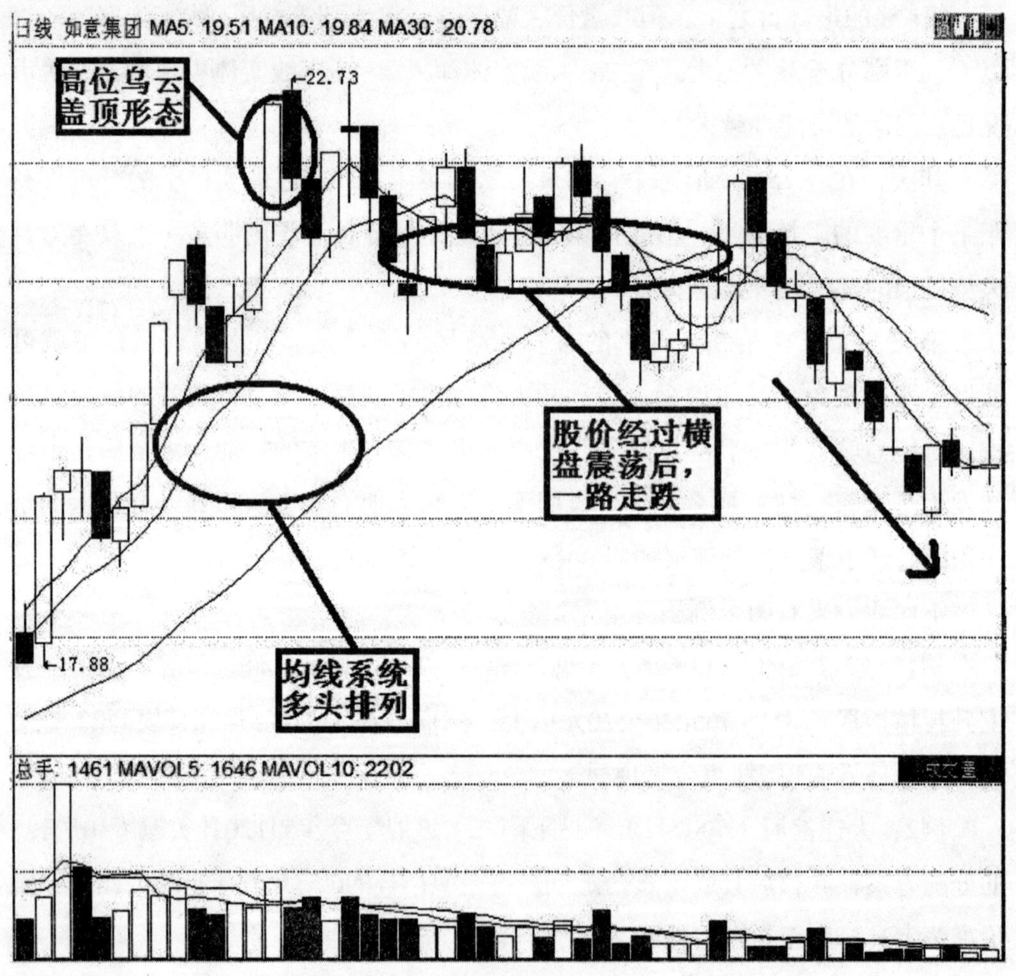

图一

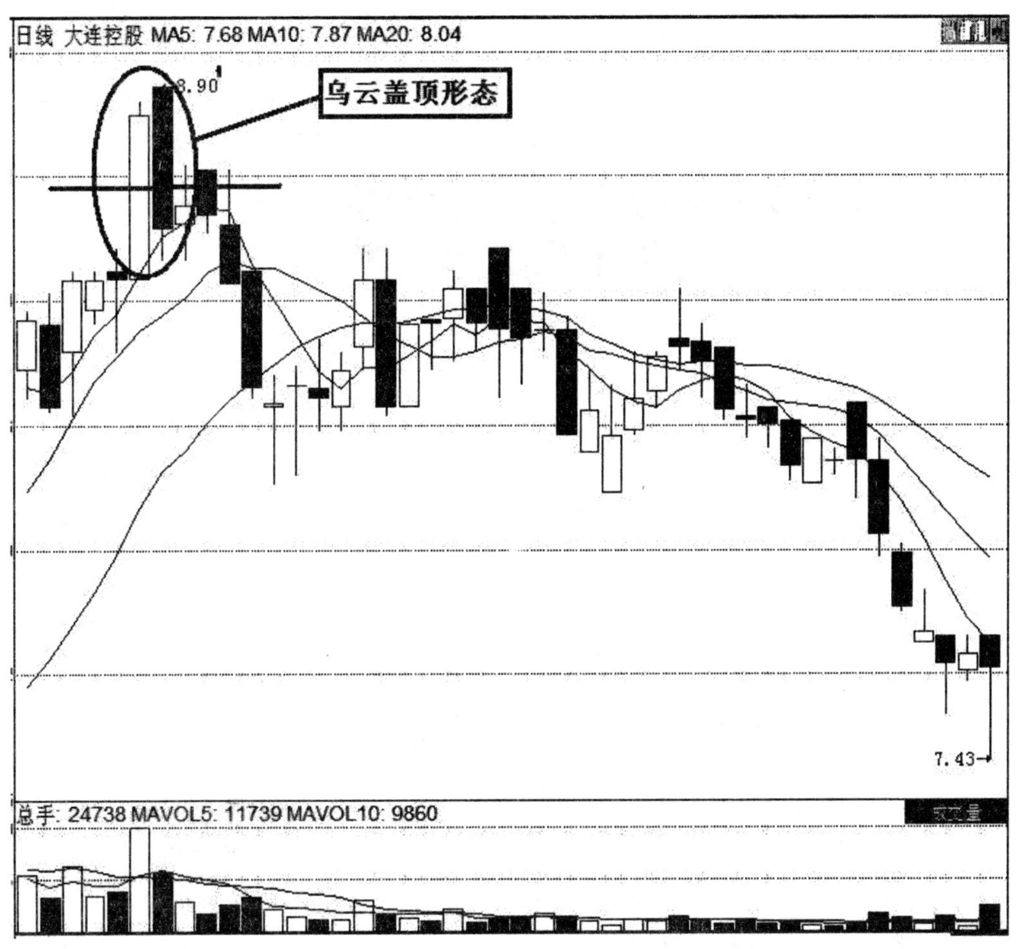

图二

口诀点金

第二根阴线的收盘价越低，见顶回落的可能性越大；第二根阴线在开盘阶段大幅超越前期高点，然后回头下跌，股价见顶回落的可能性大增；第二根阴线开盘时的初段的成交量越大，表示中了多头陷阱埋伏的投资者越多，转势的可能性也越大。

K线实战口诀三：三只乌鸦天上飞，高开低走个个黑

口诀要点

股价在高位运行时突然出现连续三根阴线的K线组合，是股票暴跌的信号。其中很重要的一点是股价必须经过大幅拉升后的高位，三天收盘价一天比一天低，并且每天收盘价基本都是当天最低，预示后市行情将下跌。

口诀详解

在中国的传统文化里，乌鸦是不吉之物，意喻不祥，口诀中“乌鸦”的意思是三根向下的阴线持续下跌，后市看淡。

在上升趋势中，三只乌鸦呈阶梯形逐步下降。市场要么靠近顶部，要么已经有一段时间处在一个较高的位置了，而出现此类形态则表明股价将进一步下跌。

三只乌鸦（见下图）出现在下跌趋势启动之初，空头取得优势并开始发力，务必注意这种K线成立的前提，是发生在下跌趋势成立的初期。在下跌趋势的末端，有时也会有三连阴的K线形态，但这与三只乌鸦无神似之处。

（1）三只乌鸦由三根连跌阴线组成，每根K线的实体较长，呈现强势的看跌态势。

（2）如果每一根阴线几乎没有上下影线，就称之为“三胎乌鸦”，表示后市下跌意义更大。

（3）三只乌鸦常常发生在重要阻力区之下，原因是上涨行情受制于重要阻力的压制，无法突破，转而掉头向下，从而演化成三只乌鸦形态。

如果看见三只乌鸦形态，一般可以在形态确立之后的回拉建立空单，也可酌情建立起突破跟进的空单。

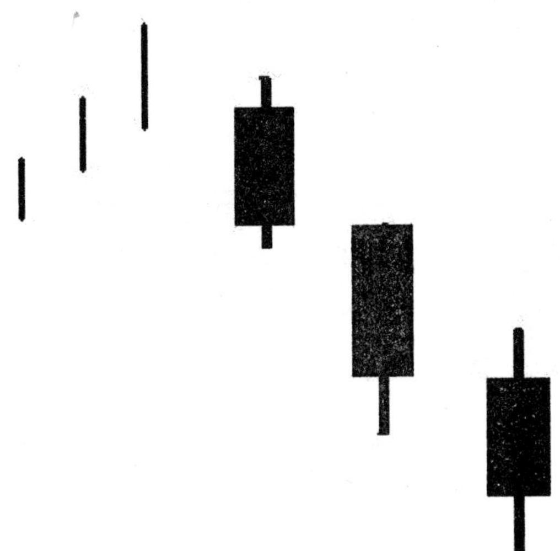

第1天多为观望期，此时市场不明朗，市场信心不强烈，后市走向把握度不高；第2天，三只乌鸦形态雏形已现，可考虑轻仓建空。止损可设在重要阻力区之上；第3天，三只乌鸦形态确立，可进场建空。

例：银鸽投资（600069）（见下图）2008年1月11日，600069银鸽投资高位成交量异常放大，14日跌2.18%，15日跌2.43%，三只乌鸦天上飞。随后展开调整行情，2008年3月12日，跌破60日均线后，继续破位杀跌，一路崩溃，最低跌至11月4日的2.89元，跌幅超80%。2008年12月3日，才重新站上60日均线。

当然，投资者在使用三只乌鸦判断股价走势时，还要注意其出现的位置。

在连续阴跌不止情况下，特别是在股价已有较大跌幅后出现下跌三连阴，表明空方力量已经用尽。

下跌三连阴在下跌初期出现，表明空方力度还很强大，股价还有很大的下跌空间，此时见到下跌三连阴K线组合后要果断停损离场，退出观望。

下跌三连阴在股价连续下挫后出现，是空方能力耗尽的表示，如果下跌时成交量也急剧放大，这往往是跌势到头的信号，说明行情将由弱转强，此时见到下跌三连阴K线组合后不要恐慌，切勿盲目割肉。即使股价日后还有下跌空间，也要等到反弹时空方打击能量重新聚集后才会继续下跌。所以，从最坏的角度考虑，也需等到三连阴触底反弹时放空，这样也好减少一些损失。

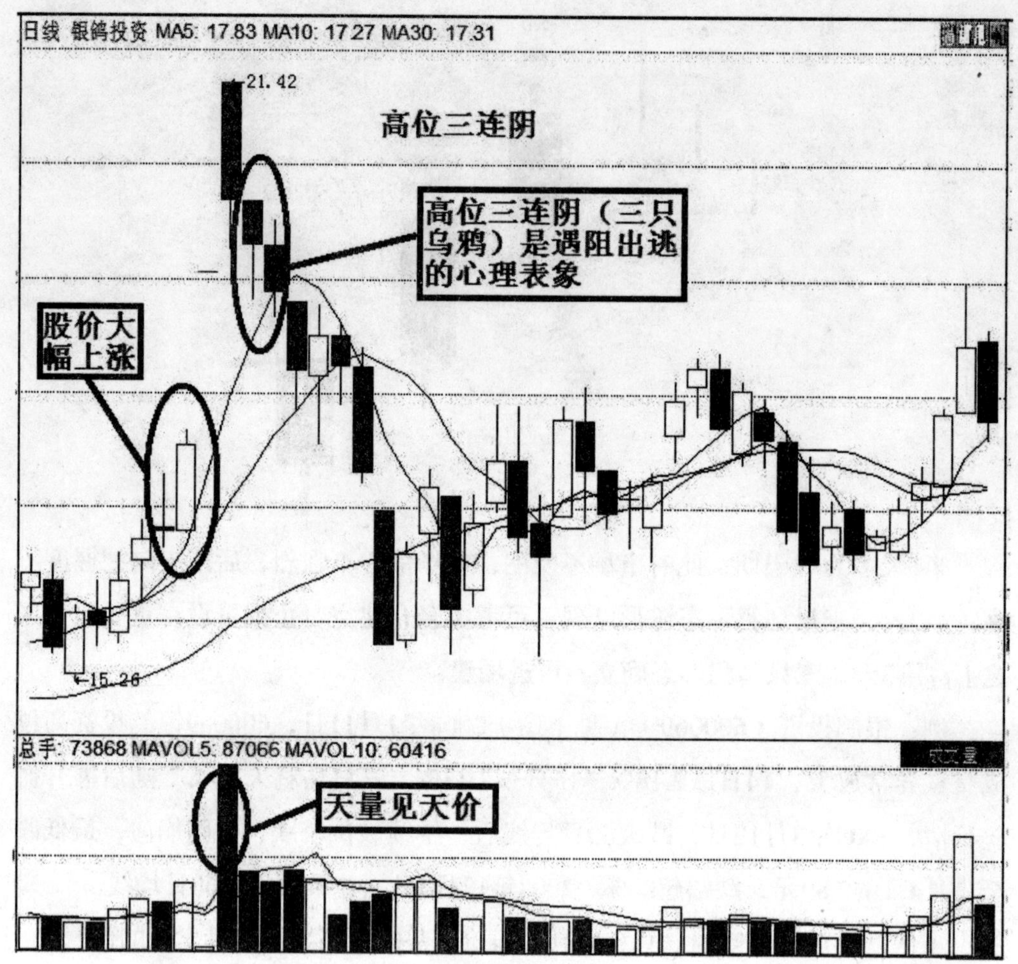

口诀点金

在很多情况下，股价三连阴见底反转向上的情形也屡见不鲜，如在三连阴后及时买进，说不定还能骑上一匹大黑马。

K线实战口诀四：上涨渐大红三兵，短线买入加速行

口诀要点

股价上升途中，多头接连向空头发起进攻，且攻势一天比一天猛烈。反映在K线图上，股价连收阳线，而阳线实体也越来越大，这常常是股价将加速上行的先兆。

口诀详解

红三兵”（见下图）是市场逐步见底、多方持续加大力度、市场趋于一致的走势，这种走势是一种温和的逆转。对于投资者来说，也是一个较好的参与时机，它不会像有的个股直接涨停而难以买入。但出现“红三兵”之后往往第四根是幅度更大的阳线，这是一种技术上的确认，此时也是最佳的参与时机。

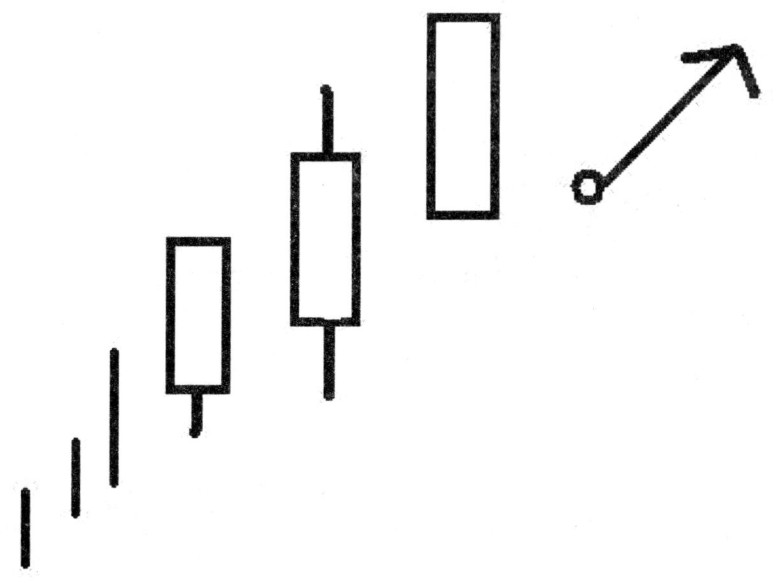

图36：红三兵形态示意图

红三兵技术特征：

（1）在股票运行过程中连续出现三根阳线，每天的收盘价高于前一天的收盘价。

（2）每天的开盘价在前一天阳线的实体之内。

（3）每天的收盘价在当天的最高点或接近最高点。

红三兵如果发生在下降趋势中，是市场的强烈反转信号。每天开盘价较低，收盘价却是最近的新高，多头力量推动股价向上盘升。

如果股票在较长时间的横盘后出现红三兵的走势形态，并且伴随着成交量的逐渐放大，则是股票启动的前奏，可引起密切关注。

由于红三兵形态中连续阳线的实体是由小变大，一般表明多头攻势日见顺

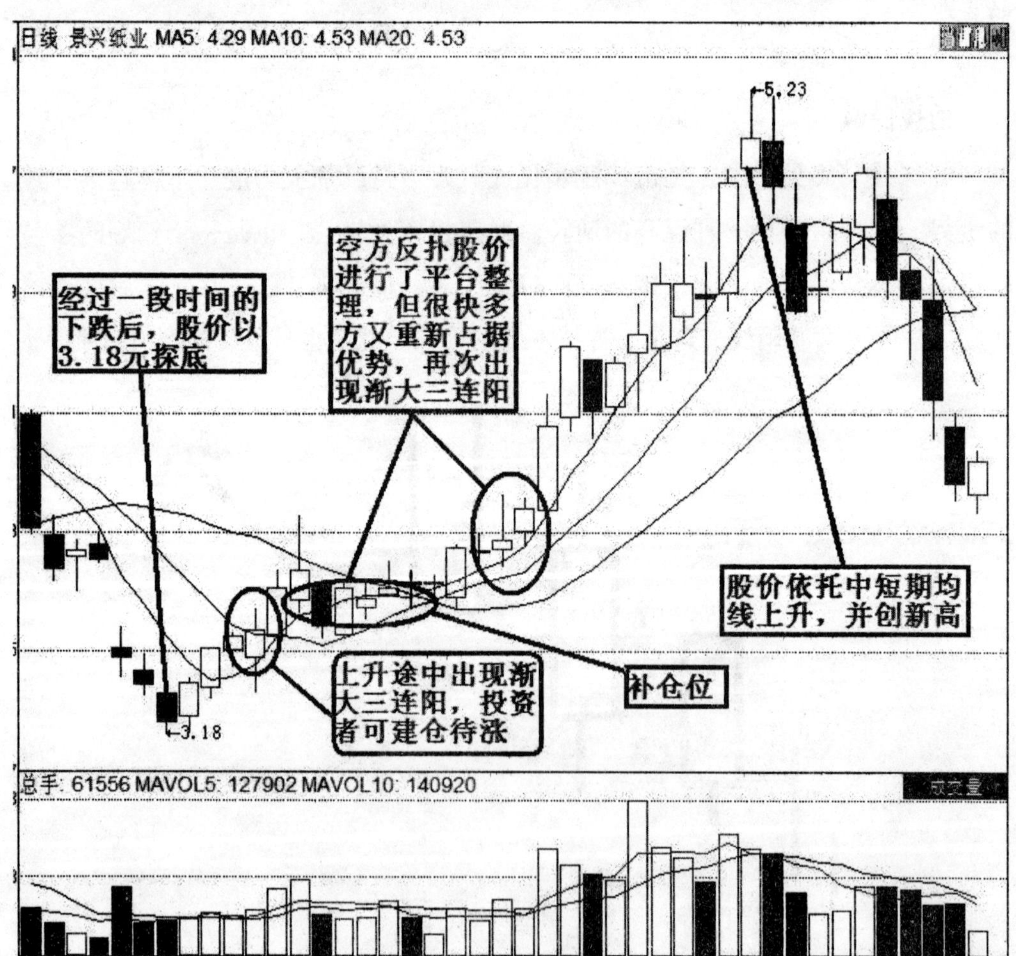

利，将趁热打铁，向空方发起总攻。在实际操作中，如K线组合中阳线实体比较大，特别是第三、四天的阳线已是中大阳线的话，就说明多头力量十分强大，即使遭致空头反扑，也不过是极短时间的调整，反而成为短线追买的良机。要同时认真观察个股基本面和消息面，以提防某些主力和机构借此形态骗线出货。

例1：景兴纸业(002067)（见下图）2009年1月初股价探底后上升，7、8、9日三天走出了一个渐大三连阳，后市看多。然而该股很快遭多头反扑，股价进行了一小段时间的平台整理。1月22日再次出现渐大三连阳形态，股价随后飙升，这轮涨情在以5.23元探顶后终结。

例2：江苏宏宝(002071)（见下图）2009年5月股价在上升途中走出了渐大三连阳形态，并且获得了量能的有力配合。5月中下旬空方进行了疯狂反扑，股

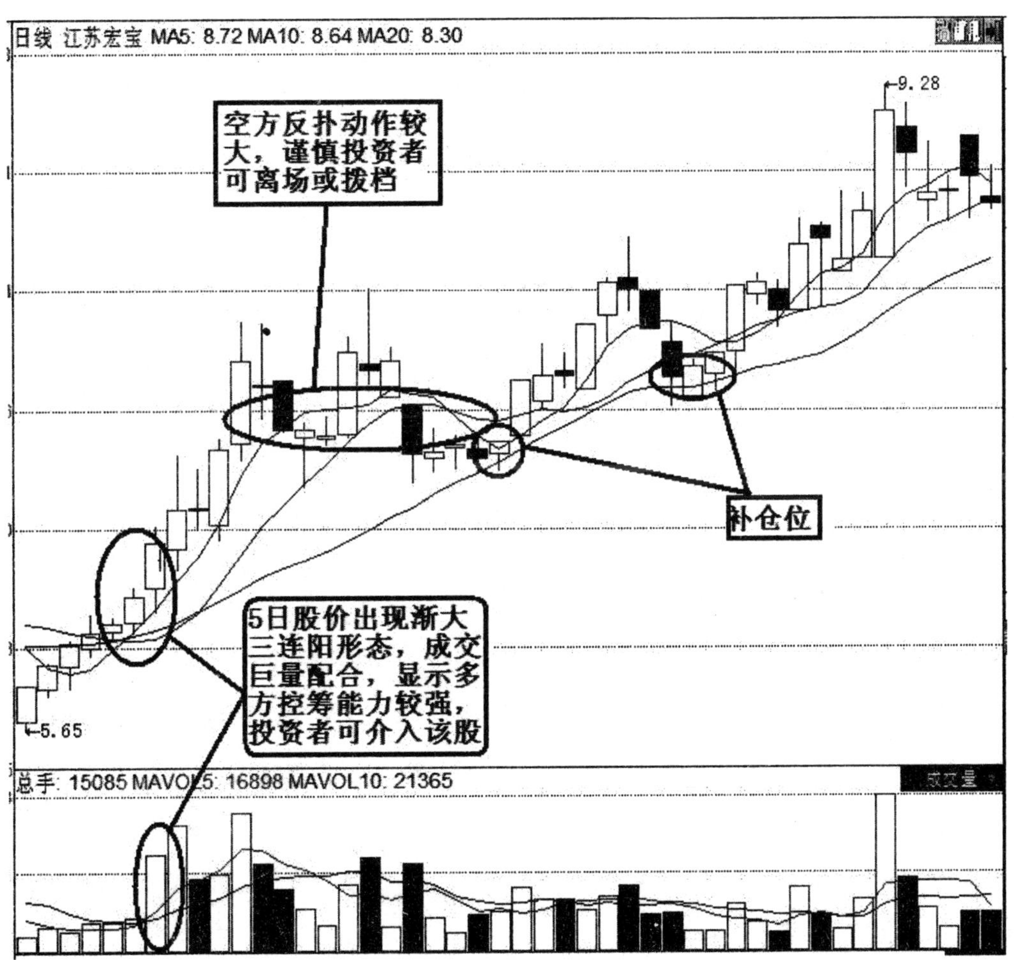

价出现了平台整理形态。这时一些胆小的投资者纷纷离场，然后在平台整理之后，股价却仍在多空双方的争夺中继续攀升，6月26日股价以9.28元结束了这一波涨情。

口诀点金

使用渐大三连阳线买入股票时应留意，如K线结合中阳线实体比较大，尤其是其三、四天的阳线已是中大阳线的话，就注明多头力气非常壮大，即便遭致空头反扑，也需要一段时间的调动，短线仍大有可为。

K线实战口诀五：黄昏之星走到头，千万别做死多头

口诀要点

黄昏星是由三条K线组成的图形。第一条线是一条较大的阳线，第二条线是一条小星形线（不分阴阳，十字星也可）。第三条线是一条长阴线，表示价格见顶回落，发出转势信号。出现这种形态时，投资者应速速离场。

口诀要点

黄昏星（见下图）是倒转V形态的反映，也就是上升走势已到达顶点了，股价出现暴跌的情形，其他技术指标也明显的指出反转的讯号。出现在高位的一条大阳线，一方面显示多头力量较强，把价格推到了极限；另一方面，则是显示超买迹象，获利不菲的多头，会平仓离场，影响后市的升势。第二条星形图线，是多空力量相持不下的表现，显示多头力量已在减弱，空头力量增强，后市有利空头的发展。第三条大阴线，则进一步证明了空头力量的增强，多头已彻底失去控制行情走势的能力，后市行情将会在空头的主导下继续下行。

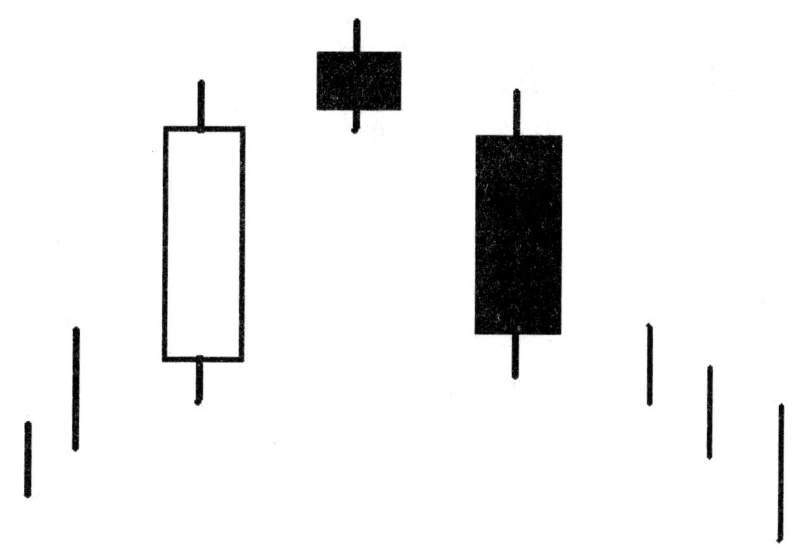

黄昏星特征：

（1）该形态出现前，必须有一段较大的升幅，即该形态必须处在高位。

（2）该形态的第一条图线必须是一条较大的阳线。

（3）第二条图线应是一条星形小图线，如果同时具备有较长的上下引线则更佳。

（4）第三条图线，应是一条大阴线，收盘价应收在第一条大阳线的中心值附近，收得越低越好。

黄昏星代表市场已转入疲软中，上涨的局势已到达顶点了，此时出现的第三日大阴线正代表市场的大逆转，正是卖出的讯号，也就是第三日的开盘即可卖出。

股市上有一句话："会买的是徒弟，会卖的是师傅。"，把握卖出股票的时机确实是比较困难的，黄昏之星作为典型头部K线组合在实战中还是十分有效的。黄昏之星往往预示着股价将要见顶回落，投资者遇到它时要宁可错过，不能做错，一定要及早出仓。

黄昏之星正好与早晨之星相反，其典型的技术表现由三个交易日的K线组成：第一日，股价继续上升，出现一根实体较长的阳线；第二日，震荡缩小，既可为阳线也可为阴线，构成星的部分，如果为阳或阴十字星则更佳，这种组合又可称之为"黄昏十字星"；第三日，出现阴线，并且下跌吞食第一根阳线实体的一部分或全部。

而在实战中投资者需注意的是：

（1）第二根K线的性质较为重要，阴线比阳线见顶的可能性要高，阴或阳十字星比阳线见顶的可能性要高。

（2）第三根K线如果以向下跳空缺口形式出现，则向下破位的可能性将大大增强。

例1：一汽夏利（000927）（见下图）在2003年5月29日以向下跳空缺口构筑黄昏之星，虽以小阳报收，但当日有0.01元的缺口未被回补，因此已改变不了其转势下行的趋势。

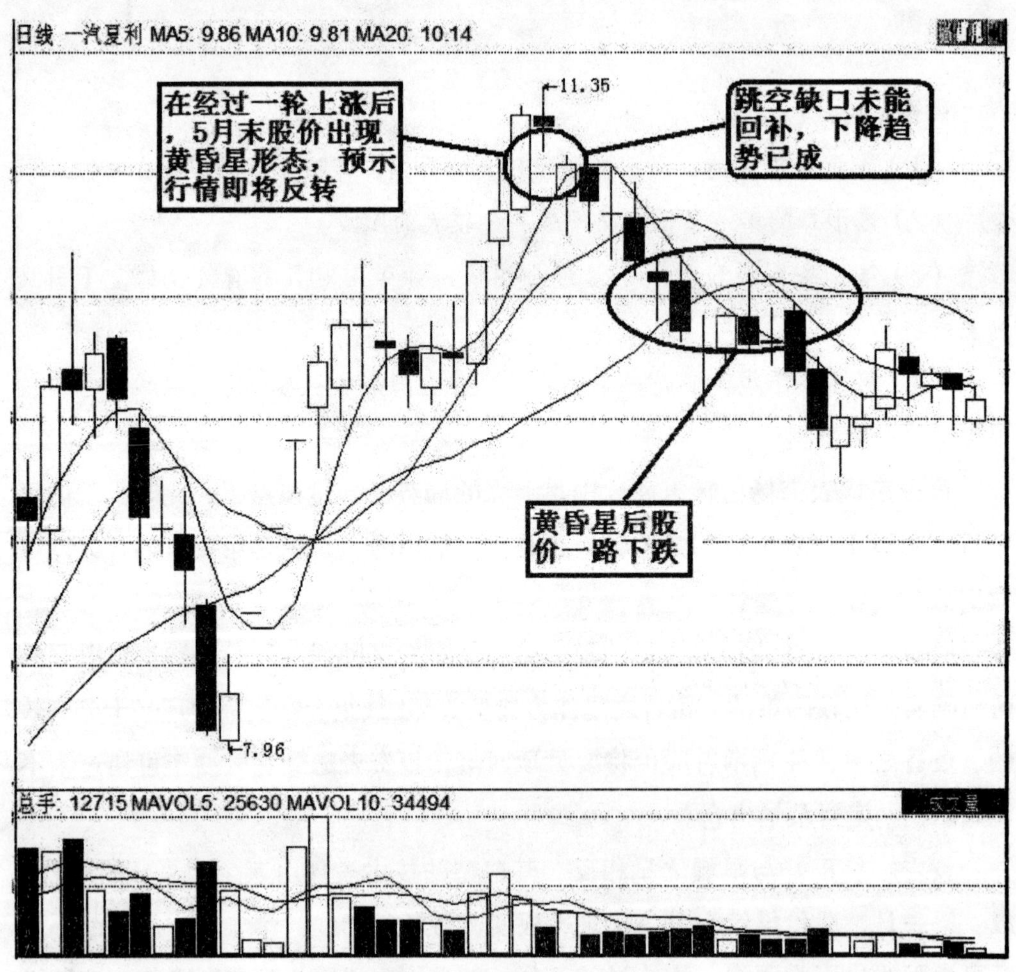

例2：古越龙山（600059）（见下图），该股在2008年2月初以24.93元见底之后就开始震荡上行，但在3月3日放量长阳上攻后，4日却收出短小的阴十字星，显示出多头力量已强弩之末，5日果真以长阴吞食3日的长阳，形成了典型的黄昏之星K线组合，虽然3月12日又以阳线反弹但已改变不了震荡下行的趋势，投资者可趁早获利了结或止损出局。

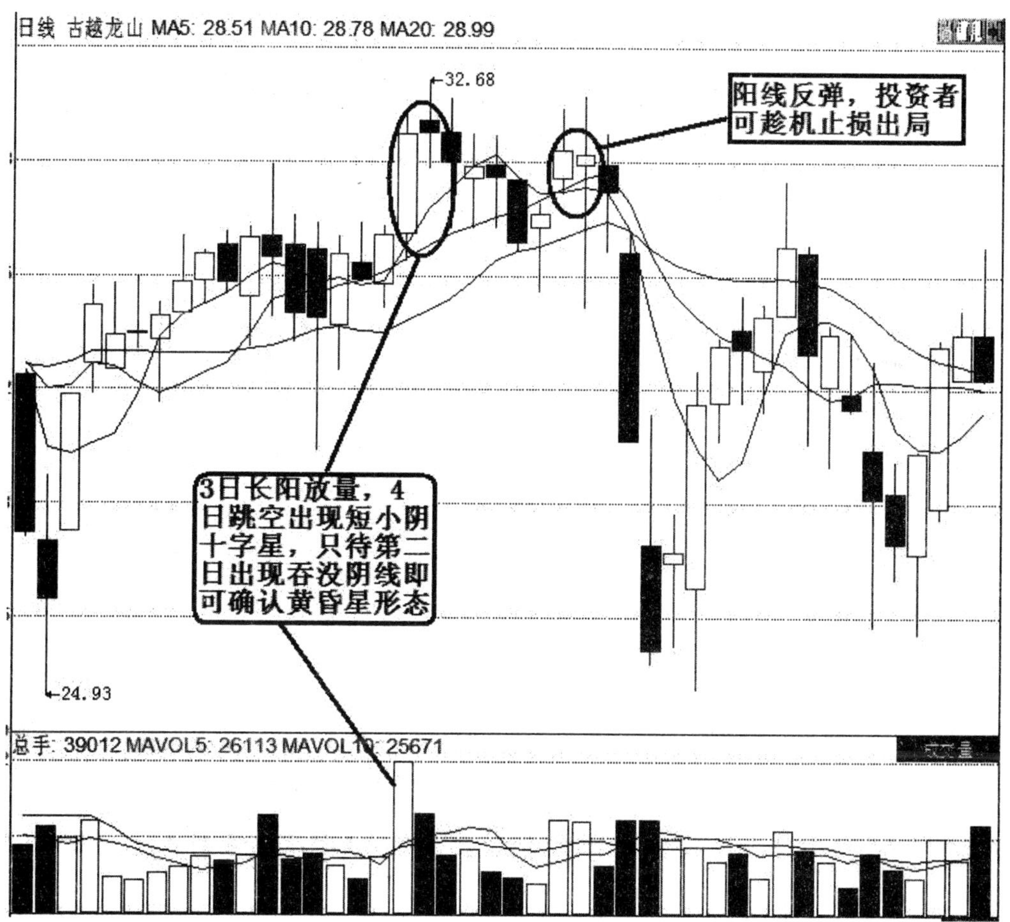

口诀点金

最好的规避黄昏之星失败风险的方法是等待，时间是最好的帮手。稳健的办法是在黄昏之星出现之后再静等二至三天，如在这一时间内反弹能吞食掉黄昏星第三根阴线实体2/3以上，说明多头力量仍具有一定的实力，操作上不必过早出局；如在二至三天内反弹未能吞食掉黄昏星第三根阴线实体2/3处，说明空头力量已基本获取主动权，可确定空头已占上风了，下跌趋势已确立；如果在二至三天内不出现小幅反弹，甚至自由落体出现暴跌的态势，说明空头力量已全面爆发，此时要快刀斩乱麻，趁早出局，现金为主。

K线实战口诀六：高位并列双阴线，见顶回落不乐观

口诀要点

股价经过较长时间的拉升后，已处相对高位，某日股价跳空高开低走，收出阴线，次日走出同样走势，这样就形成了两条开盘价和收盘价基本接近，实体长度大致相当的图线组合，这就是“高位并列阴线”K线组合形态。在这里，阴线上下影线长短不影响形态的研判，但并列阴线要求以向上跳空的形式出现，（实体间有缺口）至少是跳空高开的。

口诀详解

在正常的上升趋势中，股价突然高开低走并低收，表明多方进攻时，在上档遇到了空方的强劲打压，最后不敌才出现低收的。次日，多方再度组织进攻，结果依然无功而返，使上档的抛压得到了证实，随后，心理压力大的多头开始做空抛售，最后形成连锁反应，股价应声下跌。这是一种看跌形态。

高位并列阴线是明显的顶部特征，预示后市将大跌，操作上应快速离场，保住既得利润。其最佳卖点的第二根阴线出现当日，股价收盘之前的10分钟内，基本确定是高位并列阴线形态便可清仓，次日也是卖出机会。

例1：申达股份（600626）（下图）：1993年5月4日至5月5日，从10.20元一路拉升至17.60元的股价在高位形成并列阴线，这两根阴线都是跳空高开，且开盘价相同，收盘价仅差0.11元，实体长度大致相当，属于标准的高位并列阴线，股价随后震荡向下，复权后的最大跌幅已超过37%。

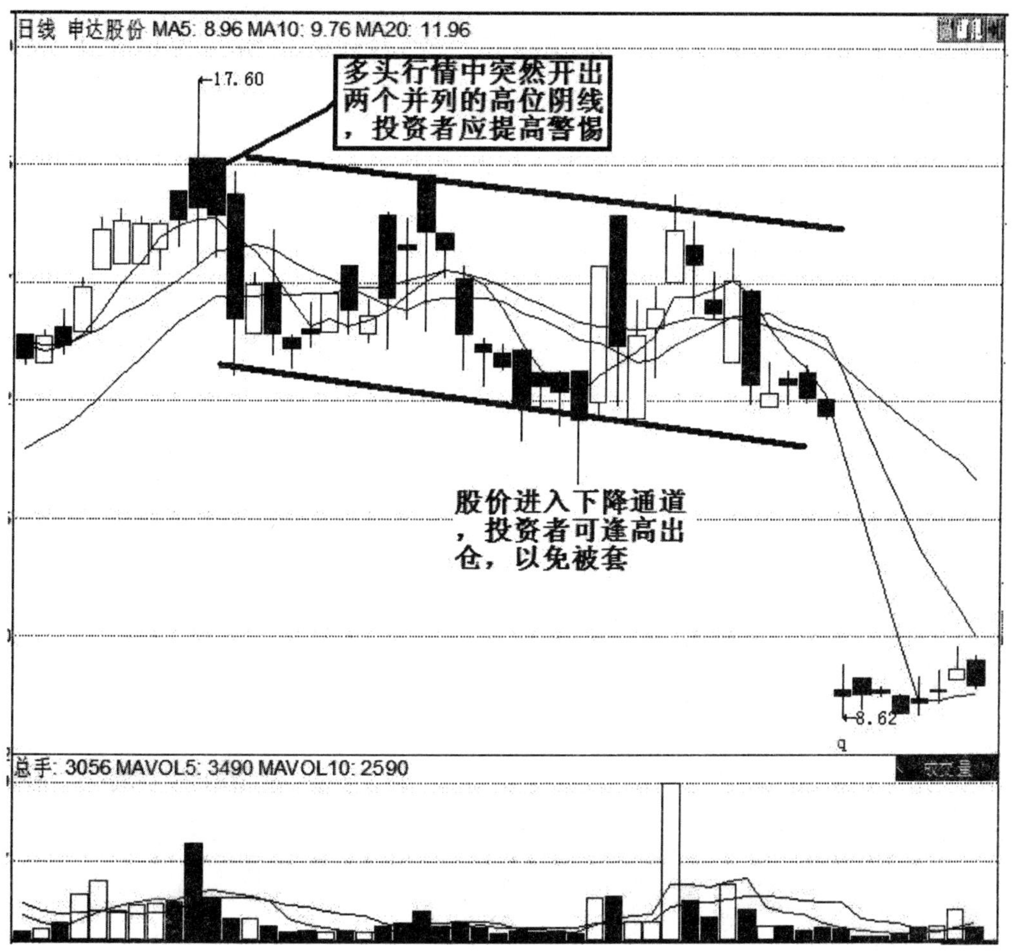

例2：新世界（600628）（见下图）该股在2007年1月初开始股价上涨，1月17日股价以15元探顶，此时股价累积涨幅达31%。1月23日、1月24日，股价接连出现两根阴线，两个阴线开盘价与收盘价大致相同，实体长度也相差不大。这是一种高档并列阴线形态，后市看跌，投资者应提高警惕，迅速清除离场。

另外，投资者在实战操作中还应注意以下问题：

首先，在个别情况下，处在天顶部位的并列阴线，不要求是向上空跳的形态只需要两条阴线的开盘价、收盘价和实体的大小均符合并列线的组合要求就行。因为处在天顶部位的并列阴线，无论是否“跳空”，显示的都是见顶信号，应果断卖出股票。

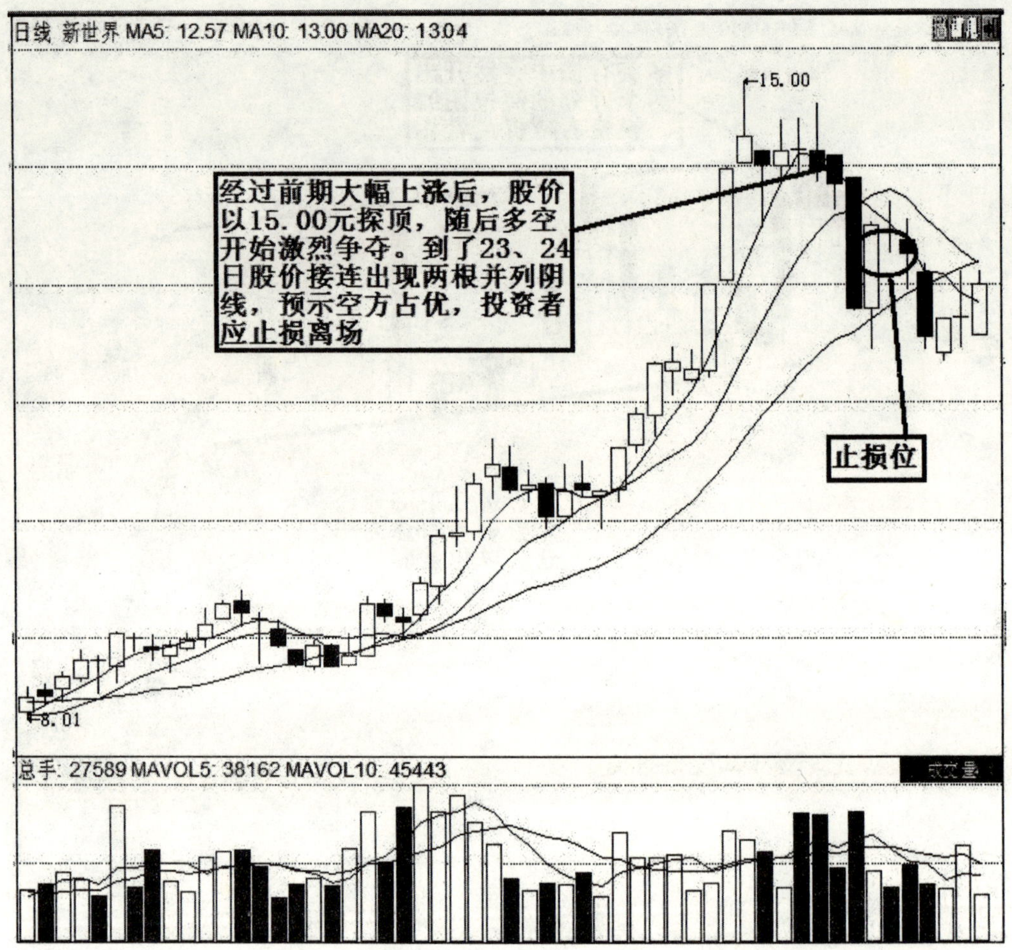

其次，并列阴线指的是它们实体部分的并列，一般不考虑上下影线的长短。当然，当股价下跌到较低的位置后，出现了向下空跳的并列阴线，这两条阴线（或其中的一条）带有较长的下影线，更能说明见底信号的可靠性，更可彻底改变操作。

口诀点金

认清形态出现的位置，不同位置出现其预测意义就可能迥异。一般要求之前至少有10%以上的升幅。另外，开盘价及收盘价完全相同，实体大小分毫不差且留有明显向上跳空缺口的并列阴线是罕见的，所以在给形态定义时没明确要求，实战中也需要灵活应对。

K线实战口诀七：早晨之星东方明，带有缺口更见晴

口诀要点

早晨之星是一种K线组合形态，由3根K线组成，出现在下跌过程中。先是出现一根中阴线或大阴线，第二天出现了一根低开的小阳线（亦可以是小阴线），随后转跌为升，出现了一根中阳线或大阳线，若出现跳空缺口，则未来上升幅度可能更大。投资者见此信号，可以考虑适量买进。

口诀详解

早晨之星（见下图）又叫作启明星形态，它属于底部反转形态。在此形态中，先是一根长长的黑色（绿色）实体，随后是一根小小的白色实体，并且在这两个实体之间形成了一个向下跌空，第三天是一根白色实体，它明显地向上推进到了第一天的黑色实体之内。

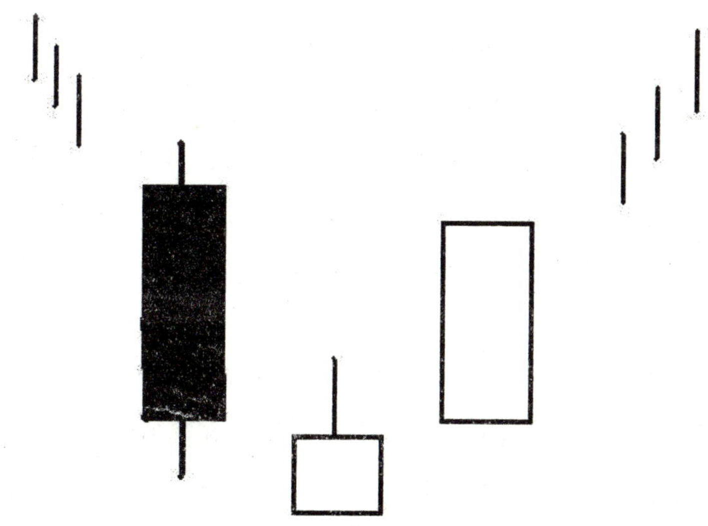

早晨之星形态的识别方法如下：

（1）早晨之星的走势意味着下跌行情的结束，市场开始见底反弹，所以第1根线必须是阴线，承接前势，而第3根线必须是阳线，表明上升行情开始，而中间的那一根颜色不重要。

（2）理论上讲，早晨之星第2根K线，应该是跳空低开，这样的早晨之星最为标准，所提供的见底信号最为强烈，而后市上扬行情的延续时间可能较长。

（3）如果中间那根K线为十字星，也就是当天开盘价与收盘价相等，见底信号十分明显。

当第1根K线出现时，市场处于下降趋势中，卖方占优。第2天，是一个较小的实体，意味着卖方失去了将市场进一步打压的能量。第3天，市场形成一根坚挺的阳线，证明买方已经夺取了统治权，价格转而上扬。

早晨之星是一个见底标志，预示价格下跌动能耗尽，后市可能转而上扬。我们可以适时适量地制定建多策略，最初形态未明朗时要注意轻仓。也不要被第2天的跳空低开所迷惑，关键还要观看第3天走势是否上涨收阳，确定反转势头。

在出现早晨之星（复合早晨之星）的当天，或者回调后重新上行的当天买进。早晨之星K线组合及复合早晨之星K线组合出现后，在出现的当天，或者在后市不跌破星线的低点，特别是中阳或长阳实体的一半，出现分时买点的时候重仓参与，成功的概率比较高。如果形态成立，后市在支撑位，止损位可以设在前期跳空位上，或是第2根实体上沿处。

实战案例：神州泰岳（300002）（见下图），近期强势股，2010年1月22日、25日、26日三根K线出现了经典的早晨之星形态组合，随后第四天即2月1日股价出现了一个经典的底部天量天价大阳线，这样我们至少有80%的概率确认底部成立，此时作为短线激进投资者大可放手一搏，但作为稳健的趋势投资者却是在2月5日即图中越过下降压制线涨停板那天进场，这个涨停板可以追，而且必须追。

在底部出现早晨之星形态时，KDJ、RSI、MACD等技术指标往往也都明显处于底部位置，这里虽然没有提出分析，但投资者在实战中也要注意这些技术指标，它们也是底部成立的参考要素。

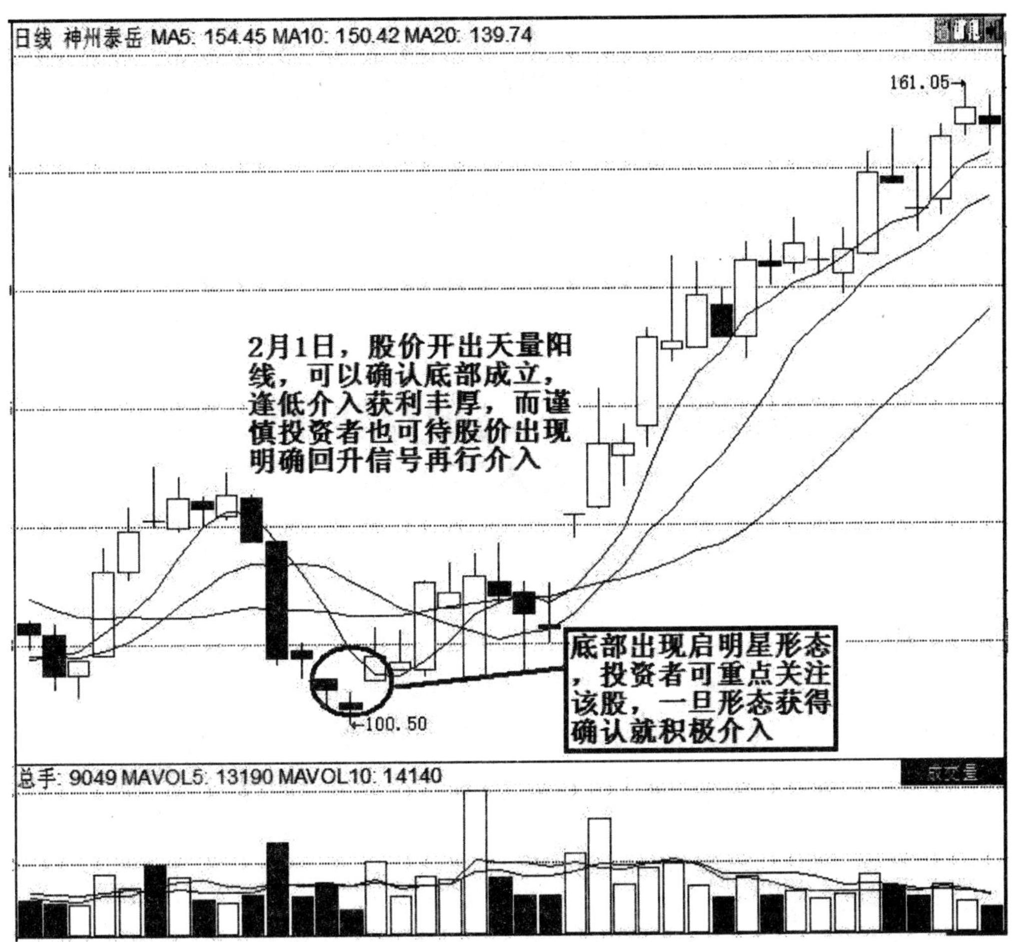

实战中，遇到早晨之星形态时，投资者操作时应注意以下问题：

（1）要沉着应对不涨反跌的走势，通常情况下价格会继续上涨一段，但也有个别情况不涨，而是回头下行，甚至跌回到起涨点附近，经过一段时间的盘整后，才出现投资者希望的上涨行情。遇到这种走势，就应耐心等待，持有多头的投资者，只要止损单不被吃掉，就不要随便平仓。止损点最好设置在该形态最低点以下3～5个点的价位。

（2）要注意该形态所处的位置。一般来讲，只有处在底部低位或上升行情调整后的低位时，才可做多，如果处在高位则应谨慎操作。

（3）操作早晨之星形态，要依据第三条阳线实体的长短作进场依据，实体太长时，不宜马上进场，观察一阵后再做决定。

口诀点金

在这里要特别提醒投资者的是，理想的早晨之星形态中，中间的K线实体，与它前、后2个实体之间均有跳空缺口。另外早晨之星有变体形态，中间是包含了好几根小星线，依然可以看作是早晨之星形态。

K线实战口诀八：岛形反转在底部，加仓买入别回吐

口诀要点

岛形反转即在一个向上（或向下）的大跳空缺口之后不久又出现一个向下（或向上）的大跳空缺口，这是后势强烈反转的信号。如果在底部出现了岛形反转形态，后市股价将会大涨，投资者应加仓买入静待获利。

口诀详解

岛型反转经常在长期或中期性趋势的顶部或底部出现。当上升时，岛型反转明显形成后，这是一个沽出讯号；反之若下跌时出现这型态，就是一个买入讯号。

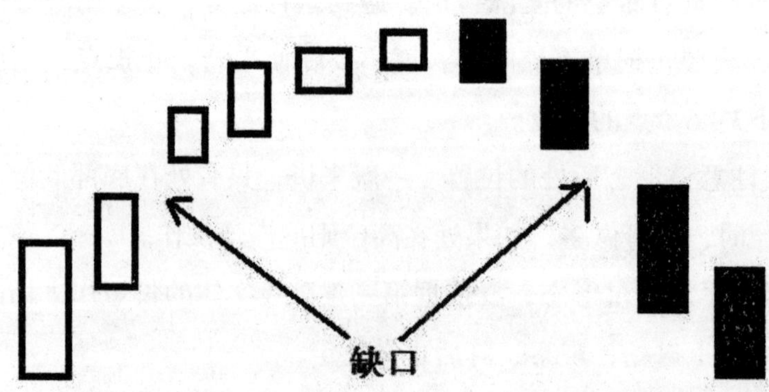

而根据岛形反转所处的位置的不同，可分为上岛形反转与下岛形反转。

上岛形反转形态（见上图），是指股价处于上升行情中，在经过持续上升一段时间后，某日出现跳空缺口加速上升，但随后股价在高位徘徊一段时间，不久却以向下跳空缺口的形式展开下跌，而下跌缺口和上升缺口基本处在同一价格区域的水平位置附近，使高位争持的区域从图形上看，就像是一个远离海岸的孤岛形状，，一般在形成的上岛形期间成交量十分巨大。

下岛形反转形态（见下图），是指股价处于下跌行情中，在经过持续下跌一段时间后，某日突然跳空低开留下一个下跌缺口，随后几天股价在缺口之下的某一低位波动或继续下跌，但下跌到某低点又突然峰回路转，股价向上跳空并以缺口形式开始急速回升，而向上跳空缺口与前期下跌跳空缺口，基本处在同一价格区域的水平位置附近，使低位争持的区域从图形上看，就像是一个远离海岸的孤岛形状，成为多头主力在吸货时制造的最大空头陷阱。

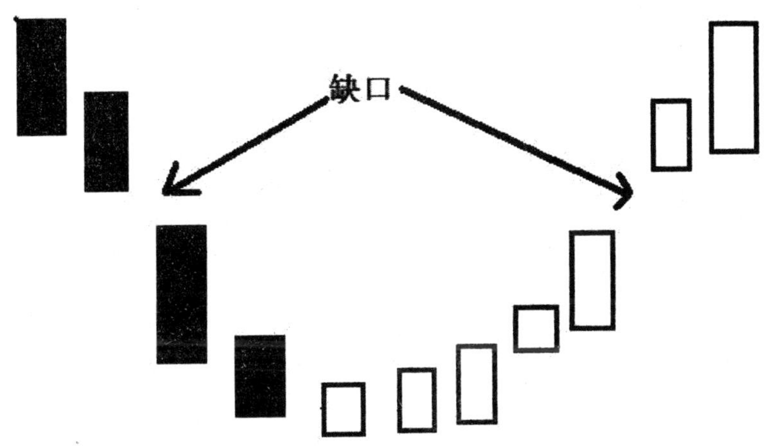

行情在低位向上转折的“岛形反转”，是指连续下跌之后，低位继续出现下跳空，并继续下挫，之后跌势衰竭，出现上跳空缺口，周期较长的上升行情展开。两个缺口之间，同样形成“孤岛”形态；第二个缺口同第一个缺口方向也是相反，意味着行情反转。上述形态，是行情在低位向上转折的“岛形反转”。低位岛形反转意味着面临重大机遇乃至暴利机会。

上岛形往往在市场一片看好股价时出现，想买入股票但又没法在预期价格上买进，而平缓的升势又使投资者按捺不住高价买进，于是出现上涨缺口。但股价却无法继续上涨，看好看淡的开始相互易手，但多空争斗的结果无法维持高股价，出现跳空缺口向下转折，开始一轮跌势。而下岛形反转正好与之相反。岛形经常在长期或中期性趋势的顶部或底部出现。当上升过程中，岛形明显形成后，这是一个沽出讯号；反之若下跌过程中出现，就是一个买入讯号。因此一旦形成岛形，投资者必须当机立断做出判断：上岛形出现后应做空，而下岛形出现时应做多。

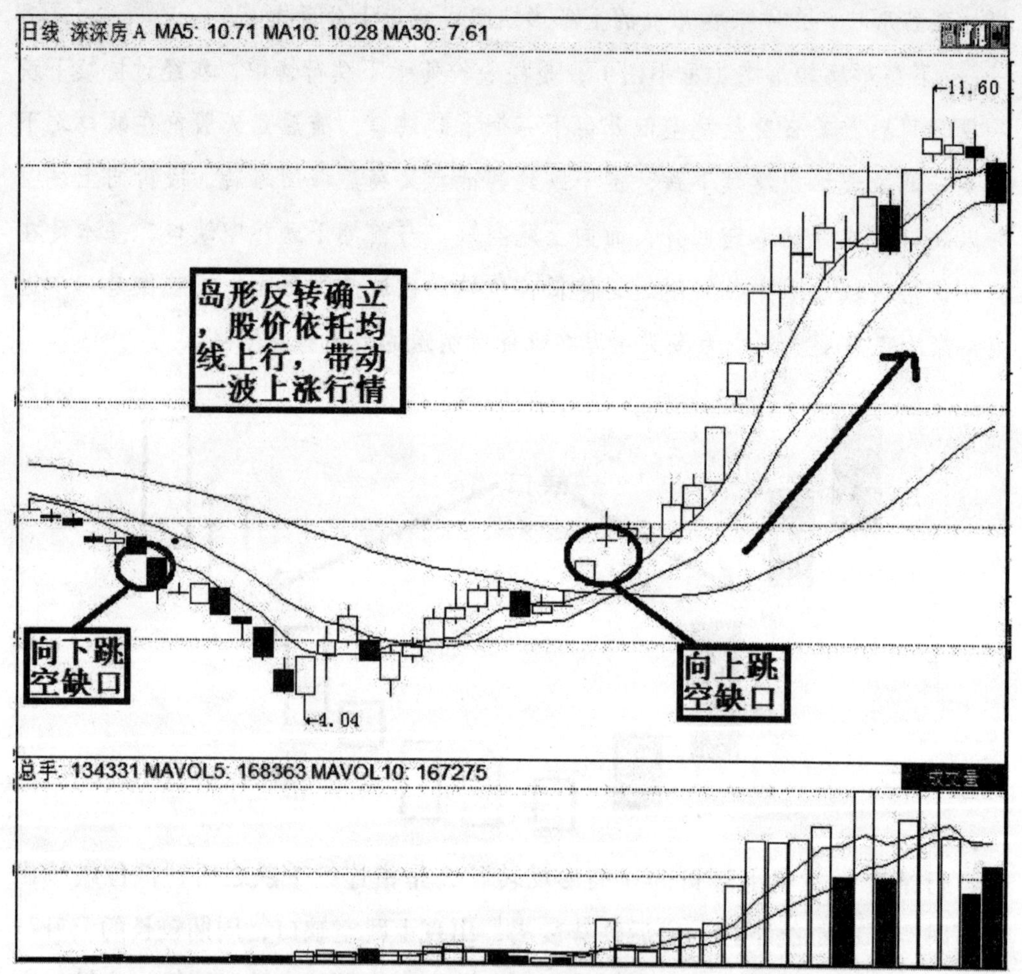

例1：深深房（000029）（见上图）该股2002年1月14日形成的一个下跳空缺口，之后继续下跌、整理；但是，行情在2002年2月25日出现转折，由于2月21日中国人民银行公布第八次降息，对于房地产板块构成重大利好，该股当天形成的一个上跳空缺口。2002年1月14日形成的一个下跳空缺口，同2002年2月25日出现的上跳空缺口，构成“下岛形反转”。之后，该股一路扬升，从2月25

日的5.95元收盘价，上升到3月19日的波段最高点11.6元。也即："岛形反转"确立之后，最大利润达94.9%以上。

岛形形态最佳的买卖点为跌破上升或下降趋势线和第二个缺口发生之时，因为在这之前无法确定发展的方向，而一旦形态确立操作上要快刀斩乱麻，坚决做多或做空，不要迟疑。

例2：冀中能源（000937）（见下图）2001年11月7日向下跳空低开低走留下向下突破缺口，成交量开始极度萎缩，一天成交量仅有几万股。8天后即11月16日向上大幅跳空高开低走，但仍留下一个向上突破缺口，与左边缺口构成底部岛形反转。这是个假阴线，成交量开始明显放大，但不足百万，此处的第一买点应为短线行为。

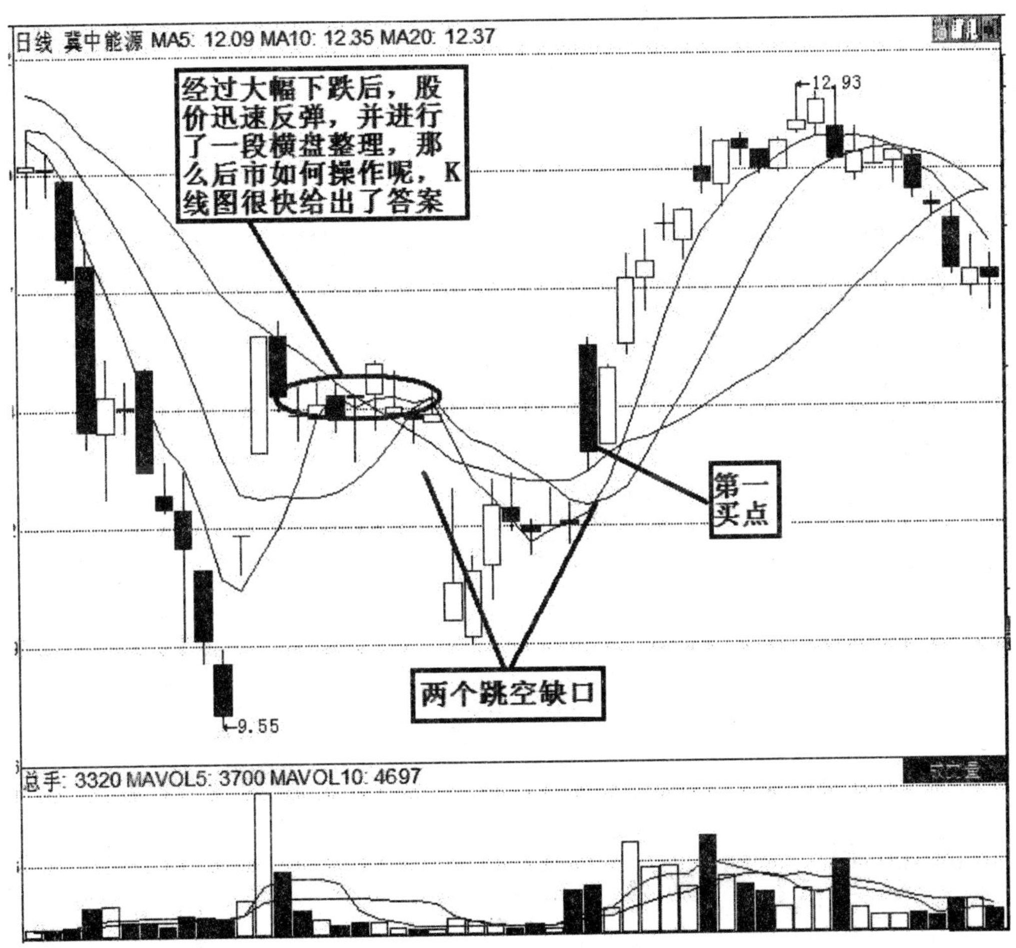

口诀点金

短时间如一两天内出现岛形反转，往往结合典型见顶的K线组合一同出现，如穿头破脚、黄昏之星、早晨之星等；长时间如数周内出现岛形反转，往往结合典型的其他形态一同出现，如头肩形、圆顶（底）、平顶（底）等。其中上岛形反转的顶部一般是一个相对平坦的区域，与两侧陡峭的图形形成鲜明对比，有时顶只是一个伴随天量的交易日构成，这是市场极端情绪化的产物。

K线实战口诀九：平台突破气势强，辨清形态待上涨

口诀要点

当股价运行一段时间后，因为某些原因而不能延续以前的趋势，进而在一段价格范围内波动，产生横盘或一定幅度的整理，形成一个价格平台。而后，股价突破这个平台（可能是上涨突破，也可能是下跌突破），叫作平台突破。

口诀详解

平台突破形态（见下图）是比较常见的一种形态，根据其所处位置不同，可分为平台向上突破和平台向下突破形态。

平台向上突破形态出现于股价上涨的起始，也称为"平地惊雷"；平台向下突破形态出现于股价下跌的起始，也叫“高台跳水”。平台突破形态基本上由两部分组成，第一部分是长期盘整形成的平台部分，该部分成交量比较小，股价波动幅度比较不大；第二部分是平台突破后的上涨或下跌部分，该部分成交量急剧放大，且股价呈单边走势。

平台向上突破形态的形成过程是，股价一直在低位徘徊，成交量稀少，股价呈窄幅波动，由于长期无主力关注，投资者很难从其股价波动中获取差价，因而渐渐被市场遗忘。但经过长期整理，形成了坚实的平台底部，主力也从这个整理中得到了非常丰厚的底部筹码，忽然有一天，成交量急剧放大，股价被迅速推高。

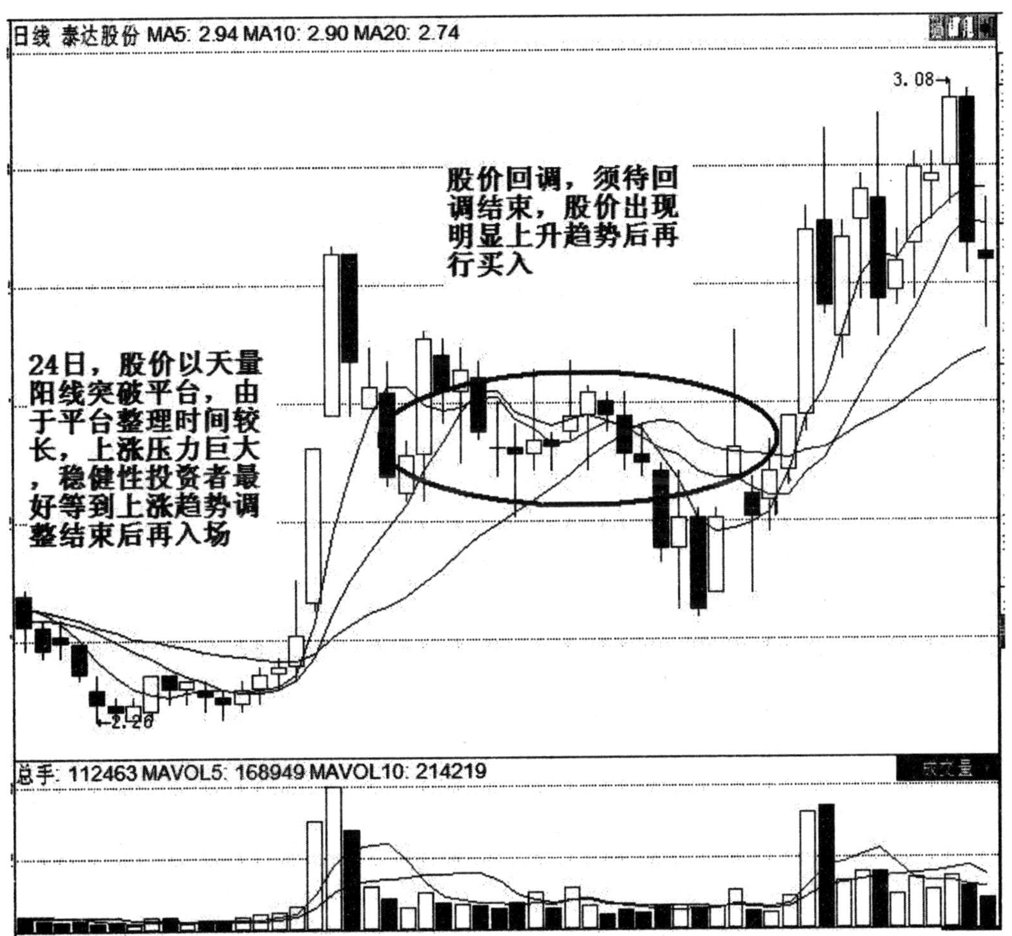

平台向下突破形态是与平台向上突破形态相对应的空头形态，其形成过程与平台向上突破形态有点相似，但不完全相同。在平台向下突破形态中，主力已经控制了非常多的筹码，但由于其他原因，主力已难以维持股价的高位盘整不得已向下突破。其形成过程是，股价经过大幅拉升后，股价逐步回落到某一高位，主力为了达到出货的目的，刻意在这一高位维持股价的横盘整理，形成一个高位平台诱使投资者接受其价位。

而平台突破形态的量度幅度与其平台的长度有关。股谚云:躺下去有多长，站起来就有多高。一般来讲，股价在底部整理的时间越长，股价上涨的幅度就越高，但对平台向下突破形态而言，则没有类似的规律，其下跌幅度一般与其先前的涨幅有关。

平台突破类型1：带量突破

以泰达股份（000652）（见上图）为例。该股2006年连续几个月的盘整形成一个标准的平台，在2006年3月24日出现个股放量突破。一般来说类似这样长期平台出现突破后，短期内突然拉升所面临的抛压都会比较大，除非主力做多非常坚决，否则第一波突破向上空间都是比较有限（从第一个涨停算起一般都在20%以内），这种突破多是主力试盘为主。对于这种类型的突破投资者可耐心等待其回调至10日或者20日均线附近，一旦发现其再次放量启动可大胆追涨杀入！

平台突破类型2：温和放量式突破

兰花科创（600123）（见下图）在05年12月初的向上突破就是最经典的案例。向上突破时量价配合良好，主力机构介入明显。具体特征表现为：数条中段期均线收拢后出现上涨，但是上涨幅度并不大（一般>3%以上即可），成交量温和放大，技术走势上一般不会有太大的技术回调。对于这种类型的平台突破，每次靠近5日均线或者10日均线都是不错的短线买点。

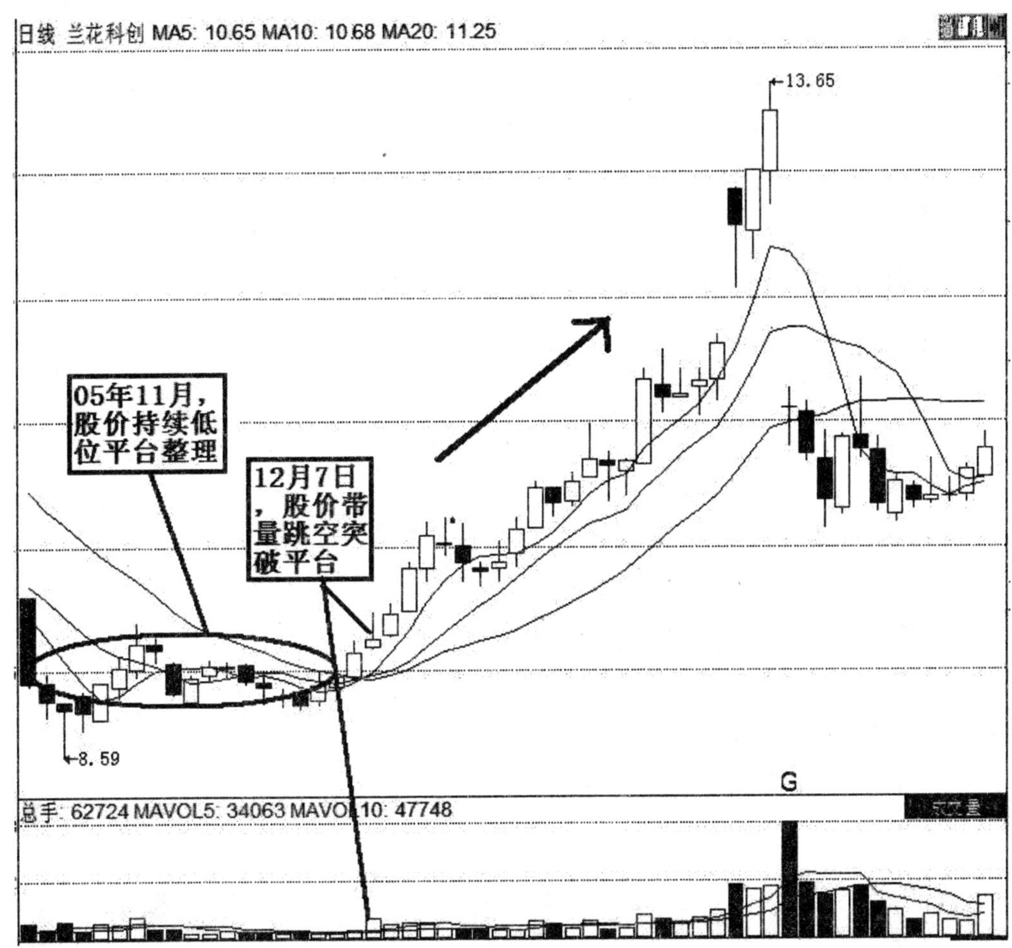

平台突破类型3：突破受阻

以哈药股份（600664）（见下图）为例，该股在2006年9月26日的突破受20周均线压制明显，短期下方仍有半年线支撑，但是如果下周成交量继续萎缩的话突破可能将面临失败。这种放量突破和平台突破类型1一样，都属于主力试盘的一种方式。对于这种放量突破之后成交量出现大幅度萎缩的情况，则表面仅仅只是主力试盘，做多并不坚决，暂时还是观望为好。

平台突破形态是一种非常有效的形态，但是该形态也有假突破的情况，一般来说，这种假突破一般出现在平台向下突破形态中，主力为了达到诱多的目的，常常会使股价不跌反涨，然后再大幅杀跌，所以，投资者遇见这种情况，一定要保持清醒的头脑。

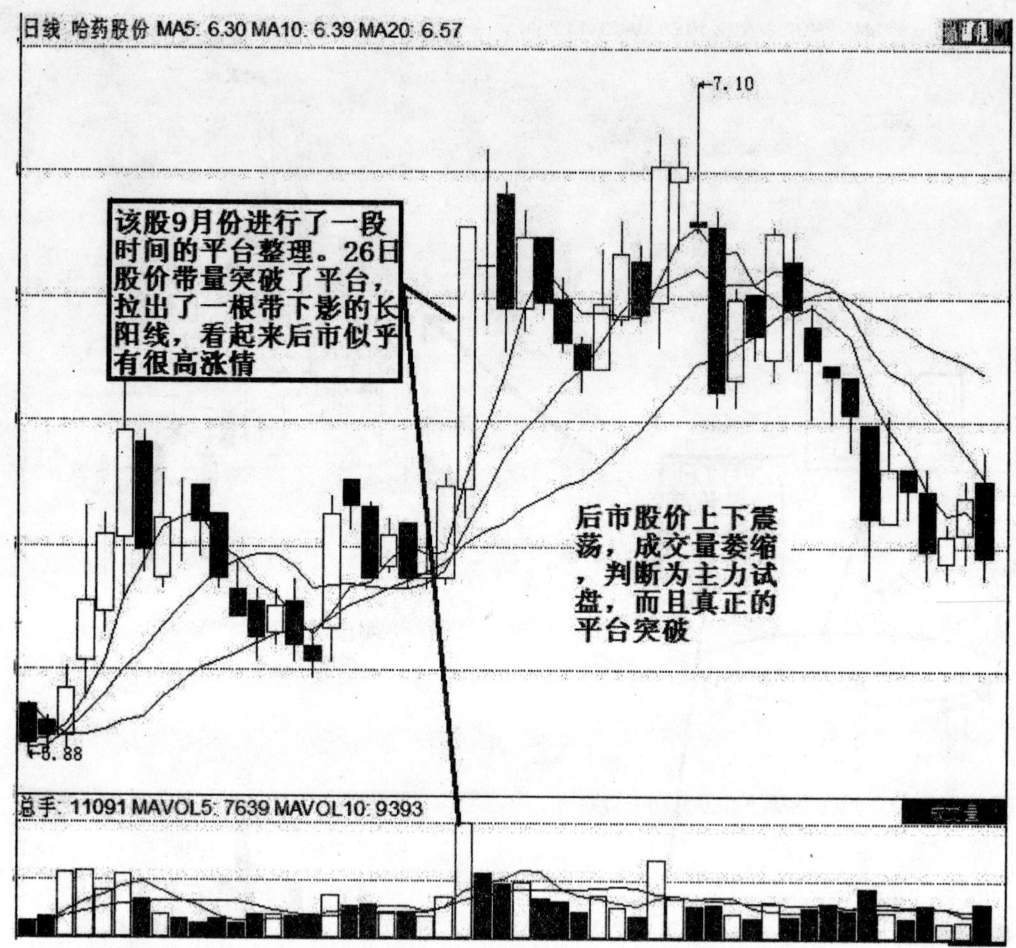

趋向线的突破对买入、卖出时机等的选择具有重要的分析意义，而且即使只市场的造市者往往也会根据趋势线的变化采取市场运作；因此，搞清趋向线何时为之突破，是有效的突破还是非有效的突破，于投资者而言是至关重要的。事实上，股价在趋向线上下徘徊的情况常有发生，判断的失误意味着市场操作的失误，以下提供一些判断的方法和市场原则，但具体的情况仍要结合当时的市场情况进行具体的分析。

收盘价突破趋向线，是有效的突破因而是入市的信号。以下降趋向线即反压线为例，如果市价曾经冲破反压线，但收盘价仍然低于反压线。这样的突破，被认为是并非有效的突破，就是说反压线仍然有效，市场的趋势依然未改。

同理，上升趋向线的突破，应看收盘价是否跌破趋向线。在图表记录中常有这样的情况发生:趋向线突破之后，股价又回到原来的位置上，这种情况就不是有效的突破相反往往是市场上的陷阱。

为了避免入市的错误，这里再给出几条判断真假突破的原则:

发现突破后，多观察一天。如果突破后连续两天股价继续向突破后的方向发展，这样的突破就是有效的突破，是稳妥的入市时机。当然两天后才人市，股价已经有较大的变化：该买的股价高了;该抛的股价低了，但是，即便那样，由于方向明确，大势已定，投资者仍会大有作为，比之贸然入市要好得多。

注意突破后两天的高低价。若某天的收盘价突破下降趋向线(阻力线)向上发展，第二天，若交易价能跨越它的最高价，说明突破阻力线后有大量的买盘跟进。相反，股价在突破上升趋向线向下运动时，如果第二天的交易是在它的最低价下面进行，那么说明突破线后，沽盘压力很大，值得跟进沽售。

参考成交量。通常成交量是可以衡量市场气氛的。例如，在市价大幅度上升的同时，成交量也大幅度增加，这说明市场对股价的移动方向有信心。相反，虽然市价飙升，但交易量不增反减，说明跟进的人不多，市场对移动的方向有怀疑。，趋向线的突破也是同理，当股价突破颈线或阻力线后，成交量如果随之上升或保持平时的水平，这说明破线之后跟进的人多，市场对股价运动方向有信心，投资者可以跟进，搏取巨利。然而，如果破线之后，成交量不升反降，那就应当小心，防止突破之后又回复原位。事实上，有些突破的假信号可能是由于一些大户入市、大盘受牵制所致，例如大投资公司入市，银行干预等。但是市场投资者并没有很多人跟随，假的突破不能改变整个面势，如果相信这样的突破，可能会上当。

口诀点金

在研究趋向线突破时，需要说明一种情况:一种趋势的打破，未必是一个相反方同的新趋势的立即开始，有时候由于上升或下降得太急，市场需要稍作调整，作上落侧向运动。如果上落的幅度很窄，就形成所谓牛皮状态。侧向运动会持续一些时间，有时几天，有时几周才结束。

成交量图实战解析

一、解析温和放量

所谓持续温和放量，是指在个股处于重要底部阶段的时候，其成交量开始持续性地温和放大。此时的K线是阴是阳都不重要，重要的是成交量一直比较活跃。当个股某日成交量突然达到前段时期平均成交量的2~5倍时，就可以认为个股开始温和放量了。温和放量体现的是成交量逐渐放大的现象，但在放大的过程中并不一定要求成交量呈现出阶梯形的增加现状，但如果能够呈现出阶梯性递增的形态，则更好。

持续温和放量状态通常意味着主力在有计划、大规模、持续性地吸筹，但这个结论只适合应用于长期跌势完成且出现过地量的个股之上。见此情形，交易者可以考虑同步建仓或伺机而动。需要注意的是，温和放量的时间一般不会太长，否则主力吸筹的时候不容易控制股价，也会引起市场的注意。同时，当股票出现持续温和放量之后，往往会进行股价的调整，这是主力利用刚得到的筹码进行打压建仓的结果。调整的时间可能是几天，也可能是几个月。在调整的时候，股价调整的幅度往往不会低于放量前期的低点，如果调整低过了主力建仓的成本区，则说明市场的抛压还很大，后市继续调整的可能性较大。

下图就是600151在2008年下半年到2009年上半年走势实例。该股在2008年11月到2009年2月温和放量，股价也波浪式上扬，温和吸筹的工作完毕后主力发力上攻，导致股价从最低的3.42元上升到15元附近，累计涨幅超过400%。

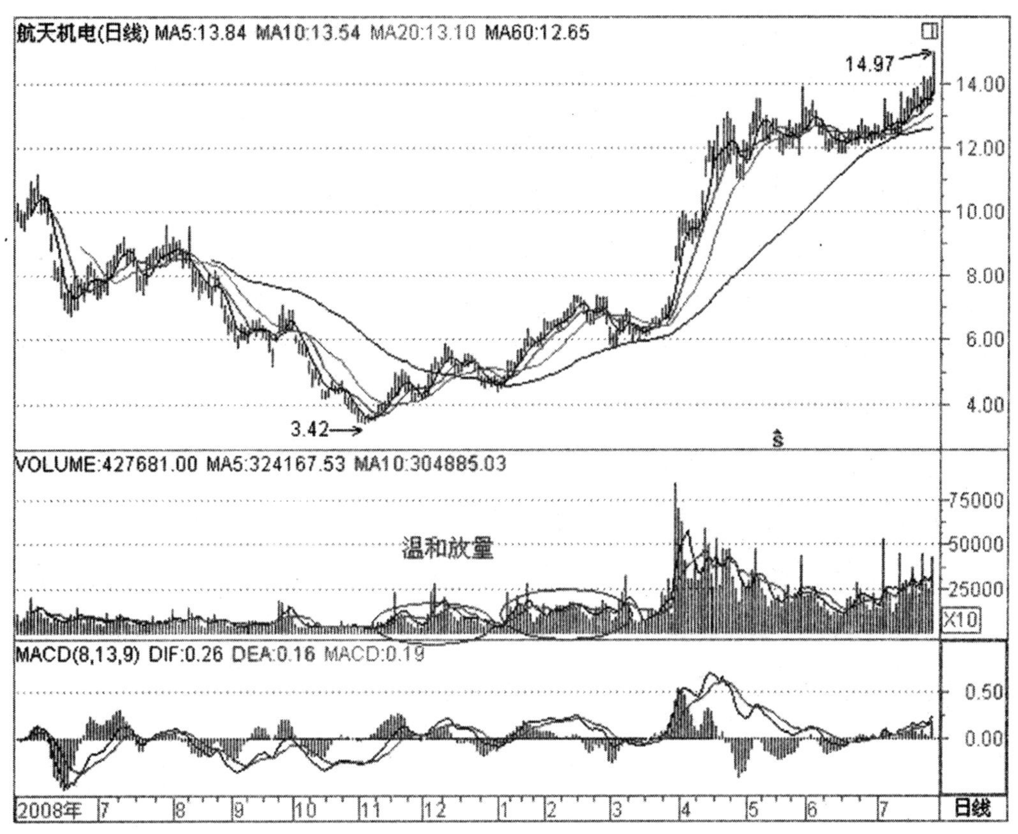

二、解析节奏性放量

所谓节奏鲜明的放量是指在股票的上升趋势中，股价始终保持量增价涨、量缩价跌的理想状态，并且呈现出持续长久的放量状态。在该股股价每一次上涨的过程中，成交量始终都保持着放大的状态。这说明资金入场的持续性比较理想，资金持续性地介入给股价的上涨提供了充沛的动力；而当调整来临时，该股成交量则出现了大幅的萎缩，这又说明主力资金并没有撤离，使得后续股价上涨更有保障。

节奏鲜明的放量是一种完美的形态，它说明资金在盘中运作的性质呈良性状态，且多、空双方进退自如，为后续资金的进入提供了良好的环境。同时也意味着，只要资金的波动没有出现异常现象，交易者就没有必要卖出手中的股票。

需要说明的是，大盘股和基金扎堆的股票在上涨的趋势中适用于上述分析，而在股价即将出现反转时不适合此分析。原因是大盘股和基金扎堆的主力比较分散，不像其他庄股那样容易在顶部形成可见的放量滞涨的现象。往往其持有的股票在趋势开始反转的时候，还能保持量缩价跌的状态，并进而误导市场大众。也就是说，这样的股票往往没有经过盘头的过程即开始反转，且始终保持着量增价涨、量缩价跌的理想状态。还有一点需要注意，在市场一致看跌的时候主力是难以出货的，它必须在趋势上升的过程中卖出。所以，上涨趋势中最后一个量增价涨的现象值得交易者重点关注。同时对于基金扎堆的股票，交易者应将观察的重点放在股价上，而不是成交量上。

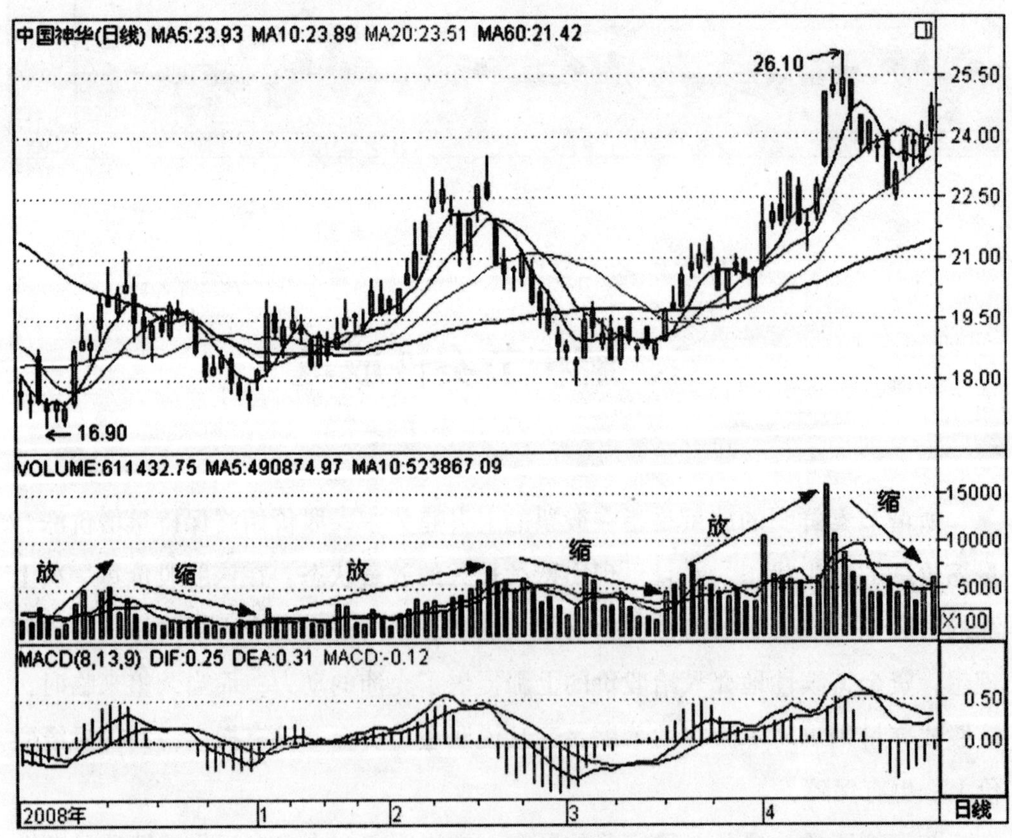

上图就是601088在2008年年末到2009年上半年走势实例。该股在2008年12

月到2009年4月有节奏地放量，股价波浪式上扬，上涨放量，下跌缩量，说明资金在盘中运作的性质呈良性状态，且多、空双方进退自如，为后续资金的进入提供了良好的环境，股价从最低的16.9元上升到26元附近，累计涨幅超过50%。

三、解析突然放量

所谓突放巨量，是指个股走势原本正常，但某日成交量突然达到前日成交量或前段时间平均成交量的10倍之多。这往往是一种不同寻常的现象，也需要引起注意。当然，限制流通股开始上市和配送股首日流通是个例外。

突放巨量的过程可能会是一天，也可能会是几天，但都有一个重要的特征，即在放量前后的成交量往往不大。从图表上看，突放巨量会形成一个突兀的“电线杆”。突放巨量的原因往往是主力进行对敲的结果。此外，在市场出现巨大的利空或利好信息，或是股价处于重要的阻力位或支撑位，而同时市场的多、空意见分歧很大时，也容易出现突放巨量的现象。

突放巨量往往出现在持续性下跌途中或无量横盘之中，是主力集中资金诱骗散户跟风的结果。无论其目的是否达到，个股后续的成交量又会陷入过去的常态。此外，突放巨量即使在某种情况下属于正常状态，但由于多方消耗的资金太多，往往个股后期的走势也不被看好。

下图就是000952在2007年年末到2008年上半年走势实例。该股在2008年1月7日突然放巨量，换手率达到13.46%，而当日跌5.41%，且此时股价在持续性大的下跌横盘途中，是主力集中资金诱骗散户跟风的结果，说明后市必然下跌。股价在随后的3个月内累计跌幅超过50%。

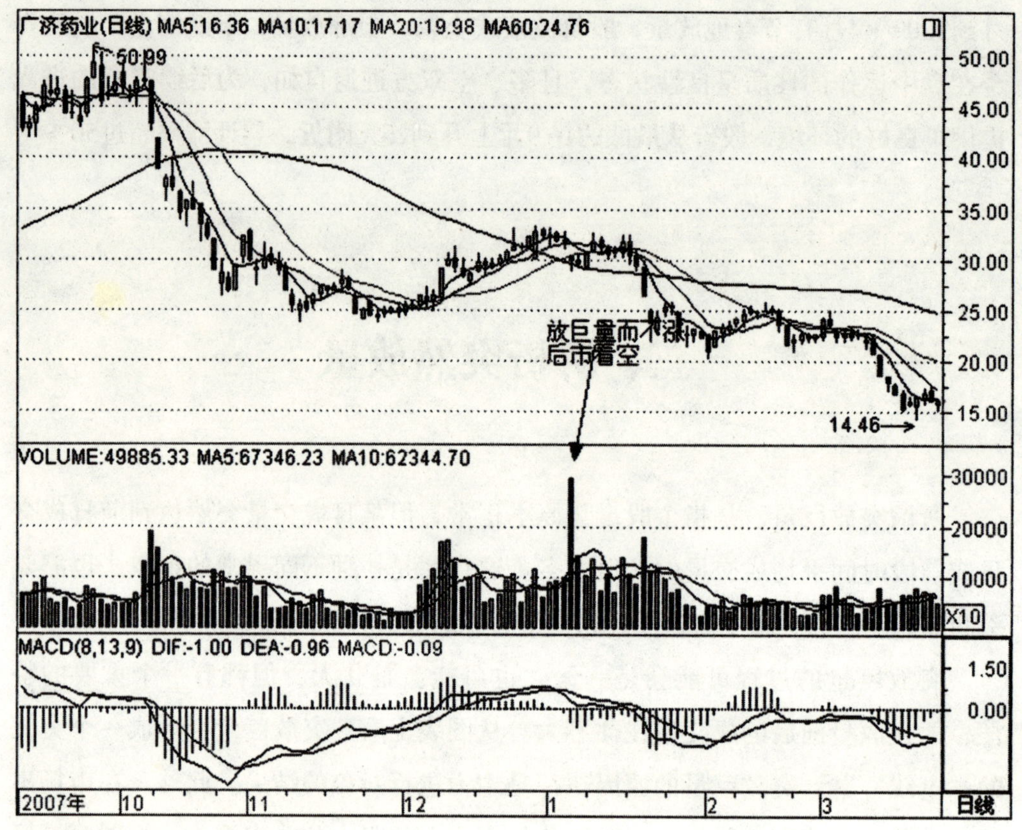

四、解析间歇性放量

所谓间歇性放量，是指成交量虽然明显放大，但缺乏连续性，常常是放量一到两天后，再缩量几天，然后再放大一到两天。市场不可能在某一个时间段几乎停止交易，而在另一个时间段又疯狂交易，间歇性放量的合理解释就是盘中有主力在做对敲的动作，以告诉散户量增价涨、后市“看好”。

由于间歇性放量通常是主力对敲出货的结果，所以它往往出现在以下三个阶段。

1. 高位的滞涨期

在高位滞涨期，主力通过对敲放量使交易者以为个股还会继续放量上涨，欺骗交易者介入，同时稳住持股者，而自己则在暗中抛售。由于主力出货不是几天的事情，因此，这种动作会往复出现一段时间，比如一周或一个月不等。于是，就出现了间歇性的放量现状。

2. 高位的横盘期或阴跌期

当个股在高位进行横盘整理的时候，或者是当个股在持续阴跌的时候，主力往往急于出货，于是为了吸引市场注意，主力就会通过对敲来制造交易活跃的现象，蒙蔽交易者的判断能力，吸引市场跟风参与。

3. 股价急挫后的“筑底”期

当股价从高处急跌到某一阶段性的低位时（比如跌去了50%的涨幅），股价往往会出现强势的横盘状态，给人以跌不动、有资金建仓的“筑底”假象，而此时间歇性的成交量多为主力对敲所为，一旦交易者大量买入后，主力就会全身而退。

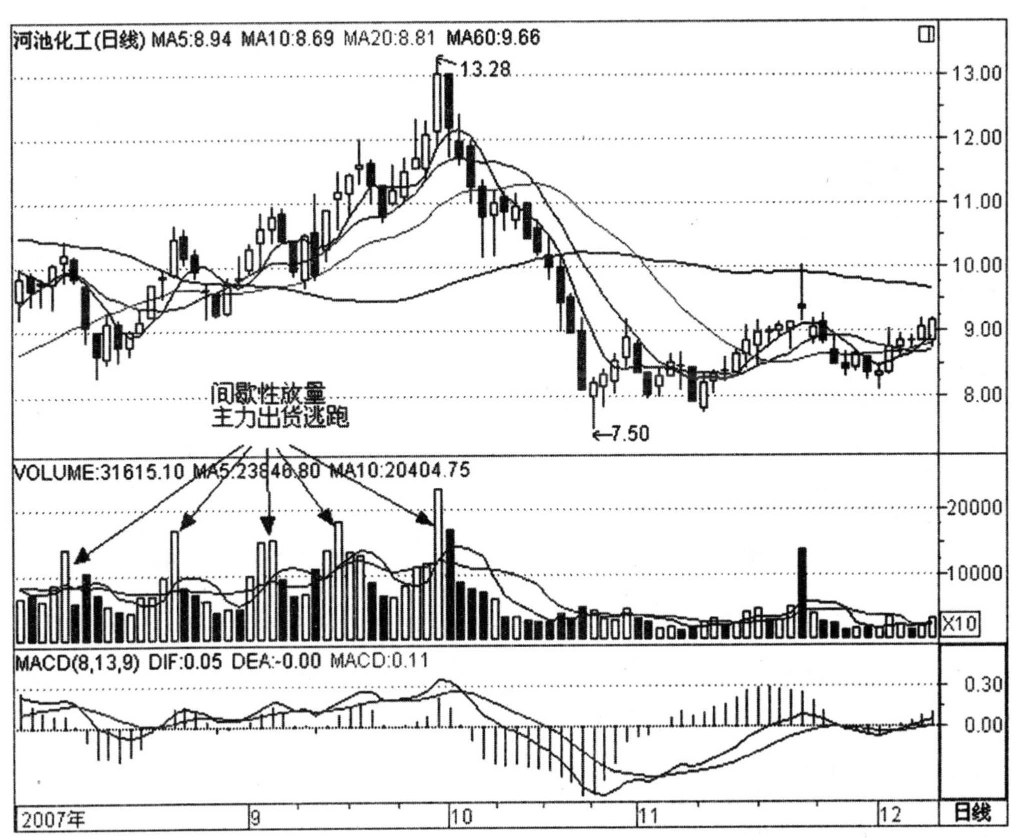

上图就是000953在2007年8~12月走势实例。该股从2007年5月16日的高点跌

下来，主力在8~10月营造了一个反弹走势，成功吸引抄底盘进入，主力不断通过间歇性放量出货，导致股价从13.28元高点跌倒7.5元，跌幅约50%。

五、解析放量滞涨

所谓放量滞涨是指成交量在某个价位附近出现持续放大的状况，这些持续放大的成交量堆集在一起就像一堆山丘。此阶段的股价总体来说并没有上涨多少，更多的是在强势震荡，上蹿下跳。堆量的目的就是制造成交量巨大、股价将要上涨的假象，以吸引交易者跟风。

放量滞涨往往出现在两个地方。

1. 高位的滞涨期

当股价处于高位时，往往是主力全力出货的时期，但由于筹码太多，主力通常需要一周甚至几个月才能将筹码处理完，于是个股就容易在高位出现堆量滞涨的现象。在高位对敲堆量的过程中，主力的出货量往往会占到当日成交量的30%，同时还会新增10%的筹码，所以主力每日的实际出货量只能占到当日成交量的20%左右。也就是说，即使每日换手率达到了10%，主力也需要25天才能将50%的筹码出完。因此，只要个股有过巨大而稳健的涨幅，那么其高位常常会出现一个月左右的震荡期，并在部分阶段形成高位的堆量滞涨现象。

2. 刚刚除权的股票

股票除权的当天，股价都会降下来，10送10的股票，其降价的幅度甚至会达到50%。于是，很多交易者会认为该股很便宜，有买入的冲动。与此同时，主力也会利用现在股价“低廉”的假象，开始在成交量上做文章，通过持续的堆量，给交易者制造该股即将被“填权”的想象，吸引跟风者进入。事实上，很多除权后出现堆量的股票，往往会持续走低。

下图就是000786在2007年8~12月走势实例。该股从2007年5月末到6月初的3个交易日内，每天换手率均超过20%，累计换手率约70%，而股价已经明显拉升无力，且最后一日股价跌3.67%，说明此处放量滞涨，主力不断出货。

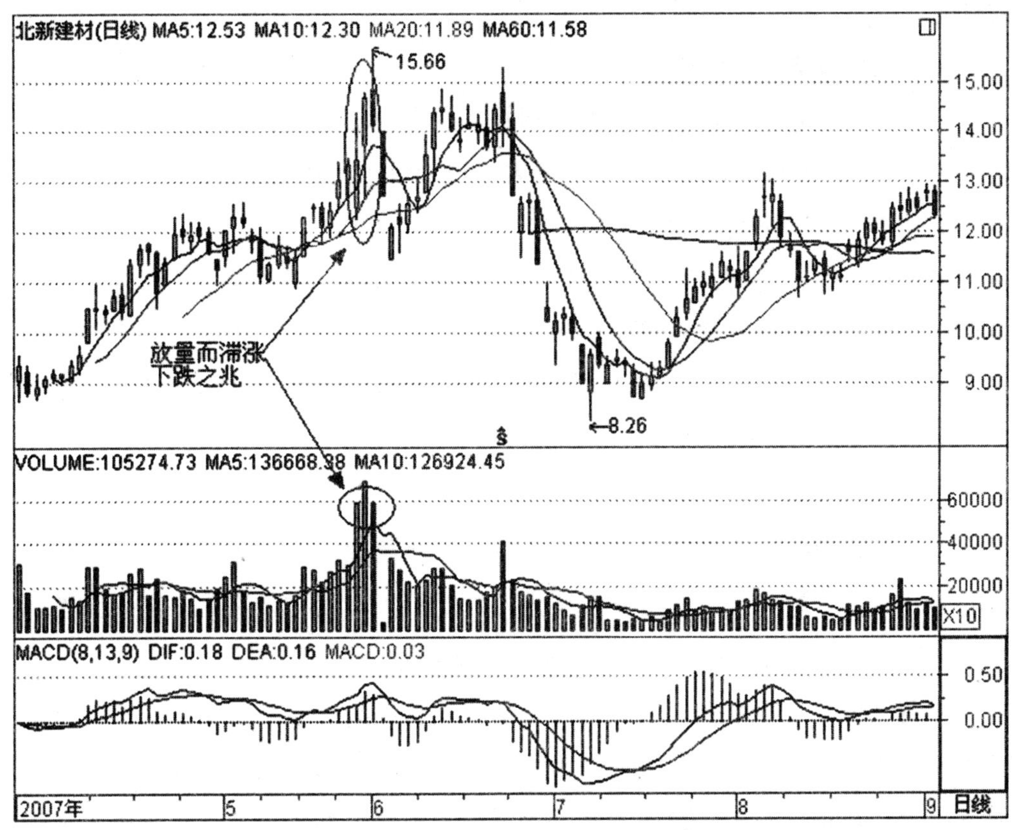

六、解析成交量陷阱

成交量属于技术分析的指标，因而也常被主力做假。但主力做不了缩量的文章，只能做放量的假象。放量的假象，往往出现在主力需要打压建仓和高位出货的时候。

通常情况下，主力会在成交量上做以下几个陷阱。

1. 放量打压进行建仓或震仓

在大盘走势不好的时候，或者有利空消息出现的时候，主力常常会通过对敲制造放量下跌的股价走势，迫使恐慌性低价筹码抛出，达到低价建仓或震仓的目的。

2. 对倒放量进行减仓或出货

在大盘走势看好的时候，或者有利好消息出台的时候，主力常常会通过对敲制造放量上涨的股价走势，引诱交易者追高，以达到高价出货的目的。

3. 逆市放量引诱跟风

当大盘走势不佳时，往往满盘皆绿，部分主力此时则会逆市“走强”，显示自己“强庄股”的风范，吸引跟风者介入。当然，逆市“走强”的个股有的是因为主力在逆市吸筹。这两者的区别在于：前者价格处于高位，后者价格处于低位，甚至还没有高过上市首日的价格。

4. 利用除权对倒出货

当个股出现除权后，如果交易者不进行“后复权”的看盘处理，那么股价将处于“廉价”位置，误导交易者买入；同时，主力则可以利用“填权”的概念进行炒作，通过对倒放量吸引交易者进场承接主力的筹码。

所谓“填权”的概念，是源自大众的错误认知。当股票产生了送股或分红后，该股的每股净资产有所减少，为了使后来买入股票的交易者能获得同等的权益，就必须对股票进行除权的处理（详见《破解盘面语言》一章中的“复权处理”。在国外，送股的行为被称为“因股价过高需要拆分”，对持股人而言并不算利好）。这样就导致即使持股人获得了一定的送股或分红，但因为股价被降低了，实质性的收益却没有得到，必须使股价继续上涨后，才能获得实质性的收益。但是很多股票经过多年的运作后，进行了大量的分红或送股行为，即使该股几年后都只有最初的价格水平，但持股人得到的送股、分红的收益却非常可观。看起来该股利润相比其他的股票不算高，但其收益的含金量却大幅增加。于是，市场人士普遍认为股票除权后必然要被“填权”，要不主力不会甘心白得了送股或分红却得不到实质性收益。正如前面所述，很多主力在长期的坐庄过程中已经得到了大量的送股或分红，不一定非要去“填权”才肯收手，但“填权”的概念无疑是其很好的利用手段，在大众一致认为“填权”将要发生的时候，往往却是主力顺势出货的时候。

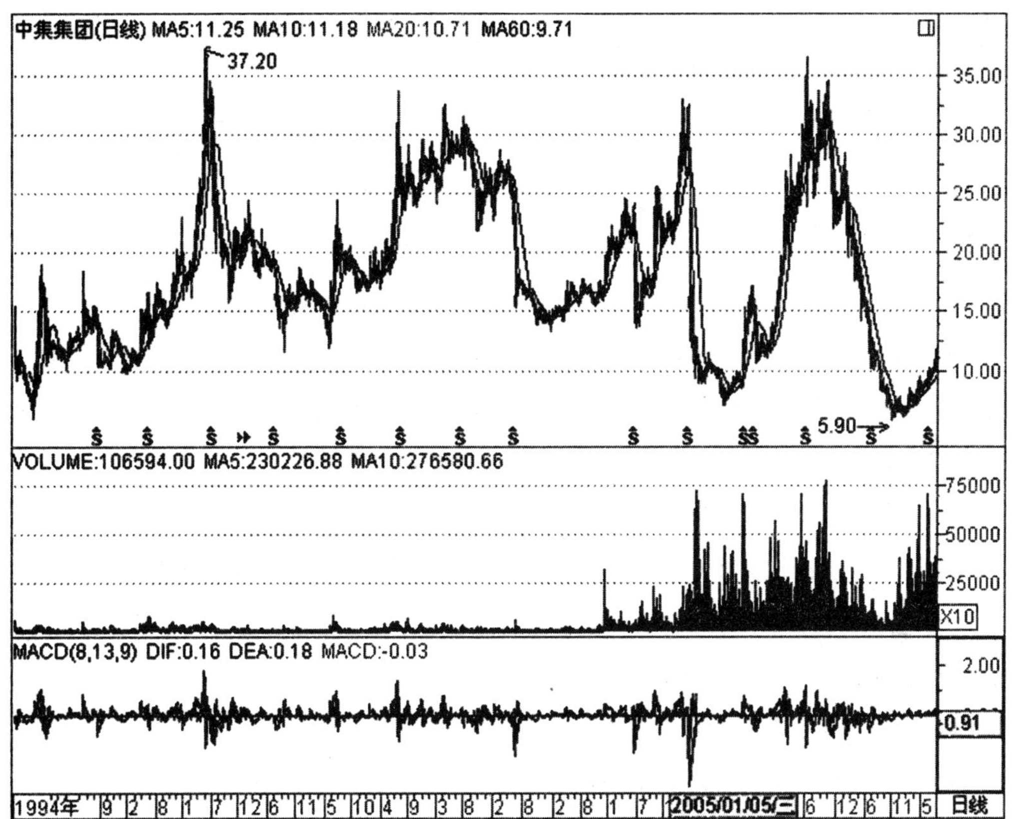

上图就是000039从上市到2009年7月的走势实例。中集集团的股票自1994年上市，1997年的最高价为37.20元。经过了10年之后，即使到了中国股市最火爆的2007年，其最高价也只有36.50元。但在这13年的时间里，该股票曾获得了13次的权益赠送，在没有计算复利的情况下，每10股总计获得了35股送股和38.9元的现金，以及7份认沽权证；如果交易者在1995年以12元的价格认购了10 000股该股票，则13年来的累计分红为19.94万元，累计送股后的总股数为16.49万股；如以2007年最后一个交易日的收盘价25.88元来计算，则股票总市值为426.76万元，总收益为447万元；相对于12万元的原始投入，总投资回报率为37.25倍，年投资回报率达到了2.87倍；如果交易者以其1995年6.01元的最低价购入，则年投资回报将高达5.7倍——这就是填权的价值所在。

七、解析换手率

换手率是指在某一特定时间内，某只股票的成交量与其总流通盘的比值。换手率指标意味着一定时期内股票换手交易的大小，同时也反映了股票的流通性强弱。通常情况下，个股换手率愈高，意味着该股多空、双方换手积极，股性活跃；反之，则表示该股股性呆滞，缺乏市场追捧。

通过分析各种股票不同的换手率，交易者可以择强弃弱，抓住市场热门股，紧跟市场主流热点，以获取阶段性的投资收益；同时也可以在市场顶部察觉主力出货的程度以及市场跟风的意愿。

比如个股5日换手率达到100%，即意味着该股非常活跃，交易者进、出非常热烈。可能5日前所有的持股者均换了新人，也可能有部分持股者一直未动，而另外一部分持股者则出现了多次进、出的状况。所以在看待换手率这个指标的时候，交易者必须清醒地认识到，即使个股换手率在短期内达到了200%，也仍然有部分持股者没有抛售，而重仓的主力也往往无法顺利出局。这里面有很大的“水分”来自短线交易者的热炒。

股票的换手率通常是按照时间周期来划分的。

如果按固定交易周期分类，换手率可分为分钟换手率、日换手率、周换手率、月换手率、年换手率等。其中，最常用的是日换手率、周换手率、月换手率。

如果按间隔时间长短分类，换手率则可分为每日（周、月等）换手率、5日（周、月等）换手率、10日（周、月等）换手率等。

在行情分析软件上，当个股出现日K线图、月K线图、年K线图时，其对应的成交量就是当日、当月、当年的成交量，交易者将之除以个股的总流通量即可得出相应的换手率。

下图是002162在2009年7月24日13：40左右的盘面图。截止到此时，该股换手率已经达到20%，即成交1.05×0.2075=21.7875万手。

（注：软件显示总量时，只显示到小数点后一位。故盘面显示为21.9万，是四舍五入的数据。）

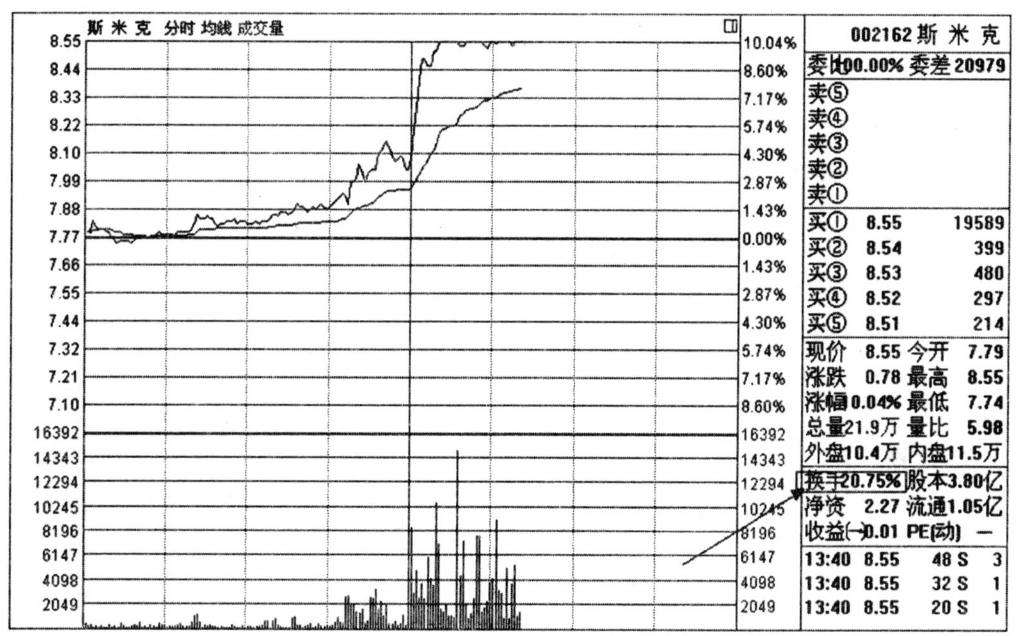

八、解析日换手率

股票的当日成交情况，可以按单日换手率大小的不同，分为低迷状态、正常状态、活跃状态、高活跃状态、异常活跃状态五种类型。需要注意的是，在大盘处于高潮、低潮、平稳的不同时期，这五种类型的换手率大小会有差异。

1. 低迷状态

一般而言，当个股的日换手率低于1%时，说明该股的市场换手不充分，交易清淡，股价短期内将保持原有的状态运行。如果该股一直以来的成交量都很小，则表明该股可能是冷门品种，或者没有主力介入，该股的流动性较差。

2. 正常状态

当个股的日换手率处于1%～3%之间时，说明该股的多、空双方略有分歧意见，属于正常的换手状态，股价将按照原有的趋势继续运行。一般来说，除非大盘处于极度低迷时期，否则市场上大部分股票的日常换手率都不会低于1%。

3. 活跃状态

当个股的日换手率处于3%～7%之间时，说明该股多、空双方的意见分歧比较大，但股价朝上还是朝下走，取决于多、空双方哪一方的力量大，力量大的一方将在短期内占主导优势。当这样的换手率出现时，常意味着主力开始显身，如果此时股价从低处开始走高，那么该股值得交易者重点关注。

4. 高活跃状态

当个股的日换手率处于7%～15%之间时，说明该股备受市场关注，属于主力显现的时期。这种情况一般是出现在热门股或强势股中，它意味着股价走势处于高度活跃的状态，也说明多、空双方的意见分歧很大。拥有此换手率的个股也值得重点关注，它通常意味着主力在进行对敲，或意味着某方能量消耗太多而使行情会发生变化。

5. 异常活跃状态

当个股的日换手率超过15%时，表明股价走势处于异常活跃的状态。一方面说明该股有主力在强势运作，另一方面说明该股多、空双方意见分歧巨大。当个股需要突破重要阻力位时，就可能出现这样的换手率；若在个股顶部出现这样的换手率，则往往是不祥的预兆，它预示着市场的狂热状态或主力对敲的假象。此外，新股首日上市时，由于没有涨／跌停板的限制，投机性很强，所以个股往往会有50%~90%的换手率。但这样的换手率越充分越好，说明有市场主力在抢筹码。

通常情况下，单日换手率处于3%～7%的个股上扬时，是值得未进场交易者重点关注的；而10%以上的换手率，则是持股者需要小心对待的；过低或过高换手率的个股，交易者最好视而不见，专心在活跃的股票里寻找较为安全的机会。需要说明的是，对于一些高位横盘或已经崩盘的长庄股，不适用上述的分析方法。

下图是600837在2009年5月13日的盘面图。该股当日换手率达到11.15%，按照其当时37.5亿的流通盘计算，即成交37.5 × 0.1115=41.85万手，处于高活跃状态。

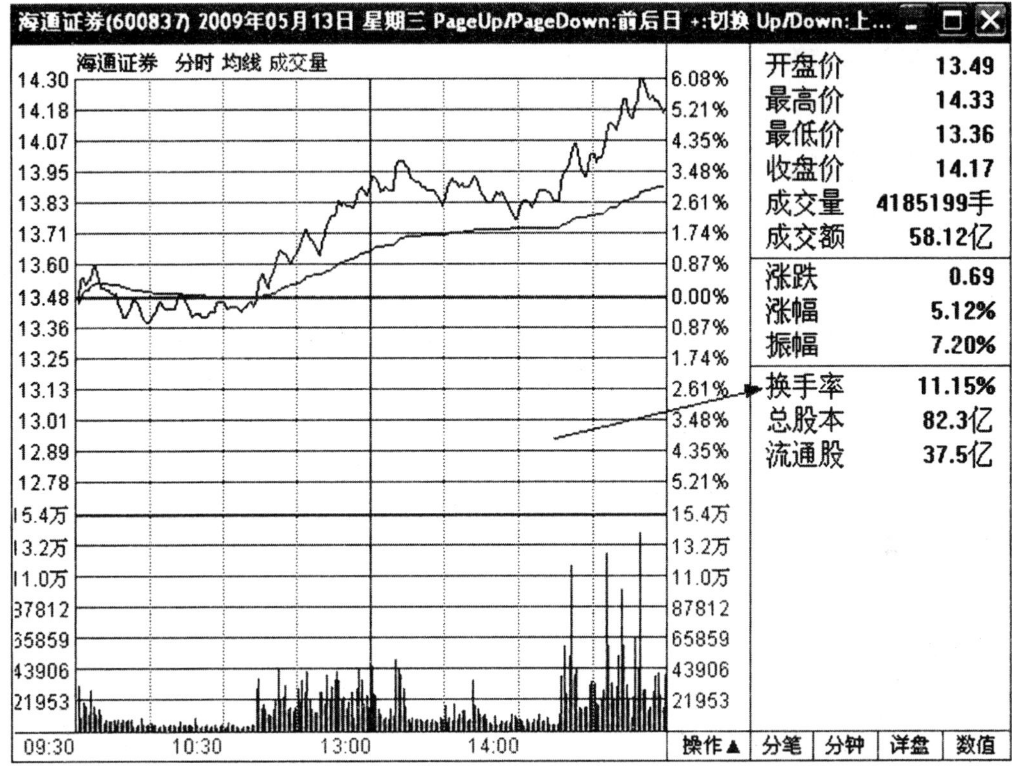

九、解析周换手率

与单日换手率的分析一样，单周换手率也可以按大小分为低迷状态、正常状态、活跃状态、高活跃状态、异常活跃状态五种类型。将单日换手率的五种状态值分别乘以5，即可得出下述结论：

1. 低迷状态

个股单周换手率低于5%。

2. 正常状态

个股单周换手率处于5% ~ 15%之间。

3. 活跃状态

个股单周换手率处于15%～30%之间。

4. 高活跃状态

个股单周换手率处于30%～50%之间。

5. 异常活跃状态

个股单周换手率超过50%时。

同理，单周换手率处于15%～30%的个股上扬时，是值得未进场交易者重点关注的；而30%以上的单周换手率，则是持股者需要小心对待的。

下图是002033在2008年8月到2009年7月的周K线图。该股在10月最后两周的周换手率均低于5%，处于低迷状态。

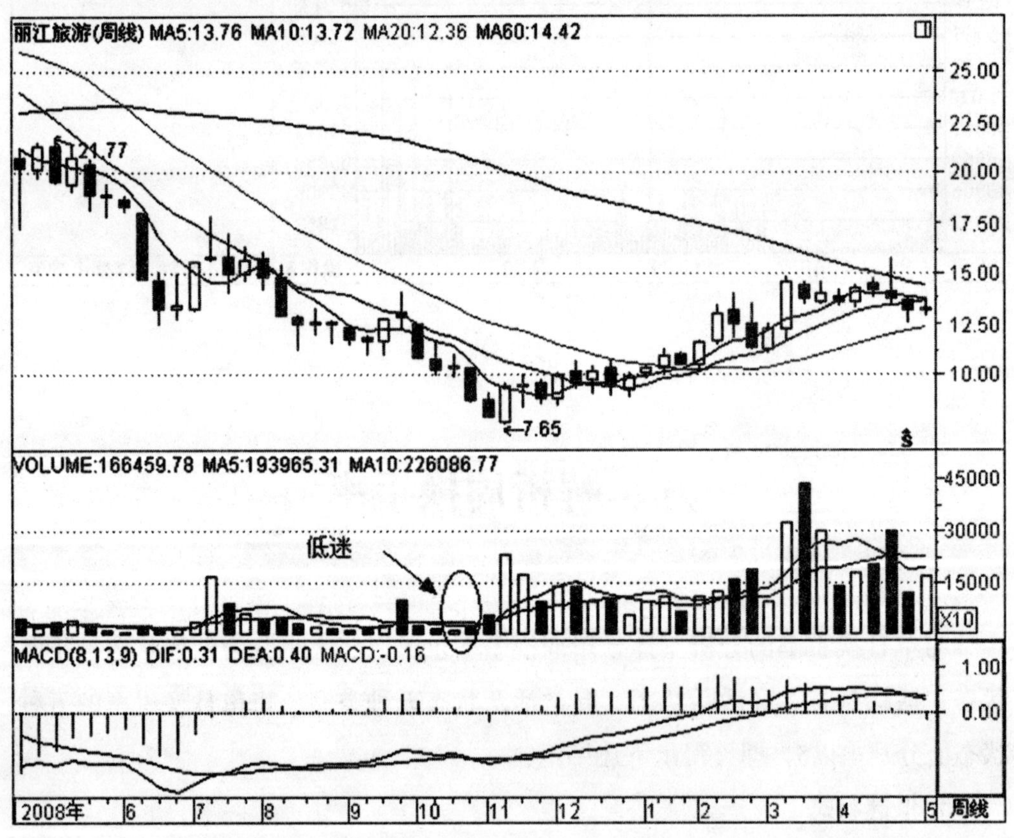

十、解析月换手率

与单日和单周换手率的分析一样，单月换手率也可以按大小分为低迷状态、正常状态、活跃状态、高活跃状态、异常活跃状态五种类型。将单周换手率的五种状态值分别乘以2，即可以得出以下的结论：

1. 低迷状态

个股单月换手率低于10%。

2. 正常状态

个股单月换手率处于10%～30%之间。

3. 活跃状态

个股单月换手率处于30%～60%之间。

4. 高活跃状态

个股单月换手率处于60%～100%之间。

5.异常活跃状态

个股单月换手率超过100%时。

同理，单月换手率处于30%～60%的个股上扬时，是值得未进场交易者重点关注的；而60%以上的单月换手率，则是持股者需要小心对待的。

最后，需要重复的是，在大盘处于筑底期、上升期、做顶期、下跌期时，这五种类型的换手率是不同的，交易者不可生搬硬套。

下图是000712的月K线图。该股在2008年1月的月换手率达到135%，而股价下跌20%，说明主力异常活跃地出货。

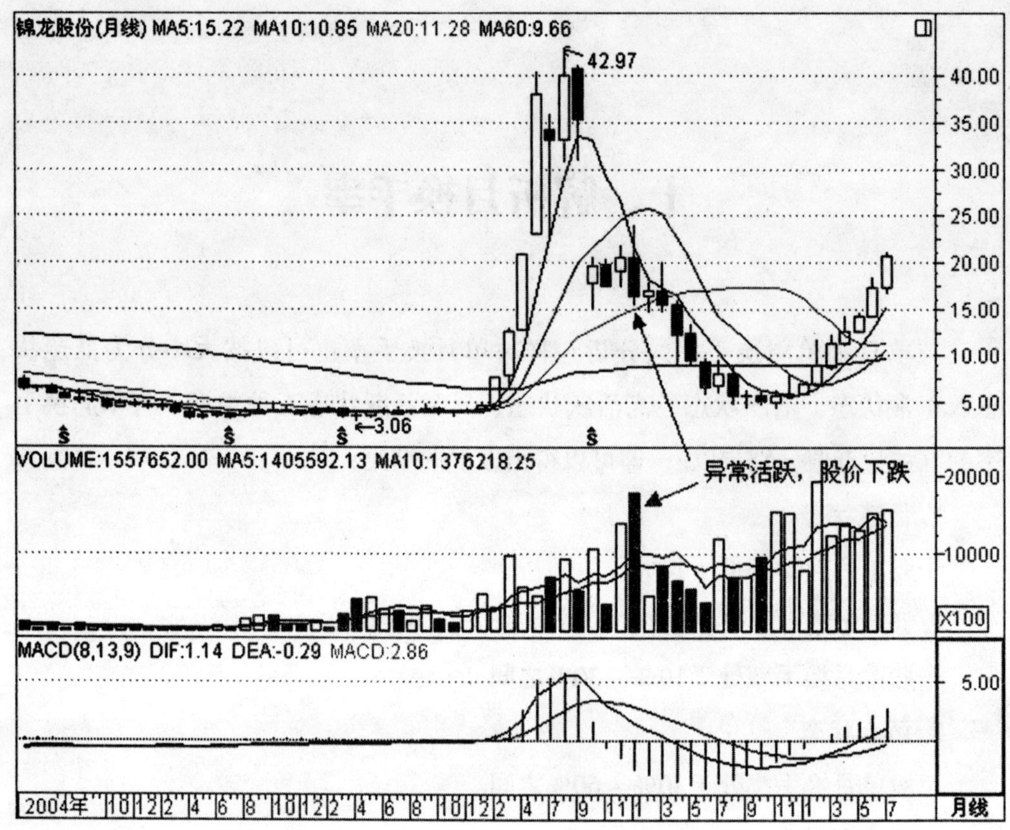

十一、解析换手率与股价趋势

利用换手率来分析股价走势时，不能教条地照搬前面的结论，而应综合考虑多项因素。其中，股价总的运行趋势和股价当时所处的位置尤为重要。

1. 股价运行的趋势

股价运行的趋势是任何技术分析的前提条件，而换手率和成交量则是配合性的分析参数。因此，在进行换手率分析之前，必须先确认股价的中长期运行趋势。如果股价处在中长期的下降趋势中（即熊市之中），那么各种换手率的分析方法都没有什么意义。因为趋势仍将持续往下，即使偶有反弹，也不值得大量参与；只有当股价运行在中长期的上升趋势中，或者是在牛市中的做顶时期，换手率的分析才具有一定的实际意义。尤其是在行情出现折转的时候，换手率的分析如同成交量的分析一样，可以旁敲侧击地揭示趋势即将出现拐点的时机。

2. 股价所处的位置

同前面分析成交量时所说的一样，股价所处的高位、中位、低位对于换手率的分析很重要。由于成交量可以被造假，如果成交量不符合股票在高价、中价、低价这三个阶段里的运行规律时，成交量造假的可能性就很高，而个股的成交量对应着换手率，因此利用换手率来分析股价走势前，必须先看股价所处的阶段。当股价处于长期底部时，换手率低意味着个股股性呆滞，缺乏主力介入；而换手率一旦缓步提高，则意味着主力开始介入，该股的股性将被激活；当股价处于相对高位时，如果换手率没有明显升高，意味着主力资金没有完全出局；一旦出现高位大换手率，而股价却无法同步上扬时，则往往意味着主力正在出货。

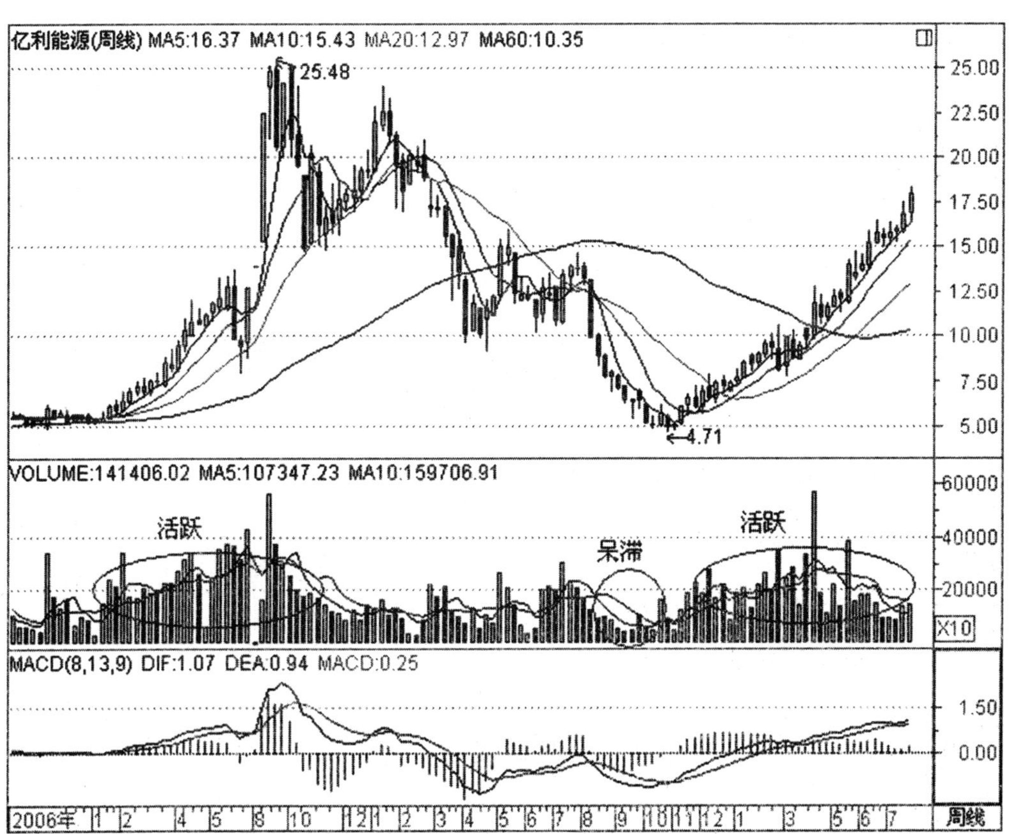

上图是600277的月K线图。该股月换手率从2007年开始逐渐活跃，说明主力开始介入并拉升，2008年开始下跌，换手率也大幅下降，尤其是2008年下半年，换手率呆滞。从2009年开始又进入活跃期。

十二、解析同步趋势和背离趋势

同步趋势即量价同步，是指成交量的增减与股价涨跌成正向关系。量价同步可分为上涨同步和下跌同步。上涨同步是指成交量增加的同时股价上涨，形成量增价涨的状态；下跌同步是指成交量减少的同时股价下跌，形成量缩价跌的状态。

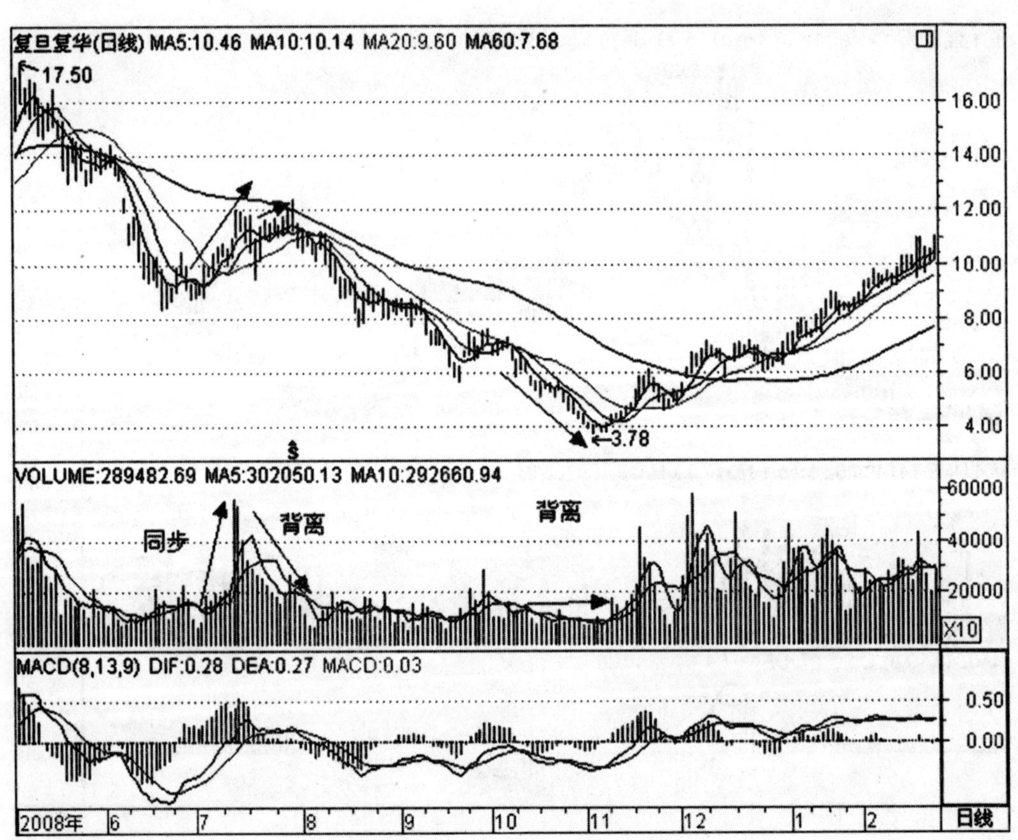

背离趋势即量价背离，是指成交量的增减与股价涨跌成反向关系。量价背离可分为上涨背离和下跌背离。上涨背离是指股价上涨时成交量没有放大，形成量缩价涨的状态；下跌背离是指股价下跌时成交量没有缩小，形成放量下跌的状态。

上图是600624在2008年下半年到2009年上半年的K线图。有几个阶段价量背离和价量同步的情况比较明显。

十三、解析平开放量上冲

“平开放量上冲”是指在平开后15～30分钟的早盘里，个股的成交量明显超过了平常同期的成交量。如果大盘因为某种原因在开盘后随即开始高涨，那么个股同步出现“平开放量上冲”属于正常现象；如果大盘在开盘后比较平稳甚至出现下挫的情况，那么个股的这种状况就属于非正常现象了。即使个股出现了利好消息，也应该是高开而不是平开，所以这种异动行为值得研究。

一般来说，这种“平开放量上冲”中的买单往往来自两种情况：一种是个股将有利好消息，所以内部人员开始抢单，但这样的买量不会巨大，后市涨势也不会持续；另一种是主力开始有所动作，这可能是真实的稳步上推的行为，也可能是虚假地做成交量的行为，但肯定不会是吸筹的动作。因为这样的吸筹动作太明显且成本太高。

如果是稳步上推的行为，主力的目的就是给出足够的时间，让市场跟风者交换掉前期不稳定的获利者，以大换手率来稳步推高股价。当然，当抛盘太多而跟风盘承接不住时，后半场的股价也会出现下跌的情形；如果是做成交量以吸引市场眼球，那么主力常常会将成交量对倒到日常交易量的数倍，而此时的股价往往是在阶段性的高位，所以后市或后半场该股可能马上就会翻脸。

如果我们判断出主力是在对倒做量后，那么就应该知道其用意往往会有两种。

1. 主力不愿意增加筹码，且希望跟风盘活跃

正常情况下，主力在建完仓后进入拉升期时，是不会采用对倒的手法的。前期大多数筹码已经被主力获得，此时市场上的浮动筹码很少，即使有少量的抛盘，主力也会照单全收。只有当股价远离主力的成本区时，主力才会希望散户来“抬轿子”。此时股价已高，主力只有通过对倒来制造成交活跃的假象，方能吸引市场跟风者进入。此时对倒做量的目的，是希望散户能够买进前期其他散户的获利了结盘，以提高市场的持筹成本，方便后期继续拉升。

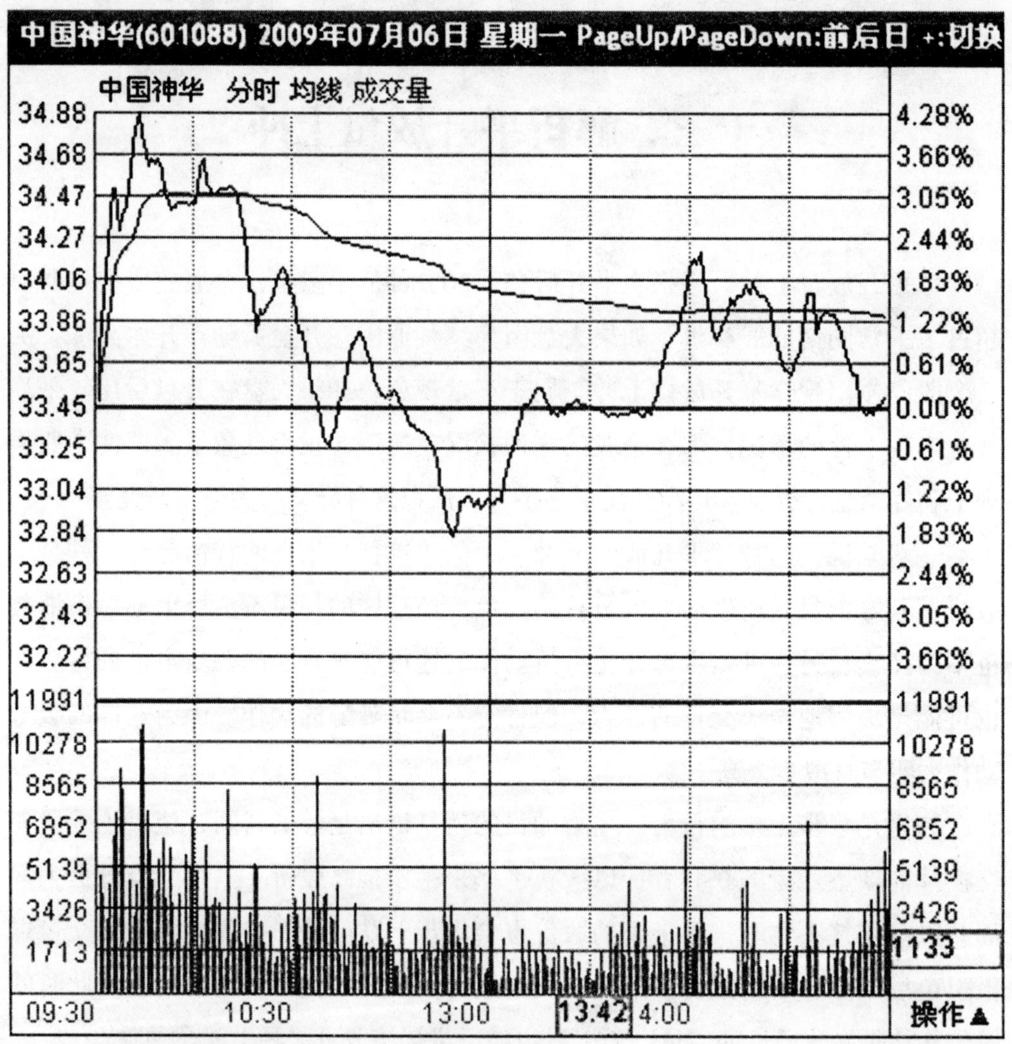

2. 主力希望减少抛盘，目的是维持股价

通常而言，在股价上涨的时候，原先准备抛出的筹码会等一等，人们都希

望自己能卖个好价钱，特别是那些长期套牢盘。这样，当主力对倒做上涨的成交量时，只要不是急涨，抛盘的压力就会减轻。但主力又害怕增加筹码，所以就会选择在开盘的时候进行运作。因为此时的市场交易者都在观望，抛盘还不会立刻涌现，等一旦涌现时，正好由后面的跟风盘来承接。

有时候，这两种用意其实是一个意思，即通过对倒来减少抛盘以维持股价，同时吸引跟风盘来交换获利了结盘，以提高市场持仓成本。

总体来说，“平开放量上冲”是主力不需要筹码的体现，有一定的短线机会，但一要看大盘的环境，二要看股价是否处于高位。

上图是601088在2009年7月6日的K线图。该股平开放量上冲，然后震荡下落，说明主力通过对倒来制造成交活跃的假象，吸引市场跟风者进入“抬轿子”，在此对倒做量的目的，是希望散户买进前期其他散户的获利了结盘，以提高市场的持筹成本，方便后期继续拉升。

十四、解析底部放量上涨

底部放量上涨往往是主力对倒放量的结果，其正在讲述“放量会涨”的故事。为什么主力在底部制造放量以吸引交易者来购买低价筹码呢？原因有两个：一是主力属于超级短线的游资，他不希望增加筹码，但又希望在其有了一定的底部筹码后有人共同参与；二是尾货没处理完的主力急于抽身，希望有人接货，但这也意味着此处并不是股价的底部。

无论是游资进场还是主力在处理尾货，此时的股价往往都处在半山腰，所以起初无法得知操作者的身份，只能从成交量上获得一些答案。如果当日的成交量不是很大，那么市场的抛售压力还能够被买盘承接得住，股价可能还会继续上涨；如果成交量很大，则主力对倒出货的目的很明显，股价可能会退回原地。

之所以要考虑量能是否放得很大，是因为这里的卖量除了主力占有一半外，另一半则属于抢反弹的短线筹码。抢反弹者的特点是宜早不宜迟，往往是股价刚刚止跌时他们就会立即买进，如果几天内股价不上涨，他们就会立刻把筹码还给市场。

需要注意的是，这里的放量是指不正常的特大量，比如换手率达到了10%。当主力在底部启动行情时，为了消灭浮筹而采用的缓推式大阳线也会产生大量，但还不至于出现不可思议的大量。除非是大阳线碰到了某个主要的阻力位，或是当日有配送股或限售股上市。至于何谓正常的大量，何谓不正常的大量，就需要交易者的经验了。

下图是002144在2008年6月10日的K线图。该股当日放量达到换手率20.48%，在经历了漫长的下跌后，主力在此讲述“放量会涨“的故事，所以应该运用反向思维，判断属于尾货没处理完的主力急于抽身，希望有人接货，此处并不是股价的底部，至后会震荡下落。果然不久该股又跌穿一个平台到10.58元。

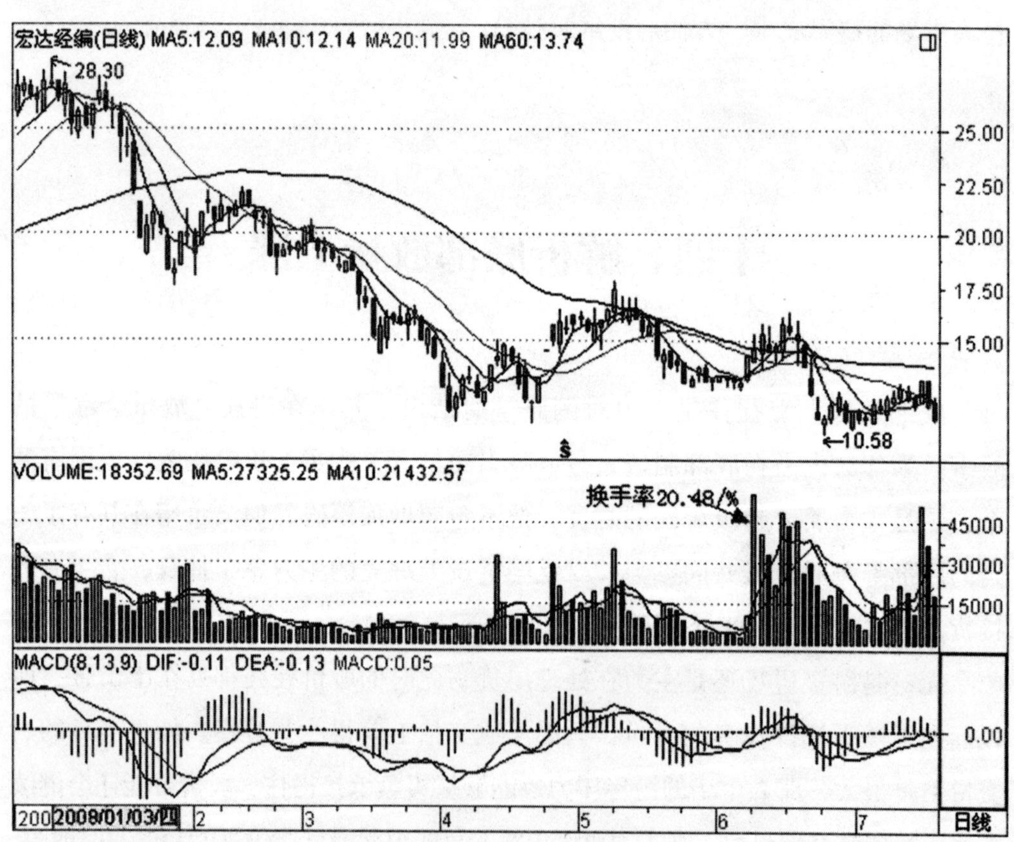

十五、解析底部放量下跌

股价从高位跌到底部一定是有原因的，比如大盘不好，公司业绩下降，个股题材透支，等等。但在这些利空的环境里，主力很难全身而退。即使通过底部放量这些小动作，也很难减掉多少仓位，而最终的结果是账面亏损继续增加，交易佣金源源不断地支付。那么主力为什么还要在底部制造放量下跌呢？

一个原因是主力在进行最后的打压。即通过一些利空消息，制造带量的破位图形，迫使最后的卖单涌出，自己则全盘接纳，目的是为了吸货。如果股票在急遽带量下跌后，几天之内又能回到原价位，那么多半就是这种原因。

另一个原因是强行出货。这往往是主力资金链断裂的原因，或是个股基本面出现了根本性的困境。有时候为了能卖一个更好的价位，主力会在出货前将股价向上做个拉升的“试盘”动作，如果市场买盘比较多，就往上做一段时间后再杀跌出货；如果市场买盘比较少，主力就会干脆一路向下猛砸，这种情况会导致盘面出现数日或数十日的暴跌，最后使个股跌得面目全非，主力则是能拣回多少资金就是多少。

第三个原因是换人坐庄。有时候主力知道自己已经无法从市场上全身而退了，就会寻找新的主力介入。一旦找到新的主力，他们就会约定在盘中交换筹码。但新主力常常会要求以更低的价格接盘，于是老主力就会将股价砸下来后与新主力交换筹码。但这种情况不会出现连续的暴跌，一般下跌的幅度在一个跌停板之内。一旦换了新庄后，股价往往还会继续向下整理，毕竟新主力没有套牢之忧。

下图是000960在2008年12月到2009年6月的K线图。该股在2008年12月30日放量下跌，换手率达到20.48%，跌幅9%，制造带量的破位图形，迫使最后的卖单涌出，主力则全盘接纳，目的是为了进行最后的打压吸货。果然在急遽带量下跌后，股价几天之内又回到原价位之上。

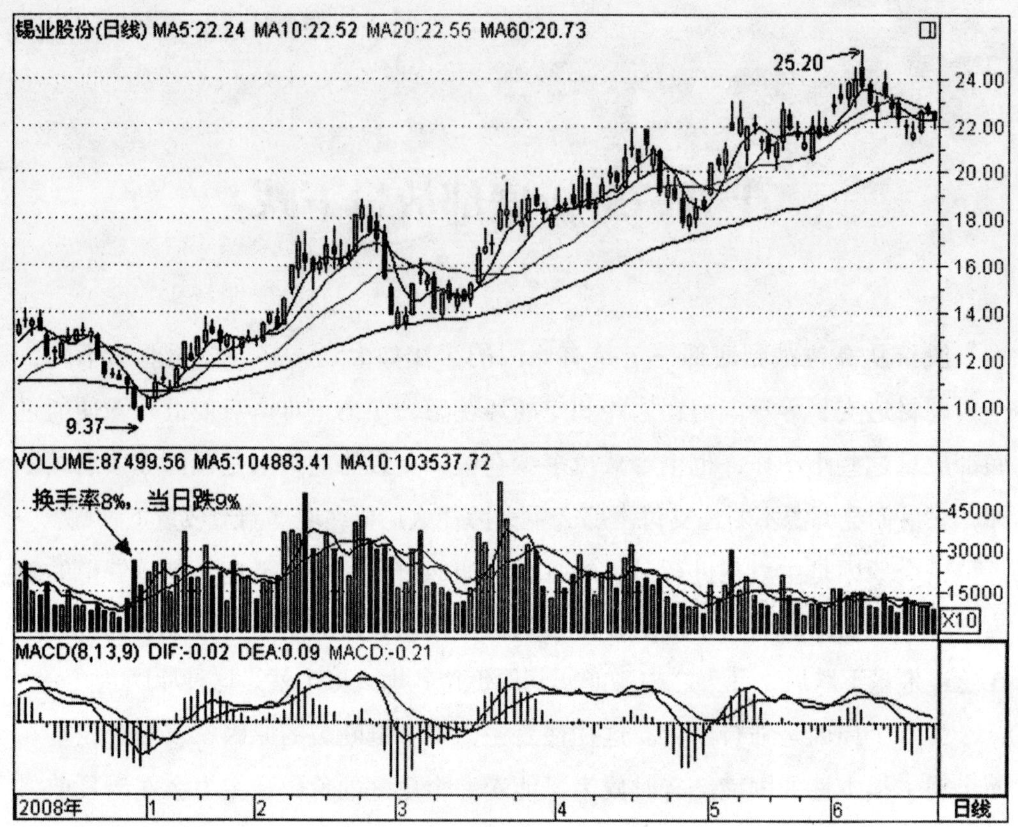

十六、解析底部放量盘整

底部放量时却出现盘整，往往有三种可能性。

1. 主力护盘

如果同期大盘持续下跌而个股却出现盘整行情，那么必定是有主力在其中护盘，而且主力还必须承接大量的抛盘，因此就会出现放量的盘整现象，但该现象的量能一般不会很大。而交易者也必须警惕，护盘的主力不见得都有护盘的决心和实力。

2. 主力分仓

有时候主力会用几个账户进行交易，需要将筹码进行分仓，于是就会出现几次大单的成交行为。而一旦接盘结束，股价则会继续盘整。分仓的特点是盘中多次出现大单成交，但没有明确的上推或下压股价的意图，股价震荡的幅度也不大；而对敲则是一个阶段性的持续性行为，且带有明显的拉升或打压的目的。

3. 交换主力

如果几日内的成交量非常大，那么可能是新老主力在交换筹码。它的特点同分仓类似，但是成交量和大笔成交的频率远高于分仓时的情况。一旦新老主力交换后，往往新主力还会在市场上继续收集筹码或进行打压震仓的动作。

总体来说，底部放量的结果是凶多吉少，但有两种情况例外。一种情况是当盘中主力对倒做量后大盘恰好走强，主力为了卖个好价，往往还会顺势拉升一段空间。由于其主要任务是减仓，所以上升幅度不可能很高。另一种情况是底部换主力后大盘也恰好走强，由于怕打压后导致自己的筹码流失，所以新主力也会顺势拉升，但多数会在涨势末期进行较长时间的整理。

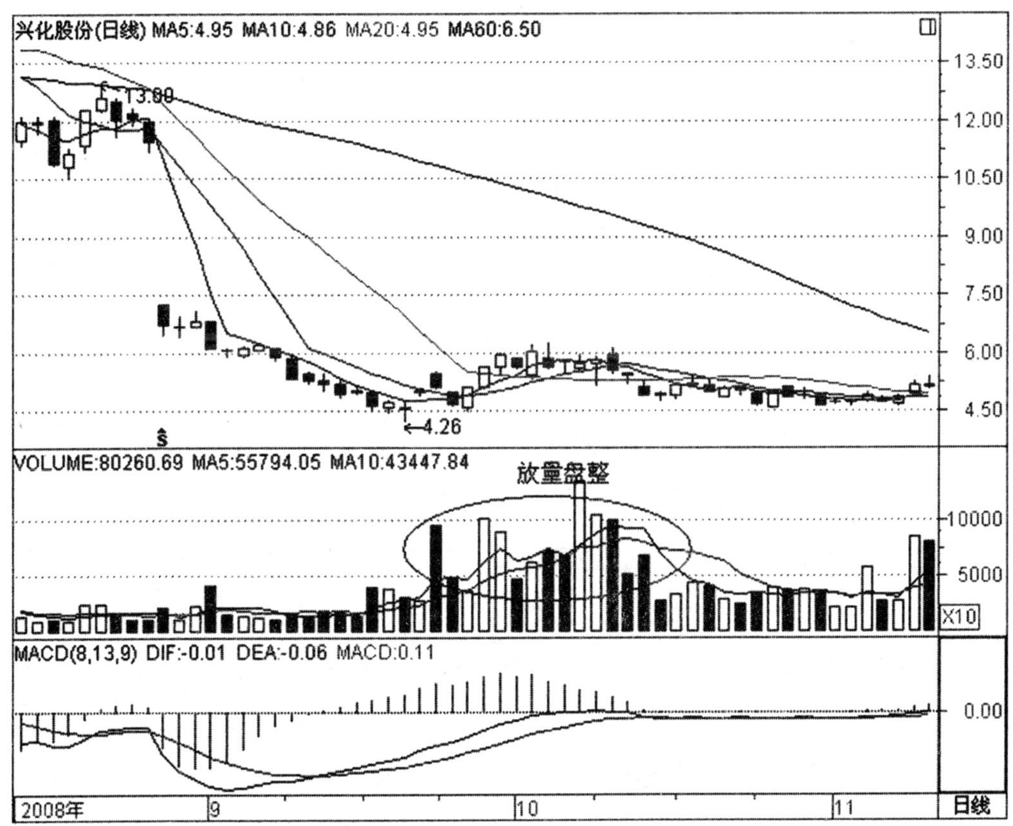

上图是002109在2008年8月到11月的K线图。该股在9月底到10月上旬放量盘

整，而同期大盘持续下跌，而该股却出现盘整行情，说明有主力在其中护盘，而且主力还必须承接大量的抛盘，因此出现放量的盘整现象。

十七、解析底部无量涨停

一般而言，个股底部是没有大量的，原因是没有大量的卖单出现或没有大量的买单进场。如果有大量，则多半是虚假的，而此处往往不是真正的底部。至于什么时候是底部，通常是主力说了算，当它抄手的时候，底部会因它而出现；如果它不抄手，则一直不会有底部，这跟成交量没有必然的联系。低廉而优质的筹码，主力是不会给普通交易者的，所以散户在真正的市场底部是很难买到大量筹码的。由此，也引发了无量涨停的概念。

一般而言，底部无量涨停包括两种。

1. 下跌放量，底部大量，而涨停无量

这种情况通常是股价从高位拦腰折断之后的结果。

（1）先解释“下跌放量”。在前期个股的急遽下跌过程中，量能过大，说明可能是主力在悄悄减仓，可能是其抵押在外的筹码开始出货，也可能是老鼠仓（和主力一同建仓的内部个人资金）开始出逃。由于下跌不是以开盘跌停的方式出现，所以一直期望该股出现整理的散户往往会蜂拥而至，导致成交量放大。

（2）再解释“底部大量”。当个股急跌到阶段性的底部后，会出现比在下跌过程中大得多的成交量。这往往是个股暴跌后大量短线客哄抢的结果，当然，当天的早盘里也会有主力通过对倒所营造的止跌现象。如果底部连续几日出现持续性的大量，那么往往是新主力开始介入的表现。新主力不一定就是强庄或长庄，有可能是游资性质的超级短庄，往往只在2～5天内做一波行情就走；如果情况较好，可能会做得时间更长一点，常常不会超过半个月。当然，也有游资被陷进去，迫不得已成为长庄的。

（3）再解释“涨停无量”。从“下跌放量”到“底部大量”是一个连贯的过程，从“底部大量”到“涨停无量”却有一个洗盘的过程。如果新主力不是超级短庄，那么这个洗盘的过程可能会很长，目的是洗去跟其一同建仓的跟风盘，而洗盘的方式则是参差不齐的下跌动作，一直跌到市场忍无可忍，失去信心。此时的价位早已在主力的成本区之下，当主力实在洗不出浮筹时就会快速拉升股价，使股价快速回到自己的成本区，并进而远离自己的成本区。在拉升的过程中，该洗掉的散户早已不存在了，而意志坚定者更是持股待涨，所以往往就会出现“涨停无量”。

2. 下跌无量，底部无量，涨停也无量

这种情况是针对长期下跌以后的个股的，尤其是上市有一年以上但又长期下跌的新股的。

（1）先解释“下跌无量”。这是很正常的个股长期阴跌的走势，由于多、空双方一致看空，在没有大量买方介入的情况下，个股自然会出现“下跌无量”的情形。

（2）再解释“底部无量”。既然此处是底部，就意味着个股开始止跌了。但由于卖盘不愿意低价供应，所以在没有买家大力拉升的情况下，前期被套筹码不愿意割肉，自然也会出现“底部无量”的情况。

（3）再解释“涨停无量”。当底部没有抛盘大量供应的时候，只要主力轻易发动攻势，个股就会直奔涨停，出现“涨停无量”的局面。在前期“下跌无量”、“底部无量”的过程中，我们无法得知是否有主力隐藏于其中，但底部的“涨停无量”却透露了主力的隐蔽行踪，否则个股不会无故直奔涨停。如果是游资突然介入而发动攻势，往往不会快速直奔涨停，而是缓慢拉升，因为它在底部没有拿到筹码，靠快速拉高来获得筹码的代价太大。老主力发动“涨停无量”的同时也透露了三个信息：一是想快速脱离低价区；二是不想让散户参与；三是不想再增加筹码，即它早已完成了筹码的搜集工作。可见，一旦出现了“三无量”的情况，往往个股后市还会有几个涨停板，以彻底脱离主力的成本区。

还有一种情况，就是新主力借涨停来建仓，或者老主力在看到吸货困难而时间不够用了，也会使用此招。其原理是：当股价在底部出现无量涨停时，市场常常不会马上就出现大量的抛盘，但如果股价在涨停后又快速回落时，抛盘就会涌现，而主力的真正目的是买到这些抛盘；连拉几根大阳线也可以逐日获得很多解套盘，但会招致散户跟风，而用涨停板建仓，则不会出现这样的情况。虽然用涨停板建仓比连拉几根大阳线建仓所收集的筹码数量会少一点，但是主力建仓的底部更安全、更牢固。要判断是老主力还是新主力在用涨停板建仓，只有看随后的股价是否会完全回落到涨停之前的位置。如果是，则往往是新主力的做法，因为它还要筹码；而老主力的筹码比较多，它往往不会使股价再度跌回自己的成本区。

下图是600064在2008年9月到2009年1月的K线图。该股在经历了漫长下跌后终于达到底部，2008年11月10日走出涨停走势。说明此时的价位早已在主力的成本区之下，当主力实在洗不出浮筹时就会快速拉升股价，使股价快速回到自己的成本区，并进而远离自己的成本区。

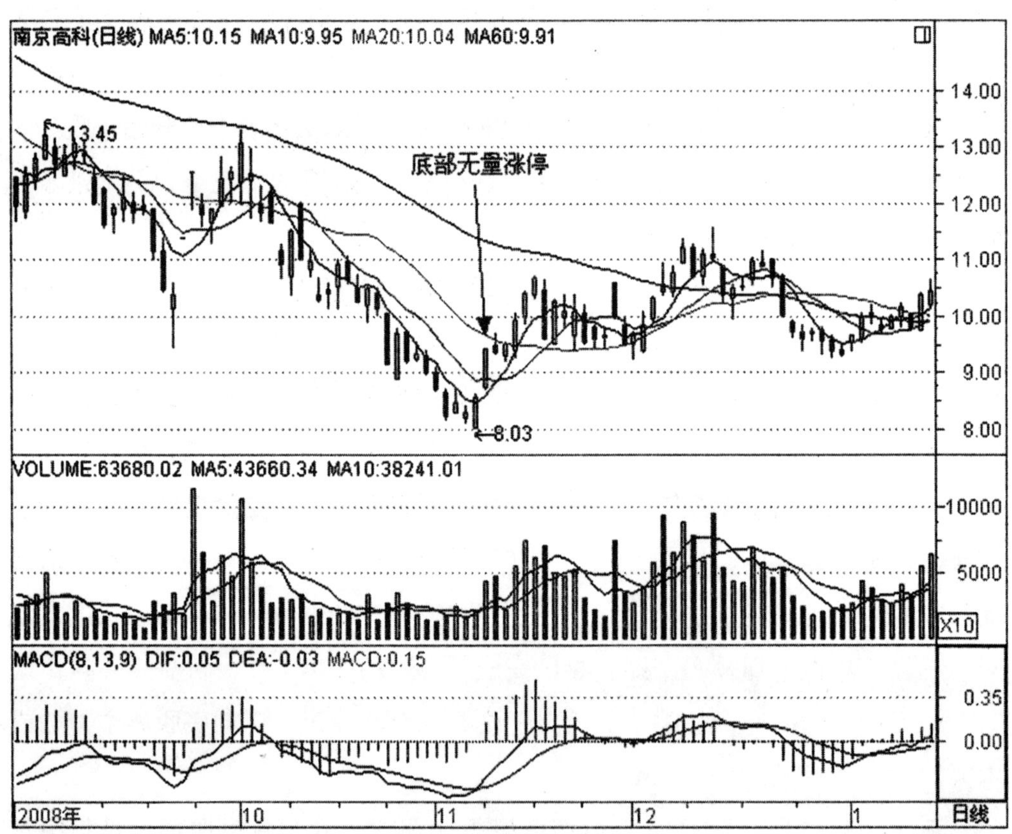

筹码分布图实战解析

一、解析移动成本分布

所谓移动成本分布，是指流通股持仓成本的分布由于不同价位的交易而处于随时移动的状态。它反映了个股流通股数在不同时段内、不同价格上的分布状况。在通达信软件里，当个股处于日K线图的显示状态时，点击看盘界面右下角的“子功能窗口”中的“筹”字，即可出现“移动成本分布”指标。

我们熟悉的移动平均线指标只能反映价格的移动状况。比如说它可以显示某股60日内的平均成本为10元，但它的统计数据里没有成交量，不能告诉我们有多少量是以5元的价格成交的，有多少量是以15元的价格成交的。显然，这是一个极为重要的信息资料，它往往反映出主力的筹码状态和下一步可能采取的动作。移动成本分布指标就是为解决这一问题而出现的，它本质上是量价关系的反映。通过横轴的成交量和纵轴的价格区间，移动成本分布指标有效地展示了量价关系的分布状态，透视出历史成交量背后的高低之分。

那么移动成本分布指标是如何计算出来的呢？由于证券交易所不向公众提供交易者的账目信息，所以各类软件中的筹码分布状况均是通过对历史交易进行计算而得出的近似值。假定筹码的抛出概率与浮动盈利及持股时间有关，则可以在一定数量的交易群体中进行抽样检测，以获得这个抛出概率的函数，然后再根据这个抛出概率，认定个股每日的卖出量分别来自以前的哪些交易日，即过去交易者中有多少老筹码将被冲销掉。这就是移动成本分布指标的统计原理。

一般而言，散户在获利10%～20%之间最容易把股票卖掉；而主力则很难在盈利30%以下时卖出他的大部分仓位。可见，获利15%的获利盘对当日成交的贡献就比获利25%的获利盘要小一些，因为涨得越多的卖出的概率就越大。这是一种较为精确的计算筹码分布的思路，有时候出于方便，也可以用相等的抛出概率（即每日的抛售量都是一样的，不管是套牢盘还是获利盘里跑出来的量）来代替真实的抛出概率，这样虽然会引发一定的误差，不过这个误差是可以承受的。因为在实际的技术分析中，某个价位的筹码量多一些或少一些不会影响最终的结论。

移动成本分布指标的产生来自两个假设前提：一是假设每天的成交量都是在全天的最高和最低价之间均匀分布；二是假设每天的成交都呈现出以均价处为三角形顶点的对称分布。由于假设不一定会如期实现，所以移动成本分布的准确性不可能很高，但这对于成本分布的模糊性分析却是绰绰有余，比交易者用眼睛去搜索某一价位下的大致成交量要直观得多。此外，各个行情分析软件对于抛出概率系数的设定大小不一，所显示的成本分布状况不尽相同。所以交易者看到的“移动成本分布”并不是真正的筹码分布状况，而只是一个近似的估值，其差距或大或小，不可确定。但作为一种模糊性的统计方式，移动成本分布指标却是辅助性的分析手段，也是“主力分析”中的有力工具，有其独到之处和实用价值。

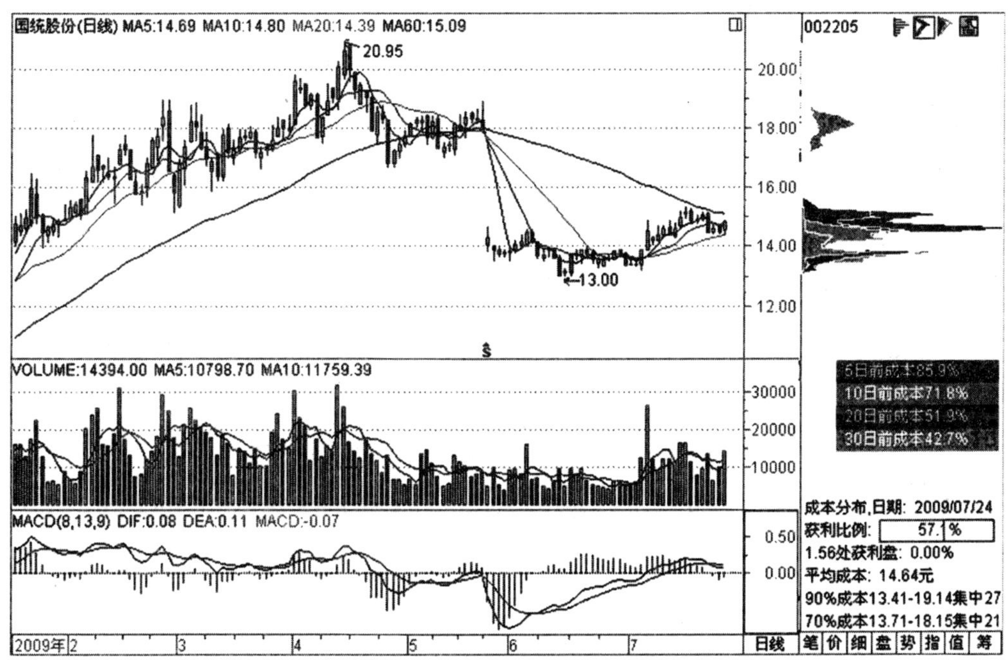

上图中的右边即是002205的移动成本分布图。纵向代表着价格区间，横向代表着持仓筹码每一个细小差别的价位上都有一根代表成交量或持仓量的横线，某价位的成交量或持仓量越多，则横线越长，意味着此处的换手率越高。个股总的流通盘是固定的，某处的成交量大了，就是从其他价位上的成交量里转移过来的，当它们在某个价位区间累积较多时，就会形成山峰形态，通常称之为筹码分布形态。由此图我们可以直观地看出，目前个股的持仓量或成交量主要集中在什么价位。如果在K线图上任意移动鼠标，右边横线就会不断发生变化，动态地透视出各个价位持仓量的增减变化。当鼠标从某一时间点移动到另一时间点时，移动成本分布图可以全面地显示此时间段内的成本转换过程。

二、解析历史移动成本分布图

当察看个股的移动成本分布指标时，系统默认的是“历史成本分布”。我们在个股K线图上将鼠标移动到任意一处时，右边移动成本分布图上显示的就是在当前鼠标（十字光标）所对应日期之前的筹码分布情况。如果交易者想知道在2006年12月31日之前某股的移动成本分布情况，就把鼠标放在该股2006年12月31日的K线位置；如果还想知道截至今日某股的移动成本分布状况，就把鼠标移到今日的K线位置。

无论鼠标怎么移动，所有代表持仓成本的横线都只会均匀分布在个股历史最高价和最低价之间。但有时，数年前的低价成本或高价成本早已被交换完毕，所以其历史高价或低价处是没有持仓成本的，持仓成本都集中到了价格区间的中部地带。持仓成本以横线条表示，线条的长度代表持仓筹码在这一价位上的相对比例。即最长的线条占满横向显示区，其余的线条同比例显示。

代表持仓成本的横线有两种颜色，一种是白色，一种是深黄色。白色部分代表套牢盘，即在目前价位之上的持仓量；深黄色部分代表获利盘，即在目前价位之下的持仓量。这些是针对鼠标（十字光标）目前所对应的日期而言的，只要鼠标（十字光标）移动，那么白色部分和深黄色部分的线条数量和长短都会发生改变，这意味着不同时间上的持仓成本和套牢盘、获利盘的改变。

历史移动成本分布图的价值有两点：其一是能反映出套牢盘和获利盘的多少，其二是能反映出将来价格会在什么密集成交区获得支撑或遭遇阻力。如果此时持仓成本的密集成交区在上面且为白色，那么意味着后期股价上升时的主要阻力区就在那里，多方要在那里消化掉大量的套牢盘才能继续前进；反之，如果此时持仓成本的密集成交区在下面且为深黄色，则说明后期股价下跌时可能会在那个密集成交区获得支撑，因为那里的大量持仓者不愿意股价跌破他们的成交价；而股价一旦对成交密集区进行了突破，则是原趋势将延续的重要征兆。

如下图，在移动成本分布图的下方，有一些文字说明，包括获利比例、平均成本、筹码集中度等，但是只要鼠标移动，这些数字就会发生变化。如“90%成本8.96～9.8元集中5.7%”的意思是：90%的成本位于在8.96～9.8元之间，集中度为5.7%。

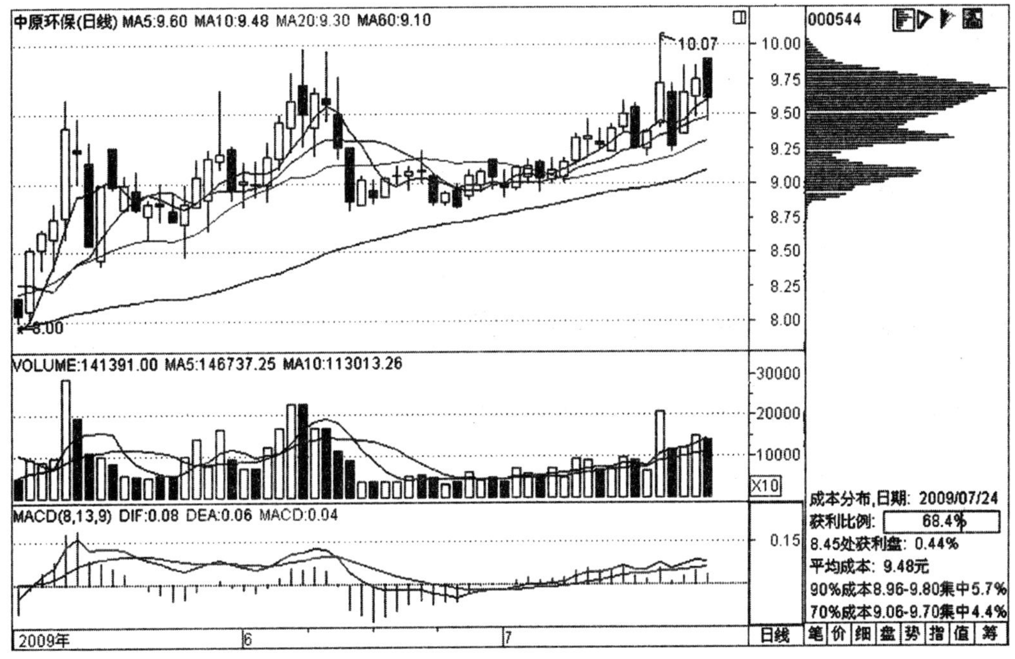

三、解析远期移动成本分布图

远期移动成本分布图显示了5日前的成本分布、10日前的成本分布、20日前的成本分布、30日前的成本分布、60日前的成本分布、100日前的成本分布。每个时间段所对应的颜色不一样，但都为暖色调。这张图形尽管色彩斑斓，但其总的轮廓却同历史移动成本分布图一致，它是在历史移动成本分布图的基础上来显示远期移动成本分布状况的，突出了不同时期成本分布的特性。事实上，它是一张介于历史移动成本分布图和近期移动成本分布图之间的图形，可以突出反映一个稍远时间段内的成本分布状况。

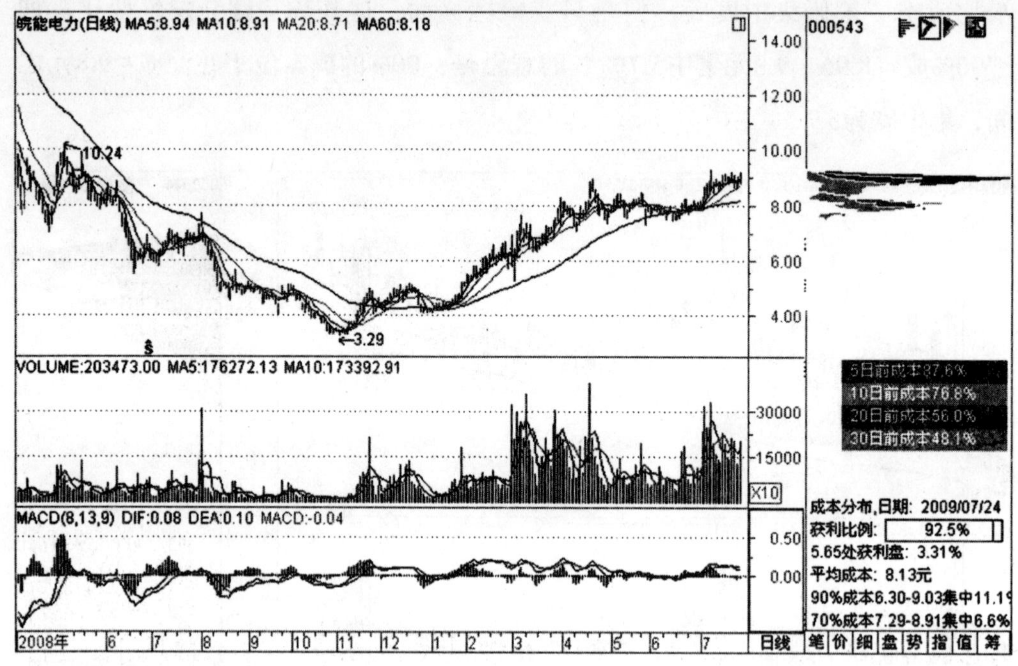

四、解析近期移动成本分布图

近期移动成本分布图显示了5日内的成本分布、10日内的成本分布、20日内的成本分布、30日内的成本分布、60日内的成本分布、100日内的成本分布。每个时间段所对应的颜色也不一样，但都为暖冷色调。这张图形总的轮廓也同历史移动成本分布图一致，它是在历史移动成本分布图的基础上来突出显示近期移动成本分布状况的，更加敏感地显示了个股近期的成交动作，减少了历史数据的失真现象。近期移动成本分布图与远期移动成本分布图呈互补的关系，即5日内的成本分布数据与5日前的成本分布数据之和等于100%。

如果5日和10日内的成本分布范围加大，说明近期的成交量大、换手率高；如果此时对应的是股价的高位，则说明主力出货的概率加大；如果此时对应的是股价的低位，说明主力底部吸货整理的概率加大；如果此时对应的是股价的中部，则不易判断主力的意图，需要综合盘口异动现象来分析。事实上，通过观察最近5日或10日的成交量指标，交易者也一样可以判断出个股近期是否成交量大、换手率高，两者的意义是一样的。

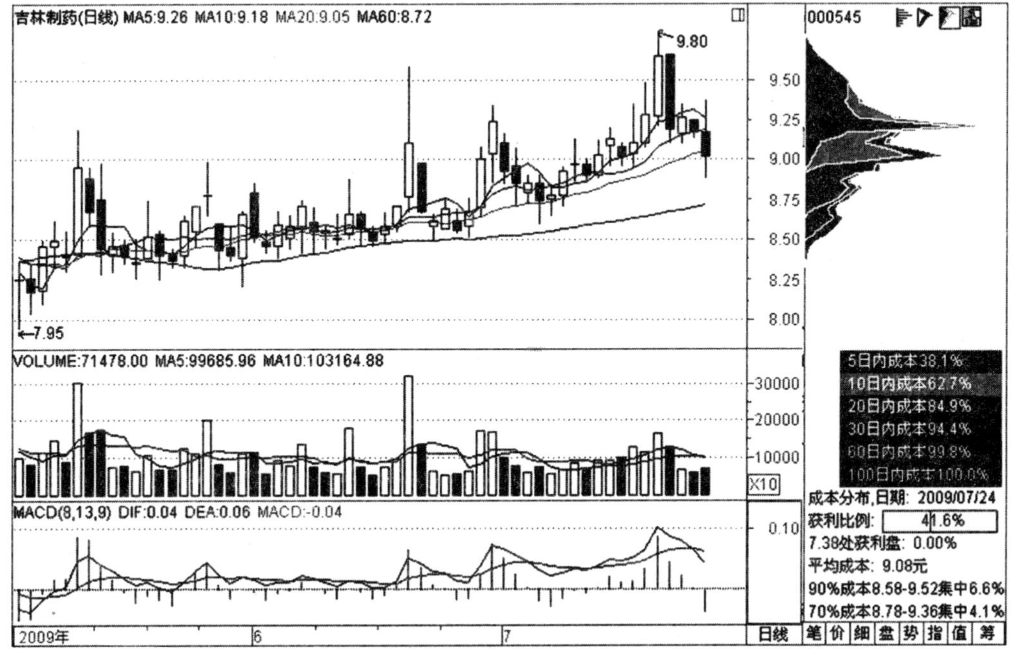

五、解析移动成本分布设置

用鼠标点击成本分布图右上角的第4个标志，即可见到下图中的显示。说明如下：

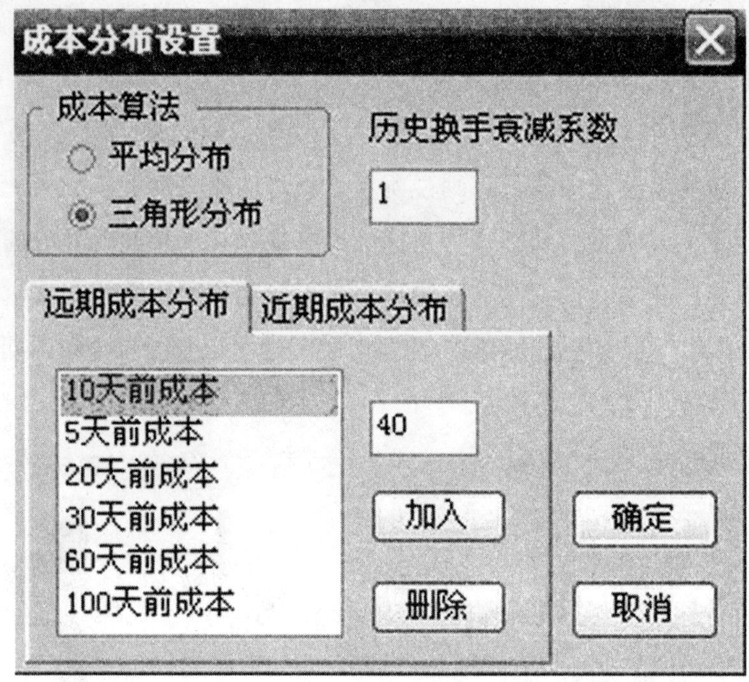

（1）平均分布：成交量在当日的最高价和最低价之间平均分配，呈现出矩形的分布形状。

（2）三角形分布：成交量在当日的最高价和最低价之间平均分配，但是以平均价为三角形的顶点，呈对称三角形的分布形态。

（3）历史换手衰减系数：表示历史换手的递减速度，即以多少倍数的当日换手率把前期成本分布中的成交量移到当日的成本分布中。其取值范围是0.1~10，系数越大，前期换手率中被移到今日换手率中的比例就越多。但对于不熟悉个股成交特性的交易者，最好采用系统默认的参数。

（4）远期成本分布：调整远期成本分布的日期数字。

（5）近期成本分布：调整近期成本分布的日期数字。

六、解析单峰密集形态

1. 形态特征

单峰密集形态是指股票在某一价位区域密集成交，形成一个独立的密集峰形。在这个密集峰的上方和下方，通常只有很少的筹码分布。

2. 形成机理

单峰密集形态的形成，意味着上方的筹码在此位置止损卖出，下方的筹码在此位置获利回吐，使大部分筹码在单峰密集区域实现了充分的换手。

3. 形态判研

只要形成了单峰密集形态，该密集成交区就对股价具有支撑或阻力的作用，这是由于在那里有大量的筹码需要被转化所造成的。

对于上涨过程中的单峰密集形态，有以下的判研规律：

①当股价上涨到单峰密集区附近时，将遇到抛盘的阻力；

②当股价向上突破单峰密集区以后，意味着新一轮上攻行情的启动；

③当股价向上突破单峰密集区以后，如回调后能够在该位置站稳，则该股可能继续上涨；

④当股价向下突破单峰密集区以后，则往往会引导股价重心不断下移。

对于股价下跌过程中的判研方法，与上述方法相反。

如下图就是000554所形成的单峰密集形态，表明该股在6~7元之间成交密集，大部分筹码在该价位实现了充分的换手，当股价上涨到6~7元附近时，将遇到抛盘的阻力；但是如果能向上突破6~7元区域以后，意味着新一轮上攻行情的启动。

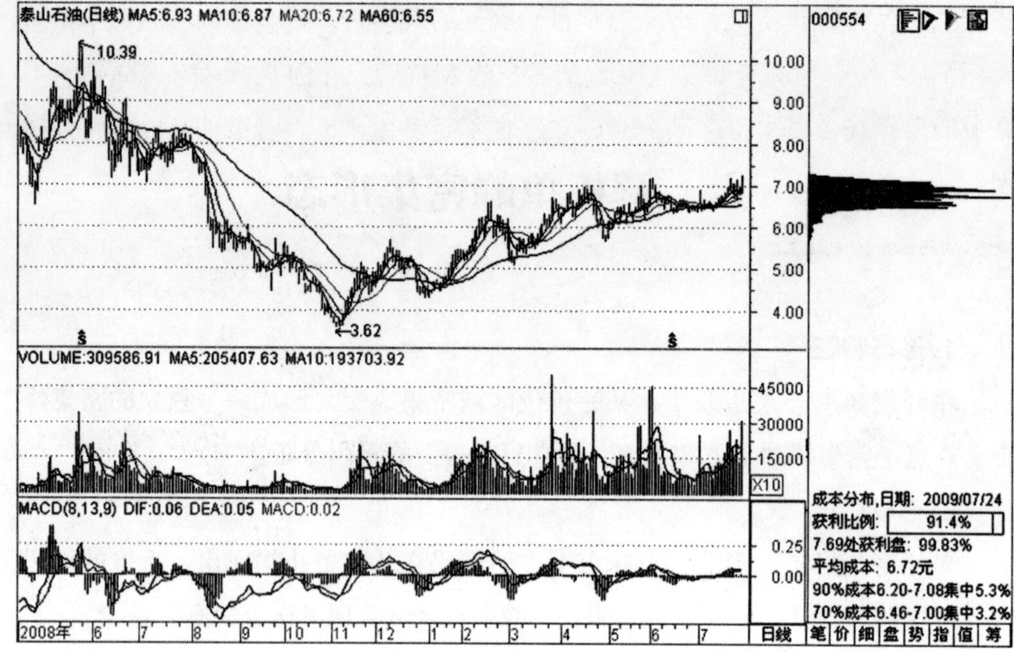

七、解析低位单峰密集形态

低位单峰密集形态是指股票成本分布比较集中，且主峰值在某个低价区域。低位单峰密集形态在形成的时候，往往有如下的特点：

①股价往往经过了一轮大幅下跌，形成了大量的套牢盘；

②股价在最低位反弹后进行了整理，并在套牢盘和获利盘的带动下出现了高成交量；

③在股价整理的时间段里，上下筹码开始集中于某一特定的低价位；

④在低位密集峰的上方和下方，几乎没有成本分布；

⑤低位单峰越集中越好，意味着大量筹码被主力集中到了底部区域，个股后期看好。

由下图可以看到，经过快速的下跌后，该股出现了大量的套牢盘，而后主力通过反弹消化了绝大部分套牢盘和底部的获利盘，使大量的筹码集中到了15~25元之间。主力获得了绝对性的筹码控制权后，随即开始拉升股价，由于大量的筹码在主力手中，获利盘的抛售也不至于很严重，所以该股拉升较为轻松。

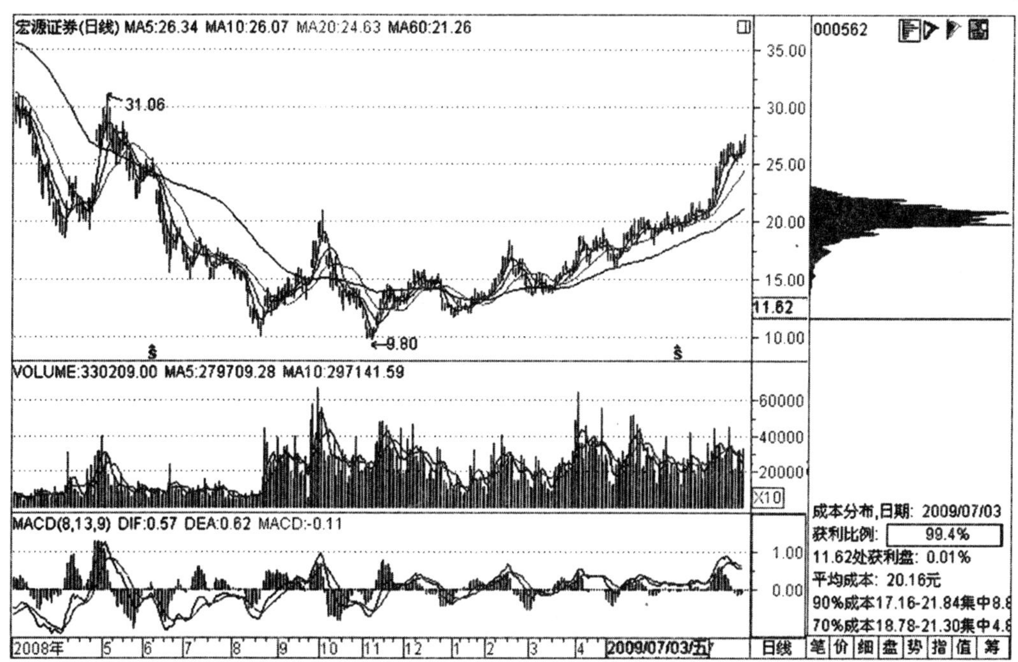

八、解析高位单峰密集形态

高位单峰密集形态是指股票成本分布比较集中，且主峰值在某个高价区域，高位单峰密集形态在形成的时候，往往有如下的特点：

①股价往往经过了一轮大幅上涨，形成了大量的获利盘；

②股价在最高位处进行了整理，并出现了很高的成交量；

③在股价整理的时间段里，上下筹码开始集中于某一特定的高价位；

④在高位密集峰的上方和下方，成本分布很少；

⑤高位单峰密集程度只要达到了60%以上，就已经是很集中了，意味着主力的大量筹码易手，后期股价将加速下跌。

由下图可以看到，经过了长期而大幅的拉升后，主力先在十字光标的前期进行了一个下跌的整理过程，一方面实现了减仓；另一方面除掉了部分散户的获利盘，同时吸引新的散户介入，减少了再次上拉的压力；而后主力全力开始拉升股价并在高位进行整理，以实现出货的意图。在十字光标处，通过移动成本分布图可以看到，高位密集程度达到了62%左右，如果主力的控盘筹码为70%，那么经过前期的减仓和现在的换手，估计大部分筹码已经出完，后期该股出现暴跌或阴跌的走势也就是预料之中的事了。

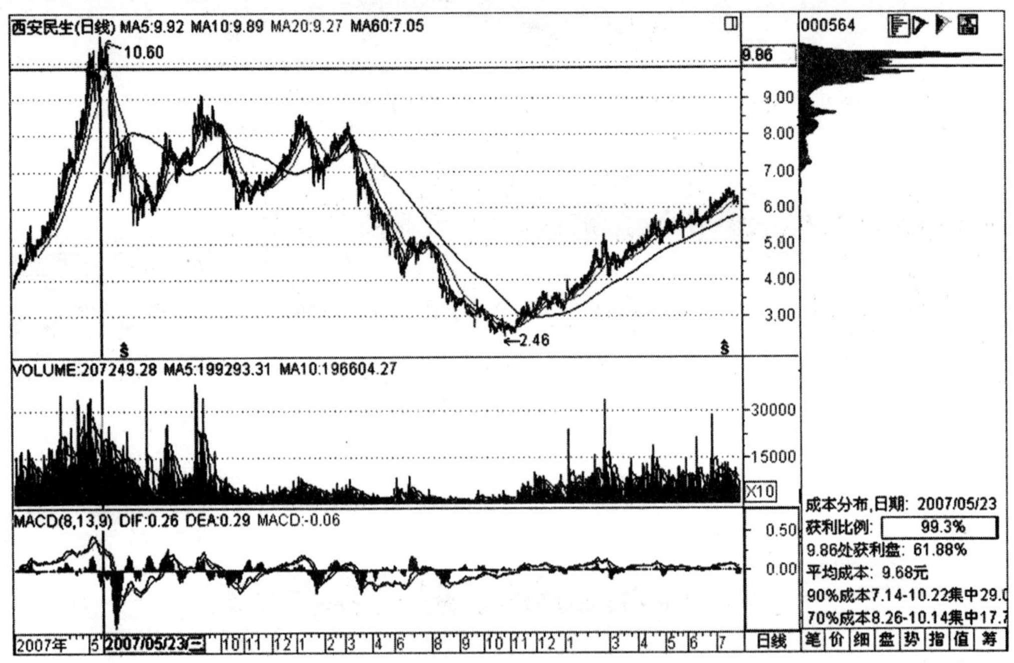

九、解析中继单峰密集形态

低位和高位只是一个相对的概念，相对于股价上涨300%而言，过去100%

的涨幅只能算是低位。如果个股在涨幅达到100%时形成了单峰密集形态，只要其后来进行了有力的突破，那么当时的单峰密集形态就不是高位单峰密集形态，而只能称之为中继单峰密集形态，它对股价起着承上启下的作用。

因此，高位单峰密集形态有朝两种趋势发展的可能性：

其一，如果股价彻底跌破高位密集峰，意味着主力已经获利出局，行情即将反转；

其二，如果股价突破高位密集峰，意味着散户已经充分换手，但主力尚未出局，个股后期将有更大的行情展开。

对于高位单峰密集形态是否属于“高位”，一般需要我们在后期进行判断。面对这种行情时，交易者不妨先在高位单峰密集形态形成时暂时出局，如果股价在整理后对密集峰进行了向上的突破，再考虑进场也不迟。但是，如果我们能够识别出在高位单峰密集形态形成时，是散户在出货而主力在承接，那么可以预知该形态只是中继单峰密集形态。因而也可以按兵不动，持股待涨。

十、解析多峰密集形态

1. 形态特征

多峰密集形态是指股票在两个或两个以上的价位区域密集成交，形成两个或两个以上的密集峰形。它包括双峰密集形态、三峰密集形态、多峰密集形态。在这些形态中，上方的密集峰称为上密集峰，中间的密集峰称为中密集峰，下方的密集峰称为下密集峰，多峰之间的凹陷处称为峰谷。

2. 形态分类

由于筹码是不断被转移的，所以成交密集区是连续变化的，表现在移动成本分布图上，有时会出现一个密集峰，有时会出现两个密集峰，有时会出现多个密集峰。下面以“澳洋科技”为例，按照交易时间顺序来进行讲解。见下图。

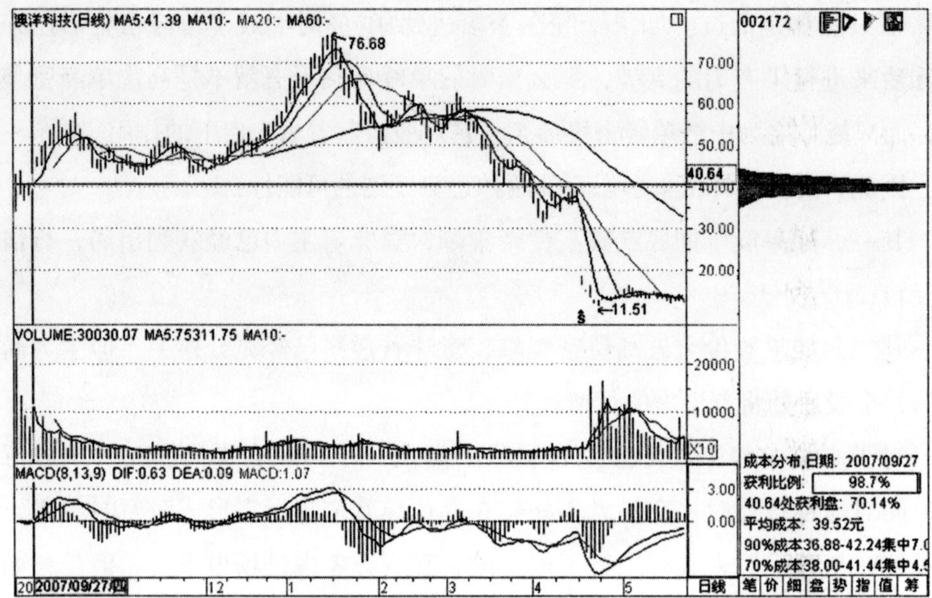

该股上市5日内（十字光标处）的筹码比较集中，换手率较高，由此形成了低位单峰密集形态。但这不能说明主力筹码比较集中，因为主力和散户的筹码都集中在这里。

（1）双密集峰形态。随着大盘一路攀升，该股主力也只有顺应趋势，使该股步步高升。由于拉升过快，低位单峰密集形态很快变成了双峰密集形态，说明一半的筹码已被快速提升了一个价位。

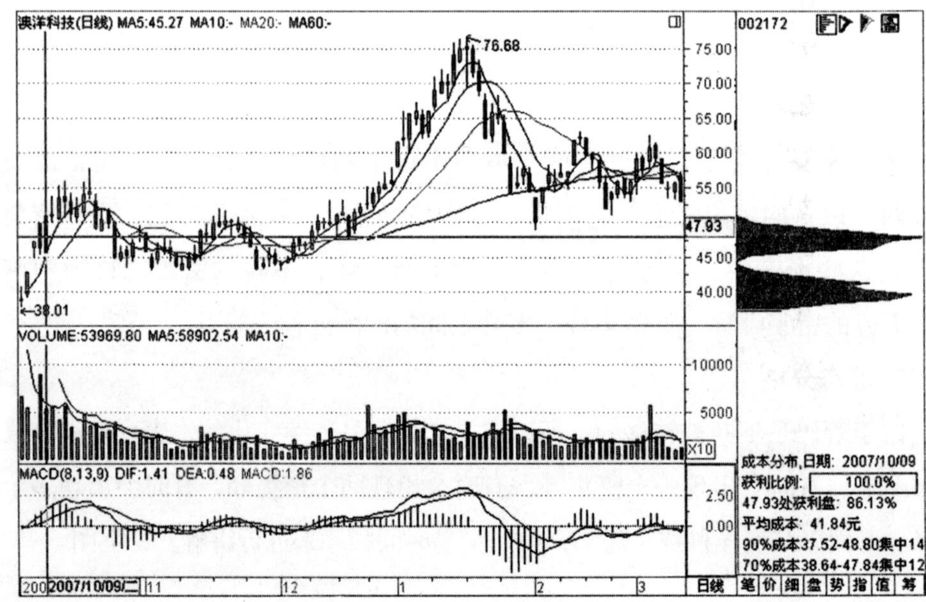

（2）三密集峰形态。该股连续快速拉升导致获利后的抛盘不断，也导致换手率持续加大，致使双峰密集形态很快又变成了三峰密集形态，使筹码的成本价再上一个层次。

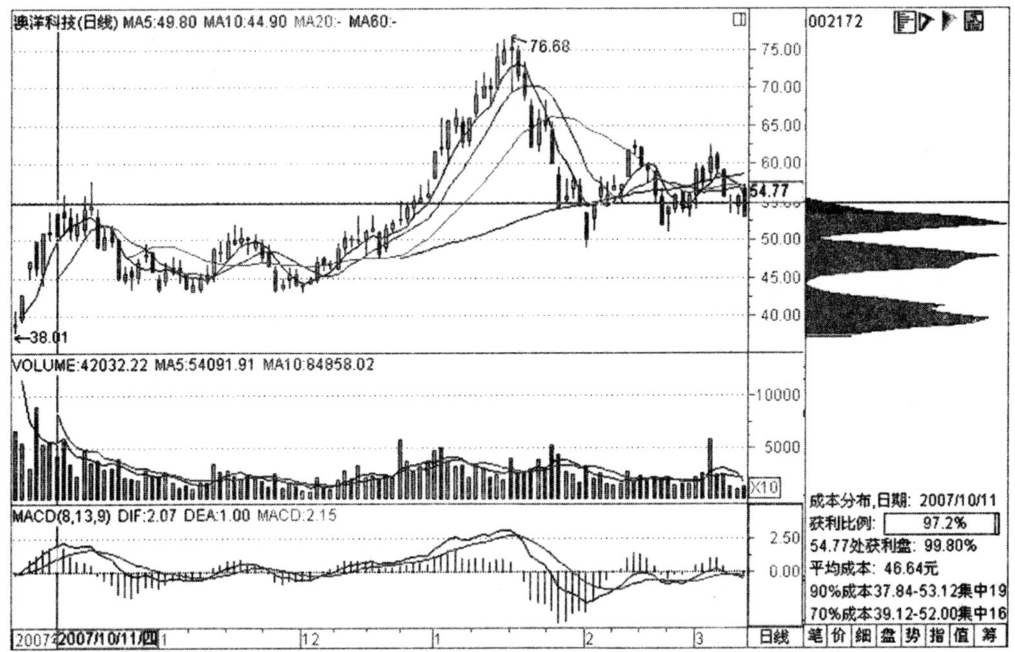

（3）多密集峰形态。当大盘连续上涨但未再创新高时，该股却已创造了新高，充分说明了主力的存在，也暴露了其拉高出货的意愿。因为此时大盘环境并不理想，而该股已经上涨了50%。此时，右边的移动成本分布图上已呈现出多峰密集形态，这是主力连续快速拉升的结果。

随着大盘的快速暴跌，该股也出现快速暴跌的状态。由此可以判断，该股主力属于短庄，利用新股上市定位不明晰的特点，在5个月内做了一波短线行情。由于主力掌握的筹码不是特别巨大，所以其出货也比较快速。通常而言，当主力筹码不多的时候，是很难在个股的头部出现单峰密集形态的，因为主力没有那么多的筹码需要在高位进行交换。也就是说，当个股出现多峰密集形态时，短线主力或持股不多的主力同样可以顺利出局。

失去了主力后，该股后期不断下跌。与此同时，上密集峰里的筹码不断转移到了下一个密集峰里，而下一个集峰里的筹码又同时向更低的密集峰进行了转移。结果到了最后，该股的筹码几乎又形成了新的低位单峰密集形态。

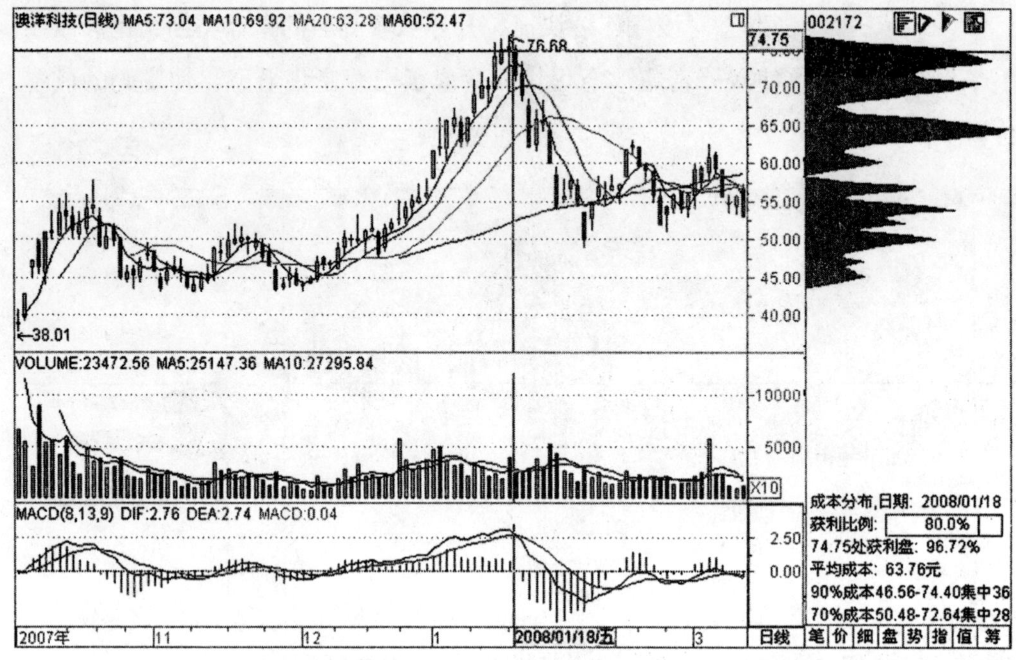

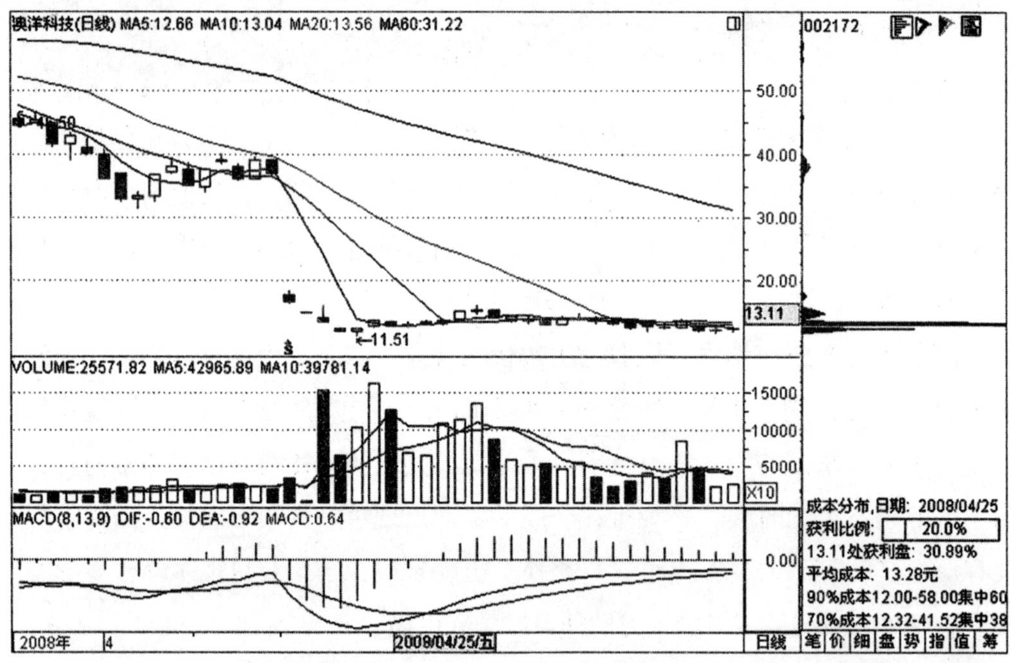

这就是短线主力控仓品种的筹码移动走势。同样，对于基金控制的品种，由于单个基金无法使筹码高度集中，所以很难出现单密集峰形态；而由于基金都是轮流建仓或减仓，所以个股往往呈现出多密集峰形态。

3.形态判研

对于多峰密集形态以及单峰密集形态的判研，有以下规律可供参考：

（1）在一个完整的牛、熊相互转换的市场中，多峰密集形态（也称为成本发散状态）往往存在于低位单峰密集形态和高位单峰密集形态之间，它是一个过渡性质的成本分布状态，说明筹码正在由一个高度集中区域转向另一个高度集中区域。它往往是趋势进程里的形态，但它多数最终会转化成为单峰密集形态，以完成成本转化的完整过程。

（2）所有的密集成交区都有阻力或支撑力的作用。当股价遇到上一个密集成交区时，就会遇到阻力；遇到下一个密集成交区时，就会遇到支撑力；而且有可能在未到需要上破阻力区或下破支撑区的时候，原有阻力区或支撑区的密集成交量就已经被转换掉，不再起到相应的作用。

（3）股价一旦突破上面的密集成交区，则往往会往上快速移动，而被突破的密集成交区如果在股价将来跌回时还存在，则该密集成交区将成为支撑区；反之，股价一旦突破下面的密集成交区，则往往会往下快速移动，而被突破的密集成交区如果在股价将来上升时还存在，则该密集成交区将成为阻力区。

（4）峰谷区域通常较为狭窄，处于两个密集峰的交界处，此处的成交量很少；如果股价处在峰谷区域，那么将有可能在两个密集峰之间做震荡整理；同时，峰谷也常常会被填平，成交量在此区间的积累，将使相邻的两个密集峰变成单峰。

（5）股价要大跌，不一定非要底部筹码都集中在高位换手以形成高位单峰密集区。当个股仅仅是被大量散户追高，或主力无法在高位出局，或主力的筹码不多时，都不会出现高位整理的时间和区间，自然就不会有高位单峰密集形态的存在。

（6）凡是能形成密集成交区的股票，都有一定的判研意义；凡是没能形成密集成交区的股票，往往说明个股的筹码分布处于零散状态，意味着该股可能没有主力的关照，或者基金观念发生分歧导致主流资金不集中。

十一、解析上破低位单峰密集形态

1. 表述

股价经过较长时间的下跌整理后，在一个相对较低的底部形成了低位单峰密集形态，如果此时股价放量向上突破单峰密集区域，则是一轮上升行情的前兆。

2. 说明

（1）个股形成低位单峰密集形态往往是一轮上涨行情的前提；

（2）低位单峰被压得越扁，意味着筹码越集中，个股后期的涨幅空间越大；

（3）低位单峰密集形态形成的时间越长，则将来个股行情的爆发力就越强；

（4）股价向上突破单峰密形态时必须出现大成交量，最好股价能够同时突破原有整理平台；

（5）形成低位单峰密集形态后，个股往往还会出现上蹿下跳的反复，最好是在股价对单峰密集形态进行有效突破时跟进。如果资金量大，可以提前分批进场。

下图中，该股在低位形成了单峰密集形态，后来在十字光标处的第二天，以高换手率一举突破前期高点，同时突破低位单峰密集区域，引导底部筹码快速向上移动。这说明主力底部吸筹工作已经完成，在大势向好的情况下，主力开始快速拉升股价，并在突破时吃掉了大量散户的获利抛盘，体现了主力拉升股价的决心和实力，也说明了该股将随之产生一轮较大的上升行情。

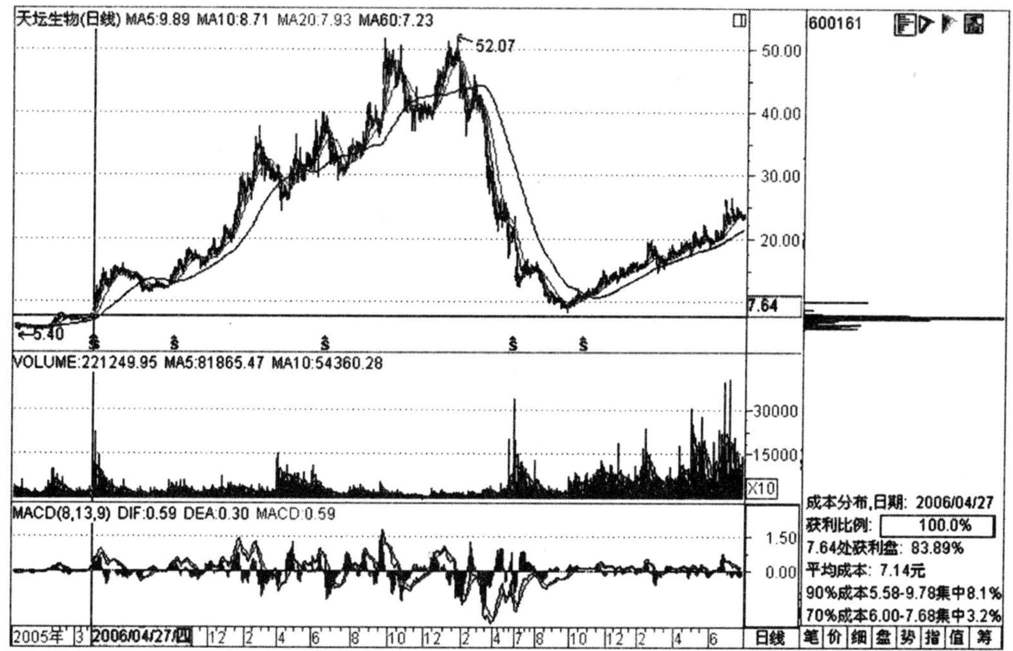

十二、解析上涨多峰密集形态

1. 表述

当股价突破低位单峰密集形态并开始出现上升行情后，股价快速向上移动会导致一个接一个的新的移动成本高峰出现，形成上涨时的多峰密集形态。这说明上涨行情还将继续。

2. 说明

（1）随着股价不断地向上打开价格空间，不同价格的成交量纷纷涌出，上涨多峰密集形态将持续出现，并将底部的获利筹码逐渐转移到新的高位。

（2）随着主力不断地买进动作，主力的部分成本区将驻留在启动时的低位密集成交区间，而另一些成本则会分布在几个不同的拉升整理区，致使主力的平均持仓成本持续上升。

（3）拉升途中的回调整理属于洗盘动作，而下面每一个密集峰将成为回调时的支撑位。

（4）股价越往上走，上密集峰的集中程度就会越来越高，这是因为越来越多的获利盘在恐惧高价的情况下开始了抛售，同时主力也在此时为诱使散户高位跟风而进行了对倒交易。

（5）主力的底部筹码搜集完毕且开始大力拉升股价之后，只要顶部没有出现高位单峰密集形态，同时低位单峰密集形态还没有完全被消化掉，个股行情就仍有向上攀升的空间。

下图中，随着股价的不断攀升和间歇式的整理，移动成本分布图上出现了不断向上的新峰，形成了持续的多峰密集形态。在这种进行了长期的底部整理且主力底部筹码搜集完毕的个股里，只要顶部没有出现高位单峰密集形态，即使上面的上密集峰集中程度越来越高，行情仍有向上攀升的空间。直至出现高位单峰密集形态，股价才会大跌。

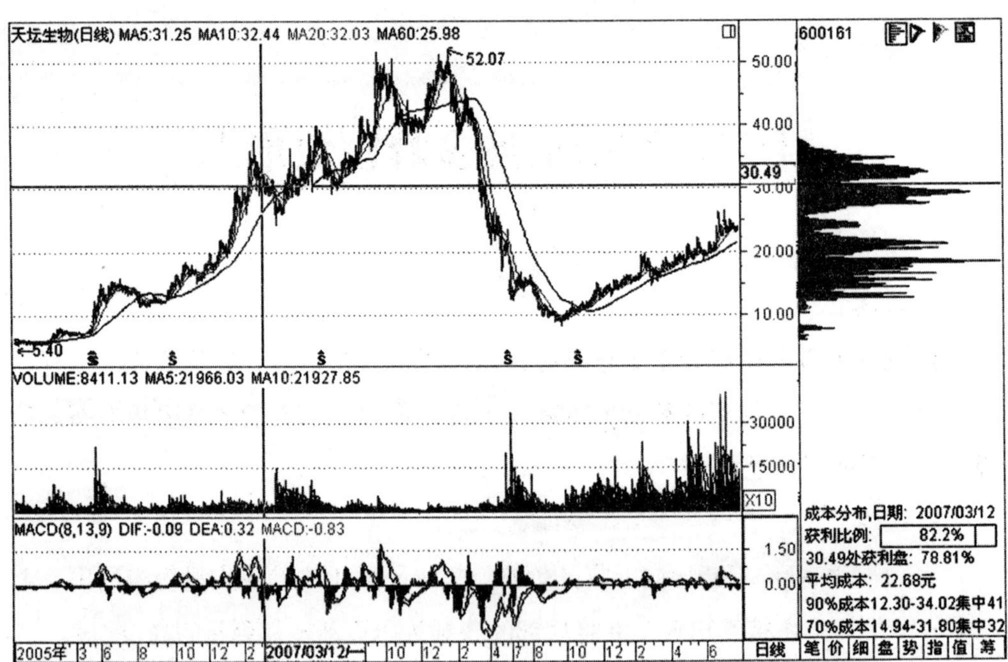

十三、解析上破高位单峰密集形态

1. 表述

当个股形成了高位单峰密集形态后，如果股价又开始蓄积能量并强势向上突破高位单峰密集区，那么新的上升行情又将来临。

2. 说明

（1）当股价在高位进行盘整时，往往会形成高位单峰密集形态。但由于无法确定主力手中此时的筹码数量，所以无法判断股价将会对该单峰密集区间做哪一个方向的突破。

（2）如果股价不能创出突破后的新高，那么该突破往往是假突破，要防止行情转变。同理，当股价未能对高位单峰密集区间形成有效的向上突破时，不宜匆忙进场。

（3）如果股价是以快速暴涨的形式向上突破高位单峰密集区，则上涨行情往往不会太久，通常是主力准备出货的表现。如果主力已在前期的高位单峰密集区间出掉了大部分的仓位，那么在后期就不会形成新的高位单峰密集形态。

（4）形成高位单峰密集形态时，尤其要通过盘口交易现象和价量关系来确认究竟是主力在继续收集筹码，还是散户与散户在交换筹码，或是散户在大量承接主力的筹码。前两者都会使股价继续飙升，后者则会使股价快速下跌。

（5）对于一些优质股票，有些主力常年坐庄，高抛低吸，波段交易。所以一些“高位”的单峰密集形态往往也是主力积极吸筹的表现，一旦有效突破，后期走势仍然比较可观。基金控制的股票品种也属于这种情况。

下图中，该股在十字光标处形成了“高位”单峰密集形态；主力随后在此进行了充分的洗盘整理，促使散户进行筹码的互换，而自己尚未出局；之后，主力重新快速拉升股价。

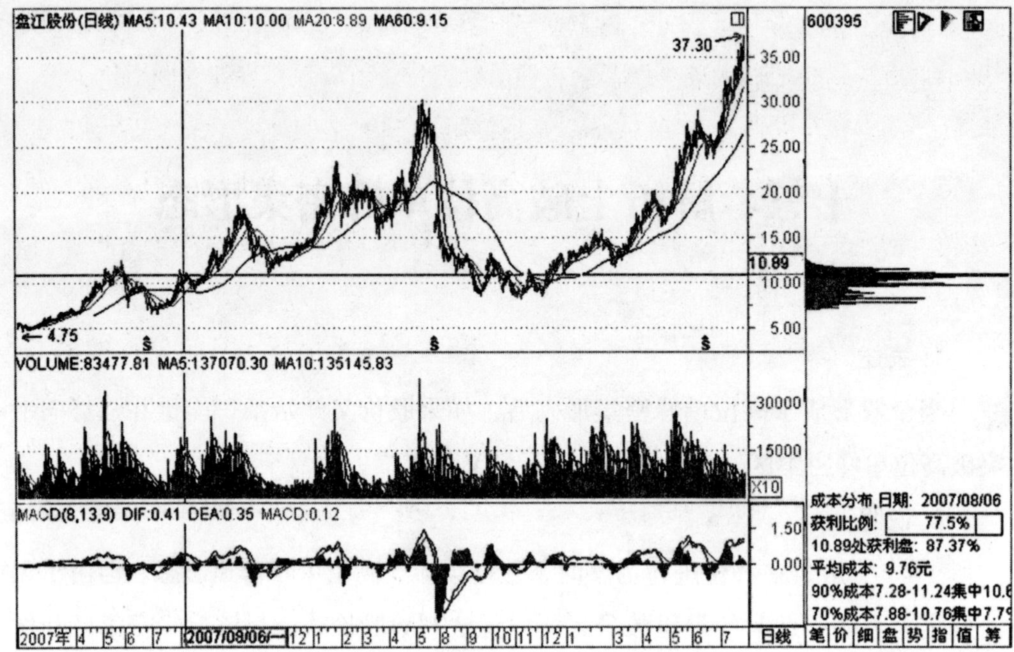

十四、解析下破高位单峰密集形态

1. 表述

股价经过一段时间的高位盘整后，在一个相对较高的顶部形成了高位单峰密集形态，如果此时股价快速向下突破高位单峰密集区域，则是一轮下降行情即将展开的前兆。

2. 说明

（1）当股价涨幅已经高于主力平均建仓成本的80%以上时，就要密切关注是否会在高位形成密集成交区，同时关注行情启动时的低位单峰密集形态是否完全被消化掉。一旦形成有高位单峰密集形态，则短线和中线交易者最好赶紧出局。

（2）当股价开始快速下跌并突破原有的高位单峰密集区间时，将会引导移动成本快速下移，导致下跌的多峰密集成交区出现，或导致高位成本不断在下行中被小密集区消化掉。如果交易者没有在前期出货，就应该在现在立即出货。

（3）虽然在低位必须有单峰密集形态的出现，个股才有大行情启动的机会，但不能反推必须在高位形成单峰密集形态才意味着主力出局。因为主力有多次拉高整理减仓的可能性，不一定非要一次性在高位集中整理出货；同时，主力也有被套而无法出局的时候。

下图中，股价经过一周多的盘整后，在高位几乎形成了高位单峰密集形态，意味着主力已经将大量筹码与散户进行了换手，后期走势不容乐观。紧接着，主力通过大阴线将股价快速拉下，一举脱离高位密集成交区，迫使大量散户高位套牢，为下次低位反弹出局做好了准备。一般来说，一旦股价快速下跌到曾经最高价位的50%时，高位套牢盘就不愿意割肉出局，即使在反弹中也会痴等完全解套。所以主力只要在股价急跌50%后再做一次上升幅度为20%的反弹，就很容易借一波小反弹顺利出完最后的仓位。

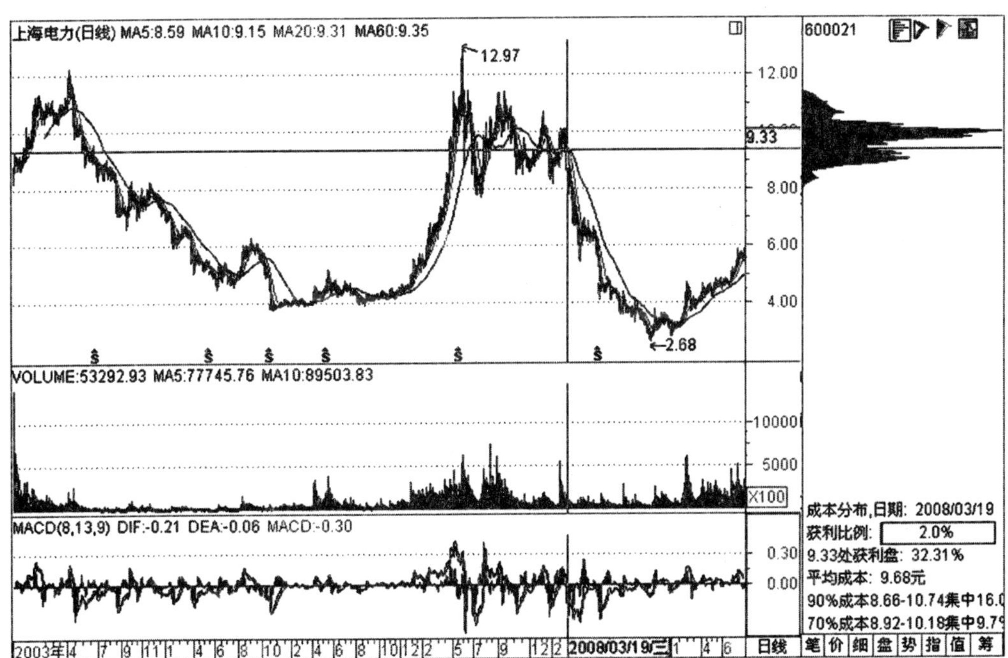

十五、解析高位单峰密集不断

1. 表述

当个股开始下跌时，如果高位的单峰密集形态没有被充分转换到低位单峰密集形态，那么下跌的趋势将无法遏止。

2. 说明

（1）股价虽然大幅下跌，但是如果高位套牢盘仍然大量存在，则说明空方能量没有被消耗掉，上升行情不会出现。

（2）即使高位套牢盘全部被消灭，但是如果没有在低位形成新的单峰密集形态，股价还是会继续下跌，因为主力尚未入场吸筹或吸筹尚不充分。

（3）只有当低位形成新的单峰密集形态后才意味着新主力筹码搜集工作告一段落，才说明个股可能止跌企稳，也才有可能产生一轮新的上涨行情。

（4）对于出现下跌多峰密集形态的个股，如果要抢反弹做短线，须注意顶部密集成交区的阻力。

下图中，该股在高位形成了大量的换手率，产生了高位单峰密集形态，说明主力已经将底部大量筹码与追高散户进行了换手；随即主力大肆抛售筹码，致使该股快速下跌，移动成本自然趋于发散状态；随后该股出现了一波反弹行情，但原来高位单峰密集形态中的成交量还没有完全转换掉。虽然原来高位单峰密集形态中的成交量已经完全转换掉，但没有形成新的低位单峰密集形态，说明没有新主力进场或新主力没有完成筹码的收集工作，后期该股将继续下跌。

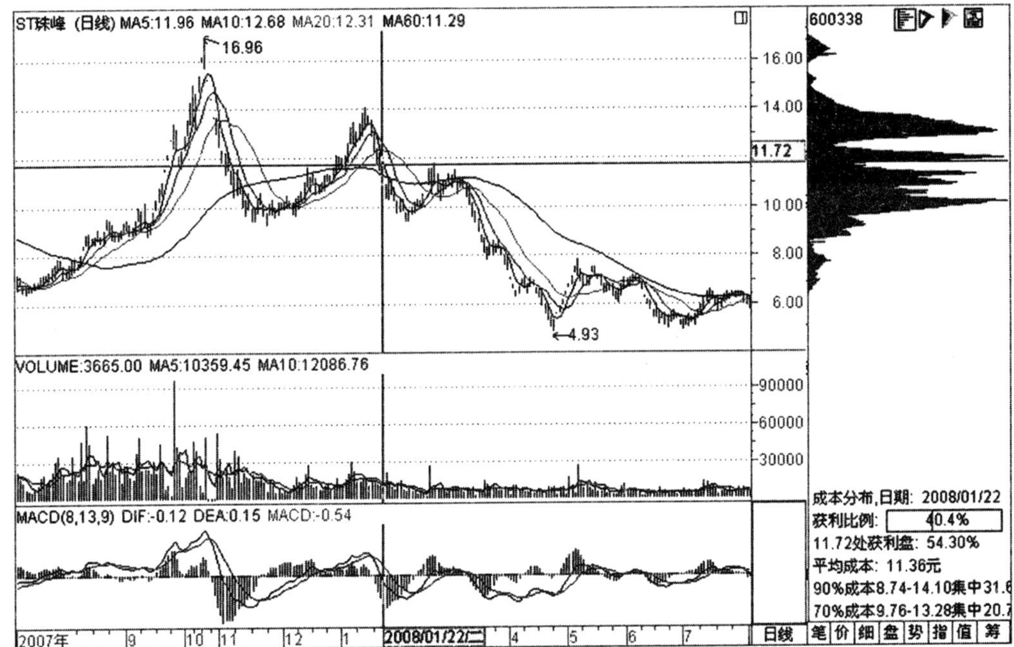
ST珠峰 (日线) MA5:11.96 MA10:12.68 MA20:12.31 MA60:11.29
16.96
4.93
16.00
14.00
11.72
10.00
8.00
6.00
VOLUME:3665.00 MA5:10359.45 MA10:12086.76
90000
60000
30000
MACD(8,13,9) DIF:-0.12 DEA:0.15 MACD:-0.54
2007年 9 10 11 12 1 2008/01/22/二 4 5 6 7
日线
600338
成本分布,日期: 2008/01/22
获利比例: 40.4%
11.72处获利盘: 54.30%
平均成本: 11.36元
90%成本8.74-14.10集中31.6
70%成本9.76-13.28集中20.7
笔 价 细 盘 势 指 值 筹

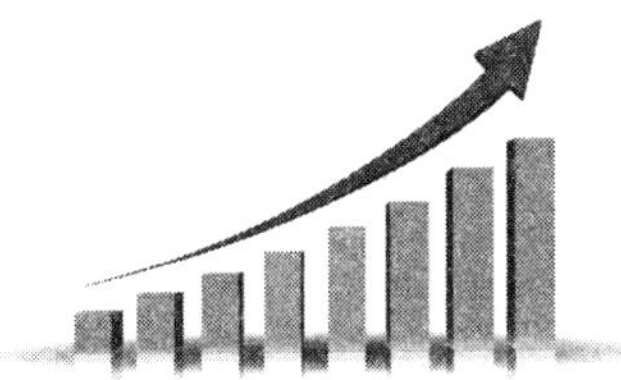

均线图实战解析

一、解析均线分类

移动平均线的理论基础来自道氏理论的“平均成本“概念，而道氏理论将股价的波动情形依照时间的长短划分为基本趋势、次级趋势和短暂趋势三种，所以移动平均线也可以分为长期移动平均线、中期移动平均线和短期移动平均线，以研判股价的长期、中期和短期变动趋势。

不论是短期均线、中期均线还是长期均线，其本质上都是在反映股票在不同时间周期里的平均交易价格。交易者可以从不同的时间角度去察看现有的股价比过去是便宜还是贵了，过去的交易者现在是获利丰厚还是处于套牢状态，并由此决策目前股票值不值得买卖的问题。

在行情分析软件上，均线随同1分钟K线、5分钟K线、10分钟K线、15分钟K线、30分钟K线、60分钟K线、日K线、周K线、月K线、45日K线、季K线、年K线一同出现。如同成交量一样，它们也构成了股价分析的基石。

移动平均线通常要放在以日为周期的K线图上进行分析才有效果。如果以日为周期的话，移动平均线可以分为以下三类，即使还有其他分法，也不过是时间周期不同罢了，而适合的时间周期是需要交易者自行调试的。

1. 短期均线

短期均线包括3日、5日、7日、10日、13日、15日、17日、20日、21日、25日和30日均线等。

2. 中期均线

中期均线包括34日、40日、45日、50日、55日、60日、65日、70日、75日、80日、85日、89日和90日均线等。

3. 长期均线

长期均线包括100日、110日、115日、120日、125日、144日、150日、180日、200日、233日、250日和255日均线等。

如下图，10日、20日均线为短期均线，离股价较近，60日均线为中期均线，120日均线为长期均线，离股价最远。

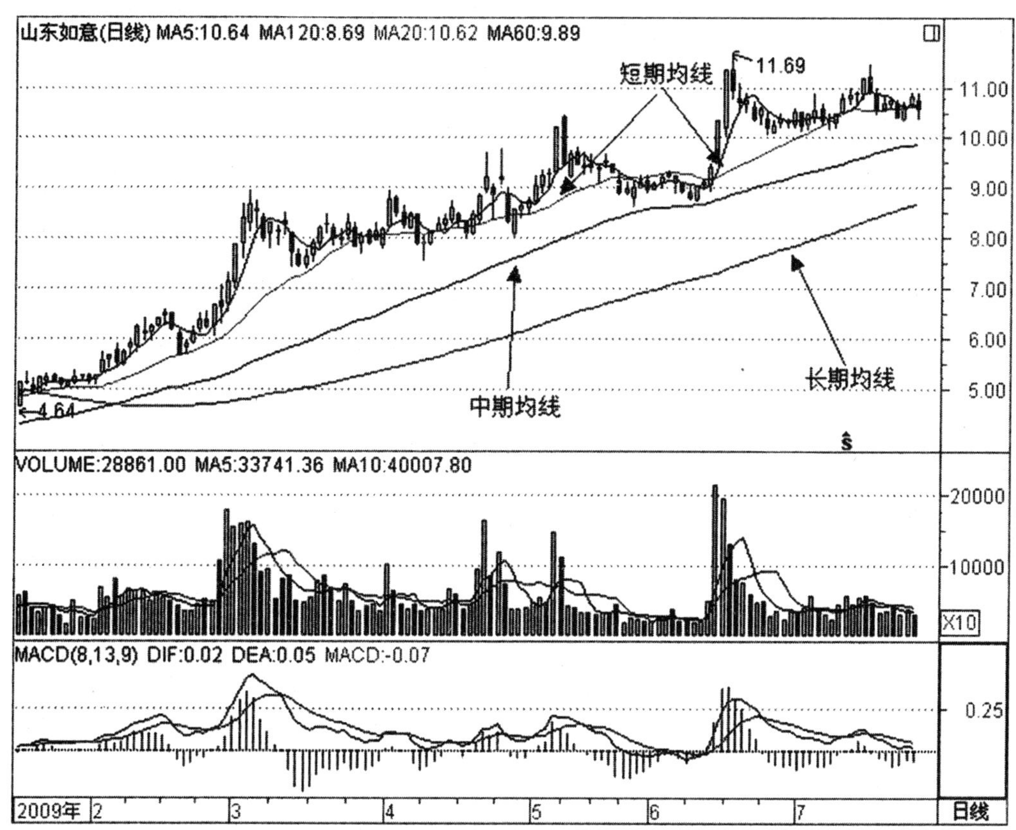

二、解析均线意义

1. 短期均线

在各类短期均线中，比较常用的有3日、5日、10日、20日和30日均线。

①3日均线。3日均线一般是行情分析软件中最短时间周期的均线。由于计算的时间周期短，3日均线常随股价而敏感地波动，不能很好地起到价格平滑的作用。一般而言，懂得了K线分析后，3日均线是没有什么意义的，K线本身就

是超短线技术分析的利器。这里列出3日均线，仅作了解之意。

②5日均线。股票每周正常的交易日为5日（周六和周日休市），5日均线对应着一周交易的平均价格。而在实际生活和工作中，人们的计划往往也是以周为时间单位的，所以，不少交易者将5日均线作为短期移动平均线的研判周期线。只要股价不跌破5日均线，就说明该股处于极强势状态。

③10日均线。10日均线又称半月线，它是股票连续两周交易的平均价格，是考察股价在半个月内走势变化的重要参考线。相比于3日均线和5日均线，10日均线少了随股价频繁起伏的缺点，又能及时和准确地反映短期平均股价的变动情况，因此常被交易者用作短线进出的依据。只要股价不跌破10日均线，就说明该股还处于强势状态。

④20日均线。20日均线又称月线，标志着股价在过去一个月中的平均交易价格达到了怎样的水平，在这一个月中，市场交易者是处于获利状态还是被套状态。20日均线是考察股价短期走势向中期走势演变的中继线，很多交易者将20日均线和10日均线组合使用，以研判股价的短期运动趋势。

⑤30日均线。30日均线具有特殊的重要性，它是股价短期均线和中期均线的分界线，日常使用的频率非常高，常被用来与其他均线组合使用，作为中短期买卖股票的重要依据。有一种说法得到了业内的普遍认同，即30日均线是短线主力的护盘线。这意味着当股价向上突破30日均线时，是市场短线主力进场的表现，只要股价一直运行在30日均线之上，就说明短线主力仍在其中，短期上升行情没有结束；而当股票经过一段较长时间的上涨后，一旦30日均线被股价向下突破，则可能预示着短线主力已经出局，但这不意味着该股从此走弱，还要看有无其他中长线主力在此运作（有些短线主力也会以25日均线或34日均线作为短期的护盘线）。

2. 中期均线

在各类中期均线中，较常用的有45日、60日、90日均线。

①45日均线。一般而言，一个月的交易时间是22天，那么45日均线基本上等于两月线。这条均线位于中期均线的前端，是一条承接短期均线和中期均线的中继线。它对于研判股价的中期行情，常常起到先知先觉的作用，在中期均线的组合中使用得比较多，混合使用的概率小。

②60日均线。60日均线意味着3个月的市场平均交易价格线，也被称为季度线。这条均线是各类中期均线的分界岭，对于判断股价中期走势起到重要的作用。在多数情况下用于中期均线的组合中，混合使用的概率较小。

③90日均线。90日均线是中期均线和长期均线的前端信号线，其特点是走势平滑、有规律，比各类短期均线滤噪性强、平稳性高，又比各类长期均线敏感度高、转折点清晰。因此，90日均线常被交易者用作判断股价中期运行趋势的重要依据。90日均线也常常被主力相中，当作其中期的护盘线。即当股价向上突破90日均线时，意味着中线主力开始进场，只要股价一直运行在90日均线之上，就说明中线主力仍在其中，中期上升行情没有结束；而当股价经过一段较长时间的上涨后，一旦90日均线被股价向下突破，则可能预示着中线主力已经出局。但这不意味着该股从此走弱，还要看有无其他长线主力在此运作（有些中线主力也会以75日均线或100日均线作为中期的护盘线）。

3. 长期均线

在各类长期均线中，比较常用的有120日、200日、250日均线。

①120日均线。120日均线又称半年线，是股价中期均线和长期均线的主要分界线。它的使用频率不仅在长期均线组合中比较高，而且也常被用来混合使用，以察看股价长期运行趋势的状况。一般而言，在下降趋势中，它是年线的最后一道护身符；而在上升趋势中，它又是年线的前一个挡箭牌。半年线被股价突破的市场震撼力比较大，它意味着股价将进入基本上升趋势或基本下降趋势的状态。

②200日均线。200日均线通常是西方技术分析中股价长期趋势的看门线，如同国内股市中的年线。200日均线最早由美国股市分析专家葛兰碧提出，同时也提出了著名的葛兰碧移动平均线八大法则。该法则在证券市场上具有普遍的判研意义。因此，西方交易者多数将200日均线作为其长期投资的决策依据。不过在我国，200日均线的拥护者并不普遍，它的重要性被年线所代替。

③250日均线。250日均线又称为年线，是股价运行一年后的市场平均交易价格的反映。它是股市长期走势的生命线，也是“牛熊分界线”，是判断牛市是否形成或熊市是否来临的主要依据。即当股价有效跌破250均线时，说明熊市来临；当股价有效上穿250均线时，说明牛市来临。250日均线常被主力相中作为长

线交易的护盘线。当股价始终运行在250日均线以上时，说明市场有长线主力在该股中运作；而当股价有效跌破250日均线时，通常意味着该股中的长线主力已经离场（有些长线主力也会以225日均线或255日均线作为长期的护盘线）。

如下图，箭头所指120日均线转折处为重要的牛熊趋势转换，是股价长期走势的重要生命线。

三、解析均线组合

均线的预测意义往往是通过各种均线组合来实现的。代表不同时间周期的平均交易价格放在一起参考时，可以更好地分析出市场多、空双方的士气和意图。

1. 专项均线组合

专项均线组合是将周期相近的几根均线放在一起进行专项判断的方法。专项判断的对象是股价的短期趋势、中期趋势和长期趋势，不同交易风格的操作者往往只盯住一个专项来研究。专项均线组合可以分为短期均线组合、中期均线组合和长期均线组合这三种。

①短期均线组合。常见的短期日均线组合为：5日、10日、20日、30日均线。

短期日均线组合主要是用来研究股价的短期变动趋势的，它的时间跨度视趋势是否会反转而可能是半个月，也可能是3个月。这些均线组合具有对股价变化敏感和反应迅速的优点，是短线交易者重要的均线参考依据。

②中期均线组合。常见的中期均线组合为：45日、60日、75日、90日均线。

中期日均线组合主要是用来研究股价的中期变动趋势的，它的时间跨度视趋势是否会反转而可能是1个月，也可能是6个月。这些均线组合对股价变化不会太敏感，具有平稳起落的优势，是中线交易者重要的均线参考依据。此时，股价短期波动将被交易者视为“波动噪音”而不予以重视。

③长期均线组合。常见的长期H均线组合为：120日、150日、180 日、250日均线。

长期日均线组合主要是用来研究股价的长期变动趋势的，它的时间跨度视趋势是否会反转而可能是3个月，也可能是24个月。这些均线组合对股价变化比较迟钝，且过于稳重，但却是长线交易者的均线参考依据。通常而言，长期均线组合不是用来指导交易的，而是用来判断某个长期趋势是否开始发生反转的论据。如果交易者坚持只有在各长期均线形成多头排列时才买入的原则，那么在中国股市里，只能在1991年、1996年、1999年、2006年这四年才有入场的机会。显然，如此少的交易机会是令交易者不满意的，而太晚的卖出时机则更会令交易者难以获利。

2. 混合均线组合

混合均线组合是将周期比较远的几根均线放在一起进行参考的方法。即从短、中、长期均线中各取几根均线一起放置，以察看当前股价处于哪根关键的均线位置，并由此判断股价趋势的走向。混合均线组合可分为日均线混合、周均线混合和月均线混合这三种。

①日均线混合。软件系统默认的日均线混合为：5日、10日、20日、60日均线。一般常用的日均线混合为：5日、30日、90日、250日均线。该方法结合了超短线主力、短线主力、中线主力、长线主力的护盘重心，行使起来比较稳妥，是较为中庸的应用方案。

②周均线混合。软件系统默认的周均线混合为：5周、10周、20周、60周均线。系统默认的均线参数往往也是最大众化的应用方案，获得了市场的高度认同，得到了普遍的推广应用，可以以之作为参考条件。

③月均线混合。软件系统默认的月均线混合为：5月、10月、20月、60月均线。该方法也是大众化的应用方法，但由于国内股票交易数据的提供时间比较短（就目前来说尚不足20年），且股票投机性强，股价易频繁变动，因此用月均线混合来判断股价趋势并不适合。

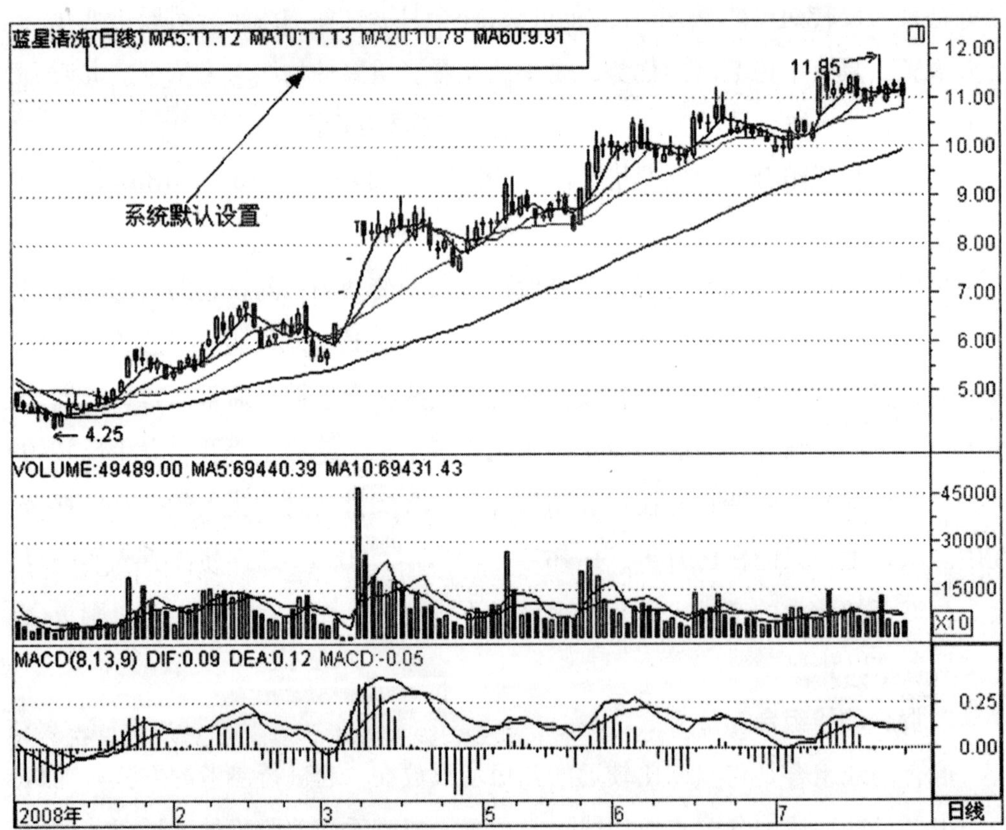

以上各类均线组合或混合都是比较常见的类型，交易者最好是根据自己的短、中、长线的交易风格进行具体的时间周期设置，应以符合常理为主，因为主力操盘手也是根据常规日期来琢磨和影响大众交易者的。如果交易者不会设置或不愿设置时间周期，那么软件默认的各类均线也可以用来作买卖参考。

如上图，一般系统默认的设置为5日、10日、20日、60日均线的混合组合，这是一种相对均衡实用的设置。

四、解析均线助推

“均线的助推”是指不同周期的均线在股价的上升趋势或下降趋势中，表现出跟随趋势、同步运行的现象。均线的助推是均线最基本的功能。具体来说，当股价处于明显的上升趋势时，短期均线会拉动中、长期均线上扬，同时，中、长期均线的上扬又会给短期均线提供支撑的作用，支持短期均线继续推进。此时，“均线助推”主要表现为短期均线会在长期均线的惯性推动下，沿着长期均线的运行方向继续前进。

均线的助推形式包括向上助推和向下助推。向上助推是指各类均线都往上走，相互影响；向下助推是指各类均线都往下走，相辅相成。

1. 向上助推

当股价处于明显的上升趋势时，各类均线均处于同步上扬的状态，此时短期均线对股价继续上涨有较强的助推作用，而中、长期均线的稳步上升，也意味着不同时期入市的交易者的购买价格都在提升，市场的筹码处于不断轮换的阶段，这将有助于短期均线继续走强。

2. 向下助推

当股价处于明显的下降趋势时，各类均线均处于同步下降的状态。此时短期均线对股价继续下跌有较强的助推作用，而中、长期均线的稳步下降，也意味着不同时期入市的交易者的购买成本都处于亏损状态，这种不良氛围将导致短期均线继续走弱。

如下图，股价处于明显的上升通道时，各类均线上助推作用明显，股价处于明显的下降通道时，各类均线下助推作用明显。

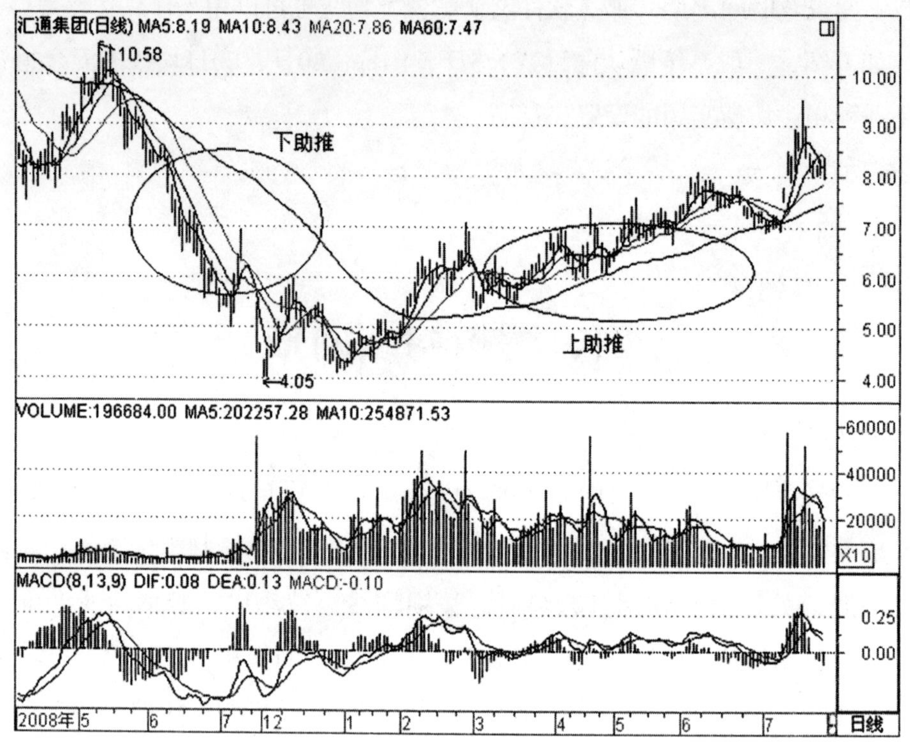

五、解析均线修复

“均线的修复”是指不同周期的均线在实际运行当中，会出现短期均线向中、长期均线回归的现象。

具体来说，当股价快速上升时，短期均线会快速脱离中、长期均线的纠缠，跟随股价一路高攀，形成过度偏离中、长期均线的情况，但到了一定的阶段，当快速增长的获利盘开始了结时，股价必然会减速运行并进入调整阶段，此时的短期均线就会开始掉头向中、长期均线靠拢，这就是均线的修复现象。

均线修复的形式包括主动修复和被动修复。主动修复是指短期均线主动向中、长期均线回归的现象，而被动修复则是指中、长期均线被动地向短期均线靠近的现象。即股价均以长期趋势为母，以短期趋势为子。

1. 主动修复

主动修复是指当股价的短期均线过度偏离中、长期均线以后，经过一段时间的股价减速运行，短期均线会主动向中、长期均线回归的现象。这种修复通常出现在股价阶段性的顶部或底部。有时候，这种主动性修复往往也表现为均线的背离，见后面“均线的背离”。

2. 被动修复

被动修复是指当股价的短期均线过度偏离中、长期均线以后，股价在做横向整理运动，短期均线也进入了横向延伸阶段，使中、长期均线被动地向短期均线靠拢的现象。这种修复通常出现在股价上升途中或下降途中。

如下图，该股股价在2月快速拉升，短期均线快速脱离中、长期均线，跟随股价一路高攀，但这种状况难以持久，随后股价回落到中期均线附近。

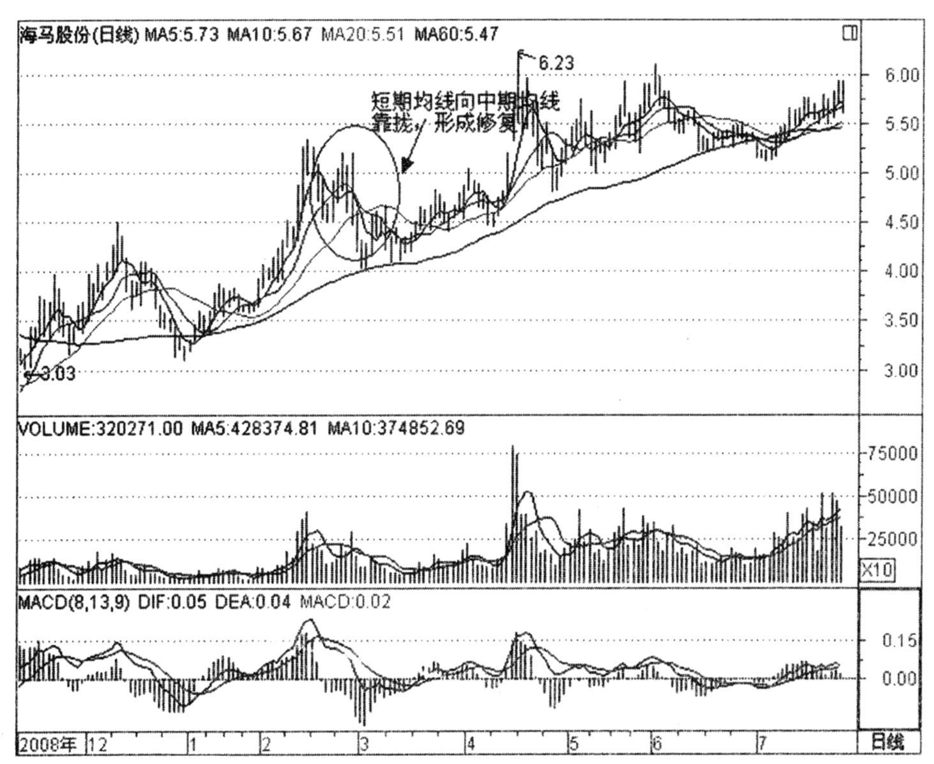

六、解析均线背离

“均线的背离”是指不同周期的均线在实际运行当中，短期均线与中、长期均线的运行方向相反，从而形成背离的现象。当股价处于上升趋势或下降趋势的末端时，短期均线将会与原趋势方向相反，即与中、长期趋势的现有方向相反，这时就出现了均线背离的现象。

均线的背离形式包括顶部背离和底部背离。顶部背离是指短期均线下行时与长期均线的上行方向相反，底部背离是指短期均线上行时与长期均线的下行方向相反。

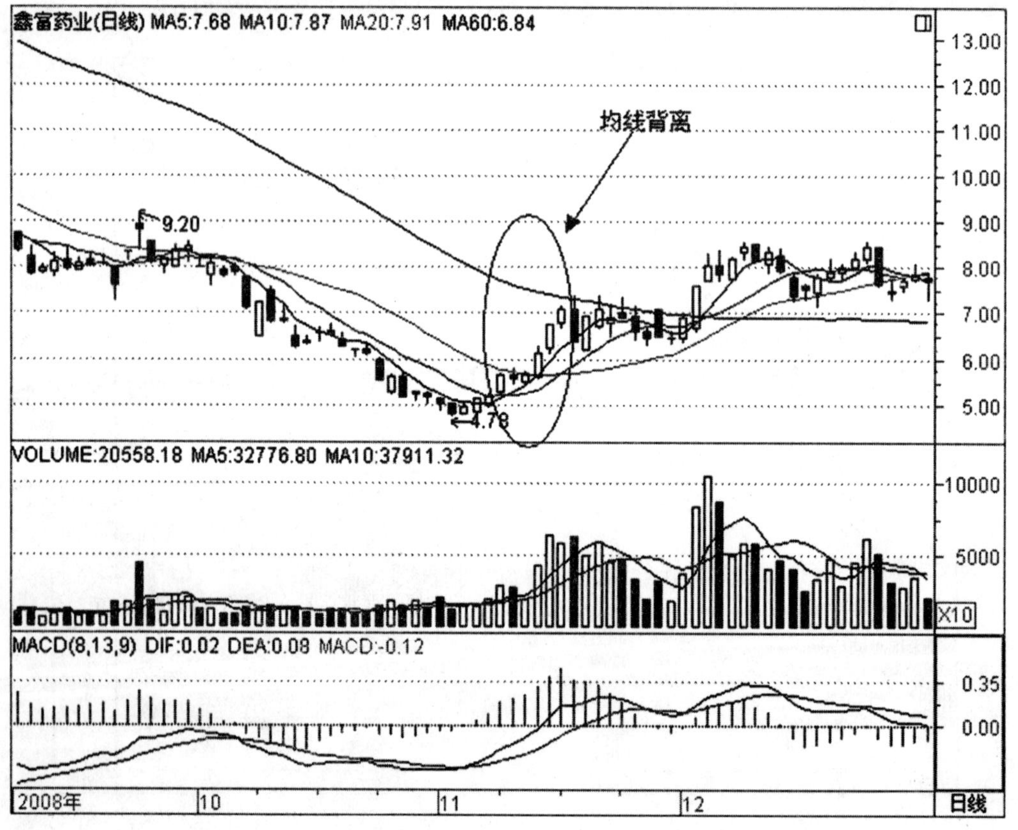

1. 顶部背离

当股价处于阶段性的高位后，往往会开始向下整理，短期均线也将随之下行，但此时的中、长期均线可能还在上行的状态。当短期均线向下突破中期均线时，该运行方向将与股价的长期均线方向相反，与长期均线相互背离。

2. 底部背离

当股价处于阶段性的低位后，往往会开始向上攀升，短期均线也将随之上行，但此时的中、长期均线可能还在下行的状态。当短期均线向上突破中期均线时，该运行方向将与股价的长期均线方向相反，与长期均线相互背离。

如下图，该股股价在长期下跌后于2008年11月开始企稳向上，短期均线也随之拐头向上，但是中长期均线仍维持向下的走势，此时就构成了均线背离。

七、解析均线服从

“均线的服从”是指不同周期的均线在股价上升趋势或下降趋势即将出现反转的时候，短期均线走势受制于中期均线，中期均线走势受制于长期均线，从而形成各类均线同步运行的现象。

当均线出现了背离时，它将何去何从？这时均线的服从作用就体现出来了。具体来说，如果股价运行趋势在其末端出现了反向的信号，那么短期均线将受长期均线的影响，保持和长期均线的相同方向；同理，日均线的运行趋势将开始向周均线的运行趋势看齐，周均线的运行趋势将开始向月均线的运行趋势看齐。

均线服从的形式包括向上服从和向下服从。即长期均线向上运行时，短期均线在背离后多数还是会继续向上运行；长期均线向下运行时，短期均线在背离后多数还是会继续向下运行。

1. 向上服从

当股价处于上升趋势时，各类短、中、长期均线均处于上扬状态，即使短期均线跟随股价向下调整，致使中期均线开始走平，但长期均线往往还处于上扬状态。一旦短期均线靠近中期均线，将会获得支撑而折转上行；或者短、中期均线在靠近长期均线时，将会获得支撑而开始折转上行（但如果股价已经处于反转状态，那么短期均线会下穿中期均线，中期均线会下穿长期均线）。

2. 向下服从

当股价处于下降趋势时，各类短、中、长期均线均处于下降状态，即使短期均线跟随股价向上反弹，致使中期均线开始走平，但长期均线往往还处于下降状态。一旦短期均线靠近中期均线，将会遇到阻力进而掉头下行；或者短、中期均线在靠近长期均线时，将会遇到阻力并进而掉头下行（但如果股价已经处于反转状态，那么短期均线会上穿中期均线，中期均线会上穿长期均线）。

如下图，该股股价在长期下跌的趋势中，短期均线被中长期均线压制，服从于中长期均线，在长期上升的趋势中，短期均线被中长期均线推托，也服从于中长期均线。

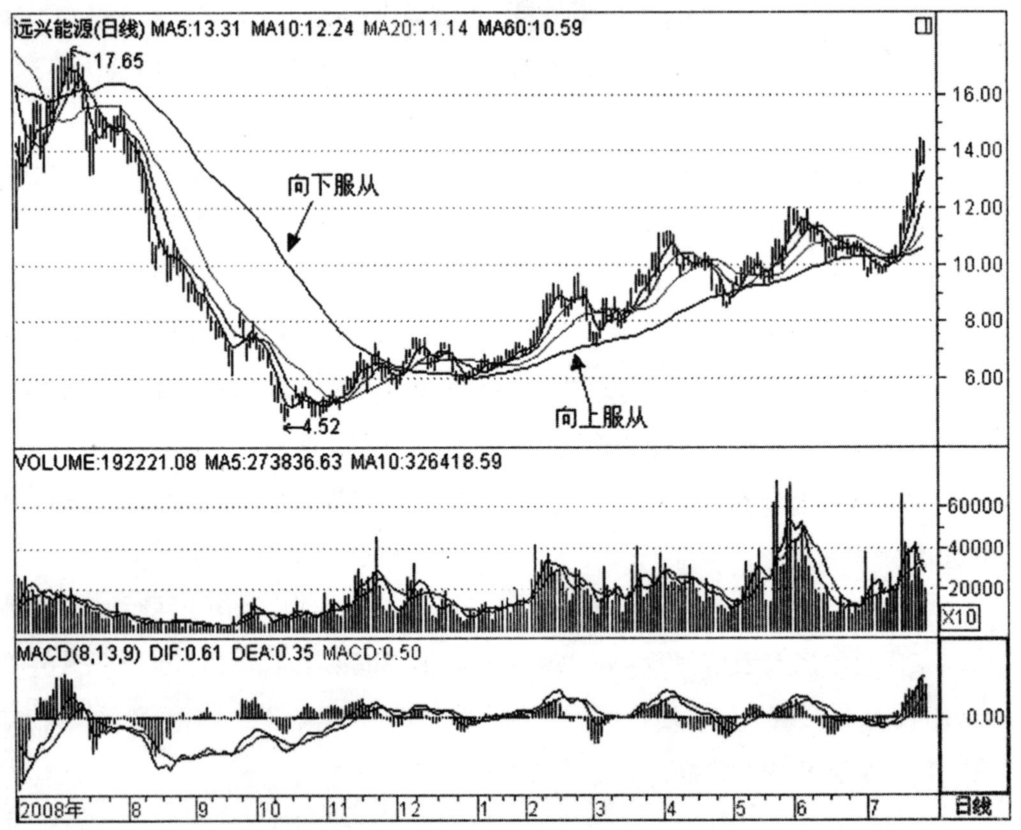

八、解析均线粘连

“均线粘连”是指不同周期的均线在处于收敛状态后的一段时期内，三条甚至更多条均线相互纠缠在一起，几乎呈水平状态地往后延伸的现象。

这种现象意味着长期的买入平均价格和短期的买入平均价格非常接近，如果前期股价处于上升趋势，那么现在的股价已经降到了过去的平均水平；如果前期股价处于下降趋势，那么现在的股价已经升到了过去的平均水平。这些都是股价趋势即将变盘的信号，值得交易者重点关注。但需要注意，短期日均线组合（5~30日）容易产生粘连的现象，判研的价值较弱。

当均线出现粘连的现象时，往往前期已经经过了背离的状态，且体现了均线服从的含义。当几条均线在某段时期内一直在一个狭小的波动区间纠缠时，往往意味着此时已经产生了研究“变盘”的价值。预测均线粘连后的趋势变盘方向，可以根据以下几个因素来判断：

1. 股价前期涨跌幅度

如果均线在粘连以前，股价前期的涨幅已经很大，那么此时股价向下的可能性较大。如果股价前期涨幅较小，那么此时股价向上的可能性较大；如果均线在粘连以前，股价前期跌幅很大，那么此时股价向上的可能性较大。如果股价前期跌幅较小，那么此时股价向下的可能性较大。

2. 股价的运行角度

如果均线在粘连以前，股价向上运行的角度比较陡峭（如70度以上），则此时股价向下的可能性较大。如果股价前期向上运行的角度比较平缓，则此时股价向上的可能性较大；如果均线在粘连以前，股价向下的运行角度比较陡峭（如70度以上），则此时股价向上的可能性较大。如果股价前期向下运行的角度比较平缓，则此时股价向下的可能性较大。

3. 股价横盘的时间

如果股价在5~30日甚至更长的时间内纠缠着横向延伸时，说明前面的涨跌角度已经被市场消化了，市场在等待契机寻求新的突破方向。此时，股价基本上是在±5%的幅度内进行波动，对这个区间内的均线支撑或均线阻力做更细致的分析已没有什么意义，关键是要看股价是否会带量向上突破这个盘整的价格区间，如果是，那么可以判断出股价趋势即将变盘向上；如果股价向下突破盘整的价格区间，则说明股价趋势即将变盘向下。

至于均线粘连后趋势变盘中股价的涨跌幅度，则跟均线粘连的时间有一定的关系。均线粘连时间越长，说明趋势酝酿变盘的时间越长，股价上涨或下跌的空间就会越大。

但要注意，很多技术分析手段（包括均线分析）对于前期涨幅巨大的老庄股或基本面严重恶化的个股将失去作用，因为它们的跌幅不仅很深，而且跌势往往无休无止，主力一旦出局，该股将长期无所作为。

如下图，该股股价2009年1月和6月均出现了短期均线、中长期均线粘连的情况，意味着长期的买入平均价格和短期的买入平均价格非常接近，即将变盘。果然在粘连后不久股价就出现大幅拉升。

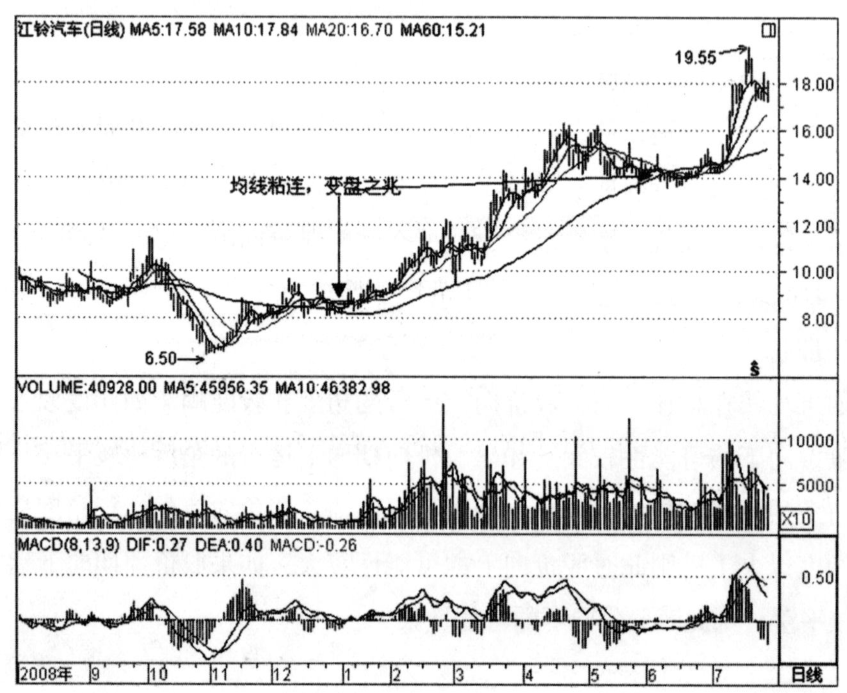

九、解析均线扭转

“均线扭转”是指不同周期的均线在某一时段可能处于相互纠缠和粘连、交易价格趋于一致的现象，但短期均线终究会打破僵局，率先突围。

均线的扭转有其特定的背景，那就是当时的各类均线非常集中，在一个波幅很窄的区间来回起伏，时而短期均线向下突破中期均线，时而短期均线又快速向上突破中期均线，形成了粘连僵持的状态。但最后短期均线终究会向上扭转或向下扭转，脱离纠缠的区域。

均线的扭转形式包括向上扭转和向下扭转。

1. 向上扭转

当股价的各类均线处于纠缠僵持的状态时，它们的运行方向可能略微向上，也可能略微向下，或者横向延伸，但最终短期均线会大幅向上扭转，一举突破现有的纠缠状态。如果当时股价比较低而突破被证明是有效和有力度的，那么股价后期走势将被看好。

2. 向下扭转

当股价的各类均线处于纠缠僵持的状态时，它们的运行方向可能略微向上，也可能略微向下，或者横向延伸，但最终短期均线会大幅向下扭转，一举突破现有的纠缠状态。如果当时股价比较高或市场氛围不理想，其突破又被证明是有效和有力度的，那么股价后期走势往往比较糟糕。

如下图，该股股价2009年1月、3月和6月均出现了短期均线、中长期均线粘连的情况，但是在粘连后不久股价就出现大幅拉升，短期均线脱离了中长期均线，实现了向上扭转。

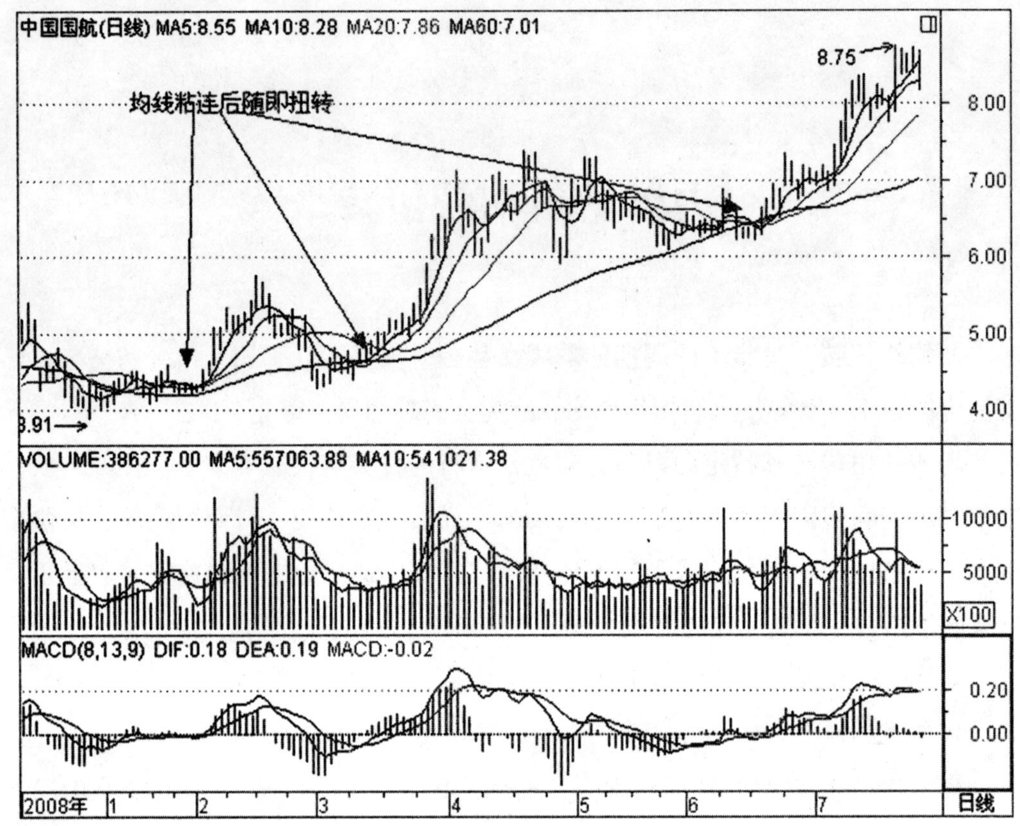

十、解析均线平行

“均线的平行”是指不同周期的均线出现收敛或粘连现象后开始发散前进，最后几乎形成平行的排列状态。

均线的平行意味着股价在均线发散后的运行速度比较稳定，运行角度几乎不变，导致各周期内交易者买入的价格保持匀速上升或匀速下降的状态。它预示着股价将在各类均线的惯性推动下，沿着各均线的同一方向前进。

均线的平行形式主要包括向上平行和向下平行。

1. 向上平行

向上平行是指均线发散性的向上运动后，经过一段时间，各均线近乎呈等距离的同步上扬状态。具体表现为短期均线贴近K线运行，中期均线保持着和短期均线适当的距离同步上扬，长期均线也保持和中期均线适当的距离同步上扬，形成齐头并进的、平行（或发散）向上的现象。这种现象通常称之为“多头排列”，是完美的股价上升趋势形态。

2. 向下平行

向下平行是指均线发散性的向下运动后，经过一段时间，各均线近乎呈等距离的同步下沉状态。具体表现为短期均线贴近K线运行，中期均线保持着和短期均线适当的距离同步下沉，长期均线也保持和中期均线适当的距离同步下沉，形成齐头并进的、平行（或发散）向下的现象。这种现象通常称之为“空头排列”，是股价明显的下降趋势形态。

对于均线平行的判研，一般有以下三种方式。需要注意的是，短期均线组合（5～30日）最容易产生均线平行的现象，而且持续时间较短，因而判研的价值较小。

1. 均线运行的角度

当均线向上平行时，如果其运行的角度比较陡峭（如70度以上），那么它会对股价上行起到助涨的作用，加快股价的上涨速度，但同时也会减弱对股价的支撑力度，使股价容易向下突破。如果均线向上平行时的角度比较平缓，那么其作用的程度有所降低。

当均线向下平行时，如果其运行的角度比较陡峭（如70度以上），那么它会对股价下降起到助跌的作用，加快股价的下跌速度，但同时也会减弱对股价的压制力度，使股价容易向上突破。如果均线向下平行时的角度比较平缓，那么其作用的程度有所降低。

2. 均线平行的时间

均线平行的时间越长，股价趋势发生反转的概率就越大；均线平行的时间越短，股价趋势发生反转的概率就越小。此外，均线平行的时间越长，趋势发生反转后股价的涨跌幅度就越大；均线平行的时间越短，趋势发生反转后股价的涨跌幅度就越小。

3. 均线之间的距离

当均线向上平行时，意味着不同时间的买入价格在同步递增，这对未来股价的下跌能起到很好的支撑作用。均线平行时，相互间隔的距离越大，则均线支撑力的分布范围越广，能对股价的下跌构成层层支撑，防止股价快速跌破长期均线；如果均线之间的间隔距离较小，则均线支撑力的分布范围就相对集中，对股价下跌的支撑面就比较小，股价就有可能快速跌穿长期均线。

当均线向下平行时，意味着不同时间的买入价格在同步递减，这对未来股价的上升会起到很强的压制作用。均线平行时，相互间隔的距离越大，则均线压制力的分布范围越广，能对股价的反弹构成层层障碍，阻止股价快速上穿长期均线；如果均线之间的间隔距离较小，则均线压制力的分布范围就相对集中，对股价反弹的压制面就比较小，股价就有可能快速上穿长期均线。

如下图，该股股价2007年的主升浪中出现了各均线近乎呈等距离的同步上扬状态。具体表现为短期均线贴近K线运行，中期均线保持着和短期均线适当的距离同步上扬，形成齐头并进的、平行（或发散）向上的“多头排列”现象，是完美的股价上升趋势形态。

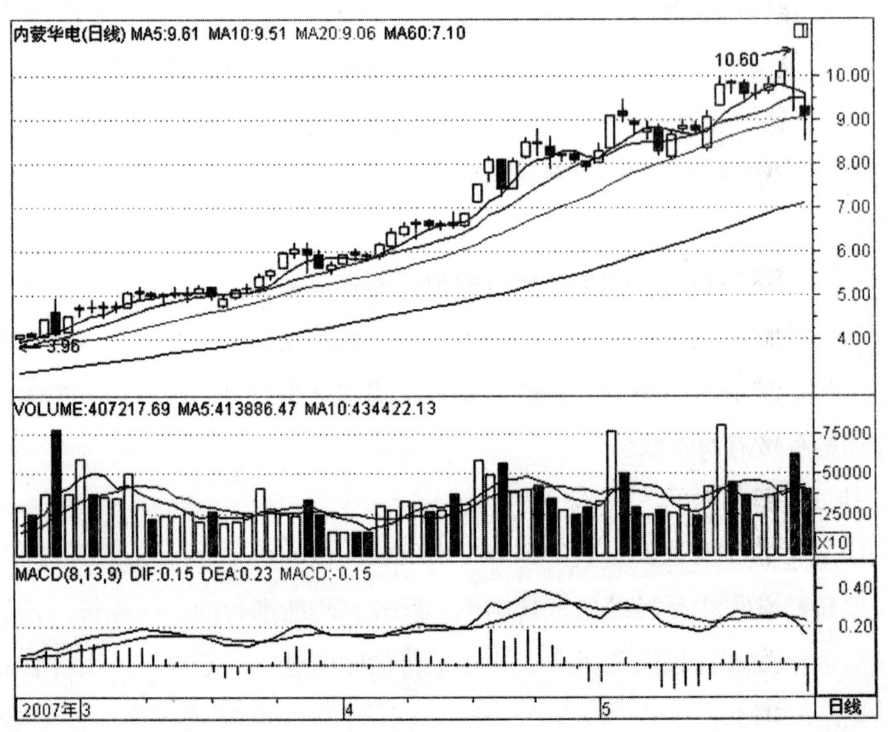

均线实战口诀一：金叉死叉是个宝，去伪存真才能炒

口诀要点

均线也有很强的选股作用，即当某只个股短期、中期以及长期均线指标黏合交叉时，往往意味着该只个股蕴含巨大的投资机会：金叉做多，死叉做空。

口诀详解

移动平均线还有两种特殊的形态：黄金交叉和死亡交叉。

上升行情初期，短期移动平均线从下向上突破中长期移动平均线，形成的交叉叫黄金交叉。预示股价将上涨：5日均线上穿10日均线形成的交叉；10日均线上穿30日均线形成的交叉均为黄金交叉（见下图一）。

当短期移动平均线向下跌破中长期移动平均线形成的交叉叫作死亡交叉。预示股价将下跌。5日均线下穿10日均线形成的交叉；10日均线下穿30日均线形成的交叉均为死亡交叉（见下图二）。

那么，短周期与中场周期移动平均线各指什么呢？一般来说无论是哪种均线组合，人们总习惯地将日子最少的1根均线称之为短期均线，日子最长的1根均线称之为长期均线，余下的那根均线称之为中期均线。

短期均线组合：最常见有5日、10日、20日和5日、10日、30日两种组合。

这两种短期均线组合就其技术意义和使用规则来说是相同的，效果都不错。目前市场上用的人很多。短期均线组合主要用于观察股价（股指）短期运行的趋势，例如1个月到3个月股价走势会发生什么变化。一般来说，在典型的上升通道中，5日均线应为多方护盘中枢，不然则上升力度有限：10日均线则是多头的重要支撑线，10日均线被有效击破，市场就可能转弱。在空头市场中，人气低迷时，弱势反弹阻力位应是10日均线：20（30）日均线是衡量市场短、

日线 浦发银行 MA5: 23.08 MA10: 23.46 MA30: 22.99
24.58
MA5
MA30
MA10
10日均线上穿30
日均线形成金叉
5日均线上穿10
日均线形成金叉
17.66

图一

日线 白云机场 MA5: 8.92 MA10: 8.84 MA30: 8.96
11.32
5日均线下穿10
日均线形成死叉
5日均线下穿30
日均线形成死叉
10日均线下穿30
日均线形成死叉
MA10
MA5
MA30
8.47

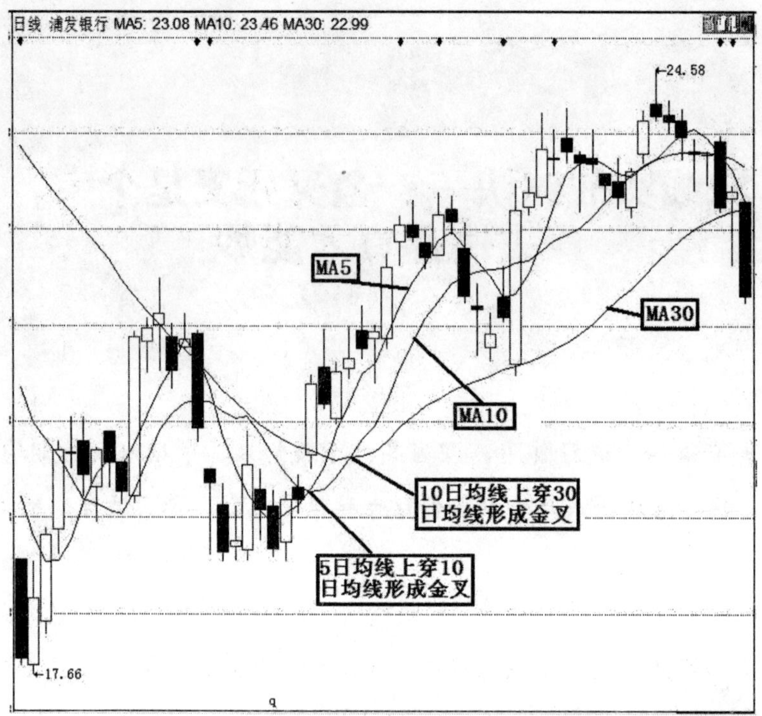

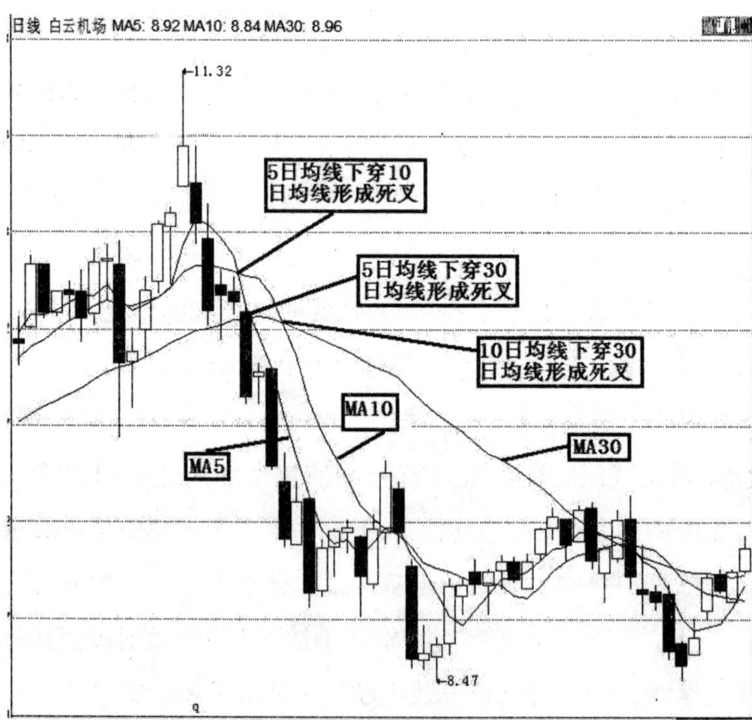

图二

中期趋势强弱的重要标志，20（30）日均线向上倾斜时可短期看多，做多;20（30）日均线向下倾斜时，则短期看空，做空。

中期均线组合：最常见的有10日、30日、60日和20日、40日、60日两种组合。

中期均线组合主要用于观察大盘或个股中期运行的趋势，例如3个～6个月大盘或个股走势会发生什么变化。一般来说中期均线组合呈多头排列状态，说明大盘或个股中期趋势向好，这时投资者中期应看多，做多：反之，当中期均线组合呈空头排列状态时，说明大盘或个股中期趋势向淡，这时投资者中期应该看空，做空。从实战意义上来说，用中期均线组合分析研究大盘或个股的趋势比短期均线组合来得准确可靠。例如，在大盘见底回升时，如你对反弹还是无法把握，中期均线组合就会给你很大帮助。当30日均线上穿60日均线时，会出现一次级别像样的中级行情，当中期均线组合粘合向上发散常常预示着大行情的来临。可见，了解和懂得中期均线组合的作用和使用技巧，对投资者来说是非常重要的。

长期均线组合：最常见得有30日，60日、120日和60日、120日、250日两种组合。

长期均线组合主要用于观察大盘或个股的中长期趋势，例如，半年以上的股价走势会发生什么变化。一般来说，当长期均线组合中的均线形成黄金交叉，成为多头排列时，说明市场对大盘或个股长期趋势看好，此时投资者应保持长多短空的思维，遇到盘中震荡或回调，就要敢于逢低吸纳;反之，当长期均线组合中的均线出现死亡交叉，成为空头排列时，说明市场对大盘或个股中长期趋势看淡，此时投资者应保持长空短多的思维，遇到盘中震荡或弹升，就要坚持逢高减磅。

在应用均线金叉、死叉买卖股票时，一定要注意辨别真伪。

从形态上来说，特别需要注意的是，均线交叉之后的2根均线的方向，如果不是一致朝上或者朝下的，那就是普通的均线交叉，而不是“金叉”或“死叉”了。

而从技术上来讲，由于均线相互之间运行方向受到股价成交情况的影响，所以对于短期均线运行，主力可以通过对敲等形式进行操作，从而人为地制造出一系列的次叉叉。因此，不能只单纯地看到金叉就买入，以为可以高枕无忧，因为今天的金叉明天可能就会变成死叉。如果大盘明显处于下跌行情中，个股出现次金叉不可盲目杀入，因为这可能是主力做的假次金叉;同样在大盘上升行情中出现次死叉也不宜盲目清仓，因为这也可能是主力做的假次死叉，需要结合盘面实际情况来对待。

口诀点金

与任何技术选股一样，均线交叉选股法也存在着局限性。一旦选择错误，应及早出局控制风险；而一旦确认选择正确就要坚定持有。

均线实战口诀二：5线低位画金叉，30线上买入它

口诀要点

5日线低位金叉30日线后，就不再回头，一直支持着股价向上攀升，直到第一上升浪结束后，才转向整理，但在整理过程中也不跌回30日线以下。5日线这种走势称为低位一次金叉。但很多时候，5日线由下降趋势转为上升趋势中，常常出现低位金叉30日线后，又回落到30日线之下，两次探底后，再次上穿30日线，这种走势称为二次金叉。5日线二次金叉是强烈的买进信号。

口诀详解

先从低位一次金叉说起。低位一次金叉出现后，股价后势上升的力度一般比较大。金叉日应积极介入，强烈的买进信号。

例：武钢股份（600005）（见下图）该股股价在2009年前期经过了一段时间的低位震荡，6月2日K线图上5日均线上叉30日均线形成黄金交叉，股价迅速上涨，5日均线距30日均线越来越远，在7月初股价虽然有所回落，但是一直稳定地站在30日均线上方，因此投资者可以放心持有。

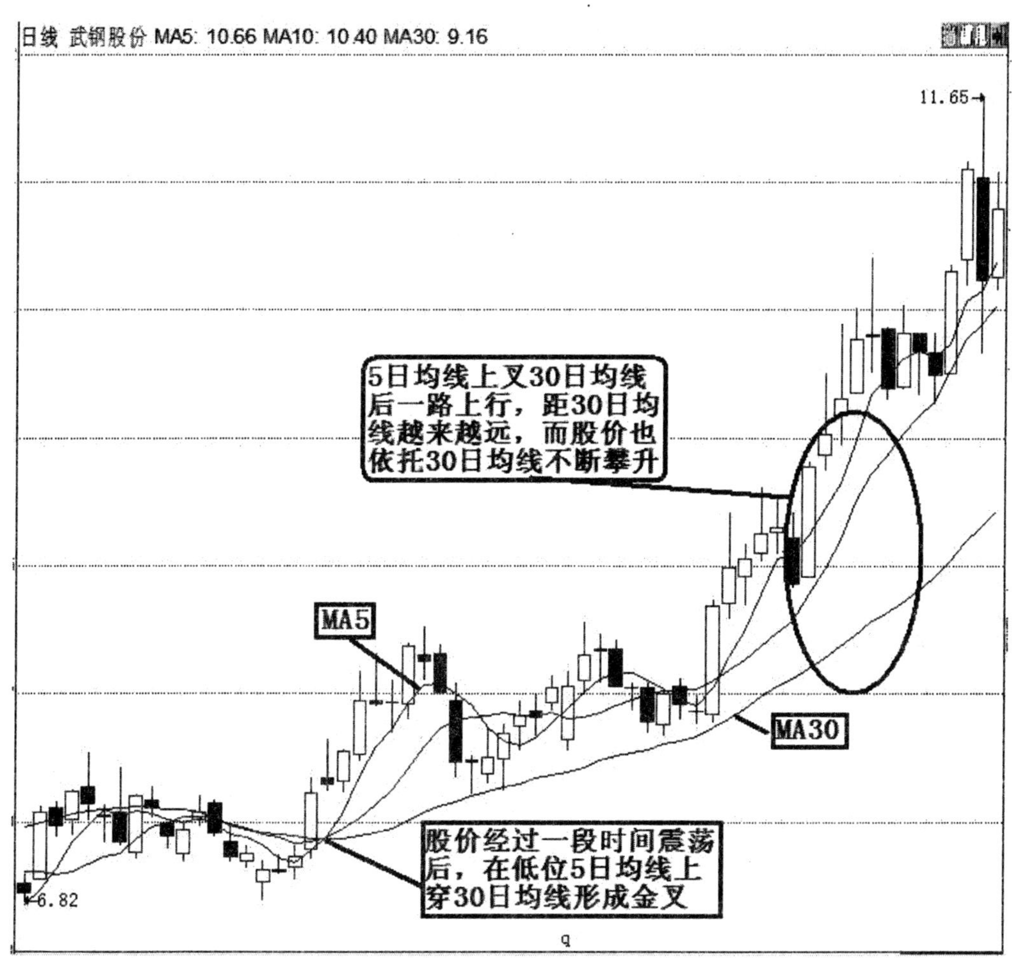

在出现这种形态时，投资者在实战中应该怎样操作呢？

如果该股走势凶猛，买入应该果断坚决。万一错过第一买入机会，股价急升后，不要追涨，回档后再买入。

低位一次金叉较难确认，因为大多数股票一般要在低位反复筑底，5日均线会出现两次三次金叉30日线的走势，其中的第一次金叉就可能是卖出信号。所以对于低位一次金叉要持谨慎态度：观察在金叉前是否走出了W底、头肩底、圆弧底等图形形态。

如果一次金叉买入股票，不升反降，5日线也掉头向下，再次回到30日线之下时，静观其变，若在前期低点附近就跌不下去后，证明前期低点就是底部，此次低点与前期低点构成双底，可补仓，即使后市无大行情，股价也会上升到30日线之上，可解套。

5日线低位两次金叉甚至三次金叉也是比较常见的，而在操作中要更注意细心观察。

首创股份（600008）（见下图）2009年6月3日该股在低位由5日均线上穿30日均线形成金叉，但股价很快回落。6月12日5日均线跌破30日均线形成死叉，使得部分投资者匆忙出局，但是仅仅过了8个交易日，5日均线再度上叉30日均线形成金叉，这时候该股底部就出现了两个金叉，向投资者发出了强烈的买入信号。

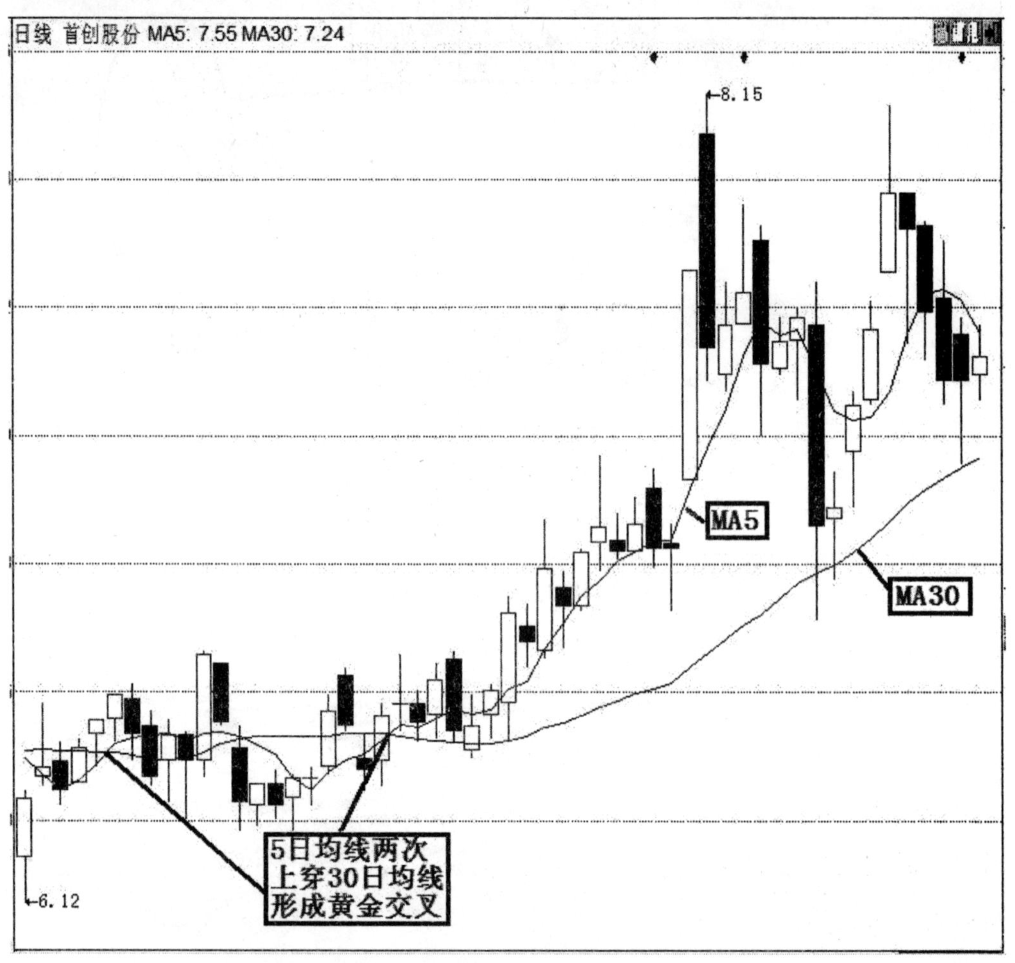

对于二次金叉的操作，投资者应注意哪些方面呢？

二次金叉较好识别，不需要参考其他技术指标的确认，只要5日线二次金叉就可立即进场，安全系数较高，只要没有突发事件，至少会有一个月以上的中级行情。

有时也会出现失败的走势，即股价仅短暂上升几日，就停止上升，5日线也随之滑落，再次回到30日线之下。经验告诉我们，这种情况多为构造三重底，回跌到前期底点附近，就会止跌企稳转势向上，形成三次金叉后，股价会稳健上行。三次金叉时，可加码买进。

口诀点金

10线也像5日线一样，低位二次金叉，但金叉点位在5日线金叉30日线之后，相隔时间约3~5日，买入信号比5日线形成的金差的买入信号更强烈。稳健的投资者尽量采取这一买入方法。

均线实战口诀三：5线处可能套住，10线处小心介入

口诀要点

一只股票在主升浪时，一般会沿着5日均线上移，5日线不破即可一直持有。而对于均线，上涨的股票一般破5日线后会去寻求10日线的支撑，因此，买5日线，获利的概率是一半，买10日线，对于上升趋势的个股，获利概率会大于50%。

口诀详解

股票操作的一个基本原则是：5日线上买，买错也要买；5日线下卖，卖错也要卖。

当MACD指标为红柱时，收盘价在5日线上，成交量也满足5日线，就大胆买进。

买进后，当股价低于持仓成本3%三十分钟以上就止损出局。

买进后，收盘价连续两天跌破5日线就全部沽空；反之，收盘价在5日线上

就一直持股待涨，不惧盘中震荡。

一般来说，获利机会多存在于基金重仓的绩优白马股，有实质性题材且尚未兑现的品种。私募机构及涨停板敢死队一般不按套路出牌，只有一两天就跑光了，中小散户别指望能跟上他们。

所以散户所买股票应选择基本面不存在明显问题，历史股性较为活跃的股票；股性呆滞，无人气和题材支撑的股坚决不碰。

在5线上买入时还要结合W%R、CCL、MACD、SAR指标来使用。坚决不追高，尤其是在技术指标严重超买的情况下，要保持冷静，选择相对低点介入。v

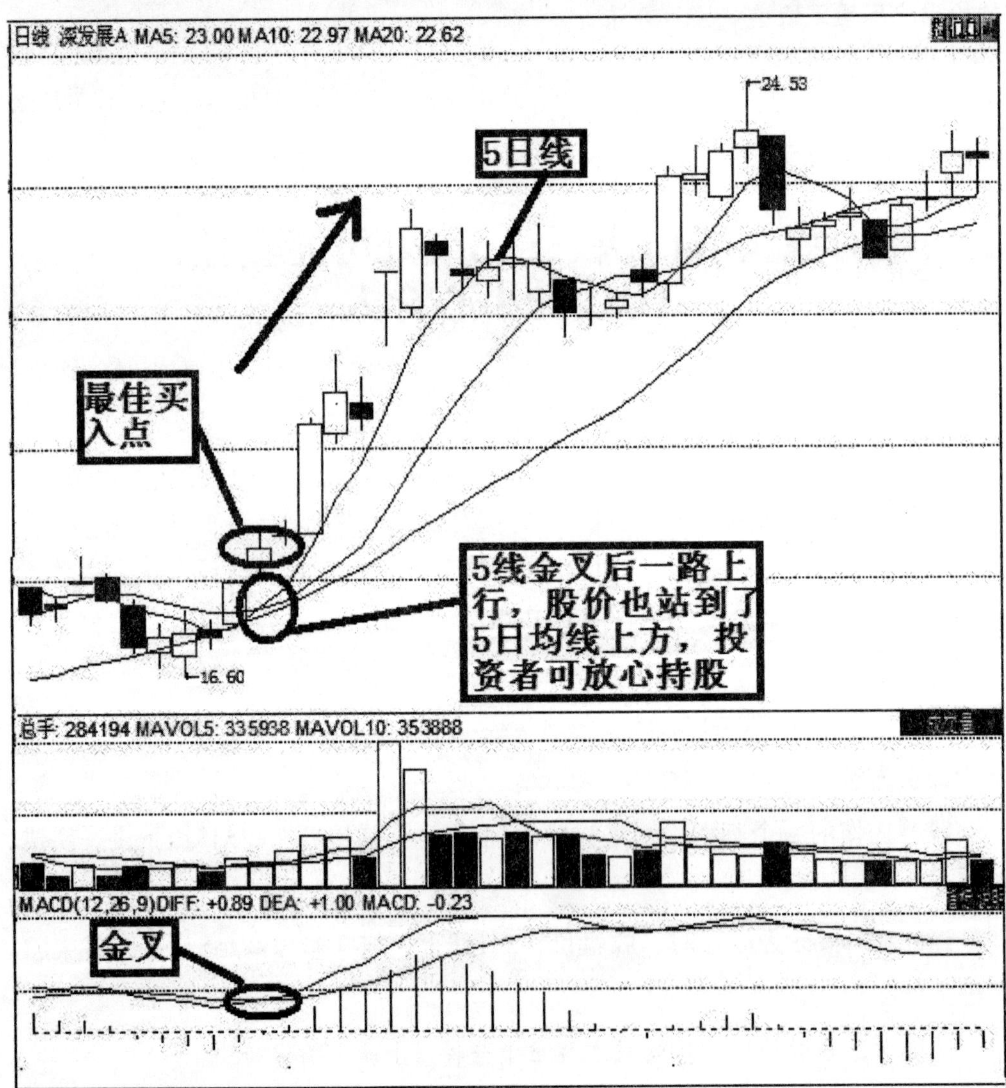

例：深发展（000001）（见上图）2009年5月，股价小幅上升后跌至5日线下方。27日，5日均线上穿10日均线形成金叉，同时股价也站到了5线上方。第二日MACD指标出现金叉，发出了买入信号。6月1日，以均价18.30元买入股票，16日以均价22.59元卖出股票，每股获利4.29元。

但是很多时候，但靠5日均线买入股票风险巨大，很多散户都有过倚靠5日线而被套牢的经历。如果投资者在买入股票时能够参照10日线，那么获利几率可能会更大一些。

在上升趋势中，10日均线虽然是强支撑线，但有的庄家在洗盘时却有意将股价砸破10日均线，将短线客洗出局，然后再很快拉回10日均线上方并继续大幅上涨。为回避风险或保存利润，在股价跌破10日均线时卖出后，如股价在短期内又回升至10日均线上方且10日均线仍继续上行应再次买入甚至要追涨买入以防踏空，因为庄家洗盘的目的正是为了大幅拉升，涨升仍将继续。

对于散户来说，股价回调往往是买入的时机，但庄家有时出于种种目的，将一些重要的支撑位击穿，人为制造头部的假象，将短线客特别是根据技术操作者洗出局，然后再扎空上涨，以便让更多的投资者追涨抬轿，上升趋势中股价先跌破10日均线很快又重回10日均线之上就是庄家典型的骗线之一，而防止骗线的唯一方法就是当股价重回10日均线之上时再次买入。

另外，只要上升行情未结束，股价跌破10日均线的时间往往很短且成交量明显缩小，一般最多不超过5个交易日，股价就会重回10日均线之上，否则放量跌破10日线又时间太长才回10日均线之上，上升的力度有限或是别的中途调整形态。

口诀点金

上升趋势中股价跌破10均线又很快重回10日均线之上是买入时机，在上升行情的初期和中段较为可靠，如果是在股价大幅上涨已久之后或第三次特别是行情末期出现时，还是要小心为妙，很可能是庄家制造的多头陷阱，当股价跌破10日均线时应坚决止损，特别是入量长阴线跌破10日均线时。

均线实战口诀四：20线上翘，犹如冲锋号

口诀要点

20日均线若平斜向上表明股价稳健上涨，20日均线若呈现立型上翘表示行情有加速上涨趋势，涨幅过快距离顶部也就更快了，应适当逢高获利卖出。

口诀详解

20日均线常被一些老股民戏称为万能均线，在实战中有很强的应用性。它的意义在于周期不是很长也不是很短，所以能够真实反映出股价的最为接近的趋势，它的低位拐弯意味着短期内趋势有好转的迹象，股价如果能够即时站稳于上就说明股价未来看涨，否则只能代表趋势纯技术上的空头趋势。这一均线是经过长时间验证其在股价间的变化作用，能在任何时候任何位置给出一个明确的操作买卖信号，这也是“万能”二字所在的真实含义。

在实战操作中，当20日均线在低位走平时投资者就应予以关注，20日均线开始向上拐头、股价站上20日均线之上时买入，回调确认时加仓，均线向上移动一路持有；当20日均线在高位走平时要警惕，一旦收盘时股价跌破20日均线应立即清仓，日后如果20日均线继续上移，股价再次站上20日均线时再买入，如此反复操作，直到股价不再创新高并跌破前低，而且20日均线调头向下时结束该股操作。

例：深圳能源（000027）（见下图）该股2009年8月该股股价出现了大幅下跌，从8月末开始股价开始了横盘震荡整理，后市不明朗。值得注意的是，该股20日均线由下行转为走平，可加强对该股的关注。10月14日，5日均线上叉10均线形成金叉，同时MACD指标、均量线均出现金叉，投资者可在此轻仓买入。26日，原本走平的20日均线拐头向上，投资者可在此加仓。该股股价随后一路上行，11月20日以14.57元见顶，结束了一波涨情。

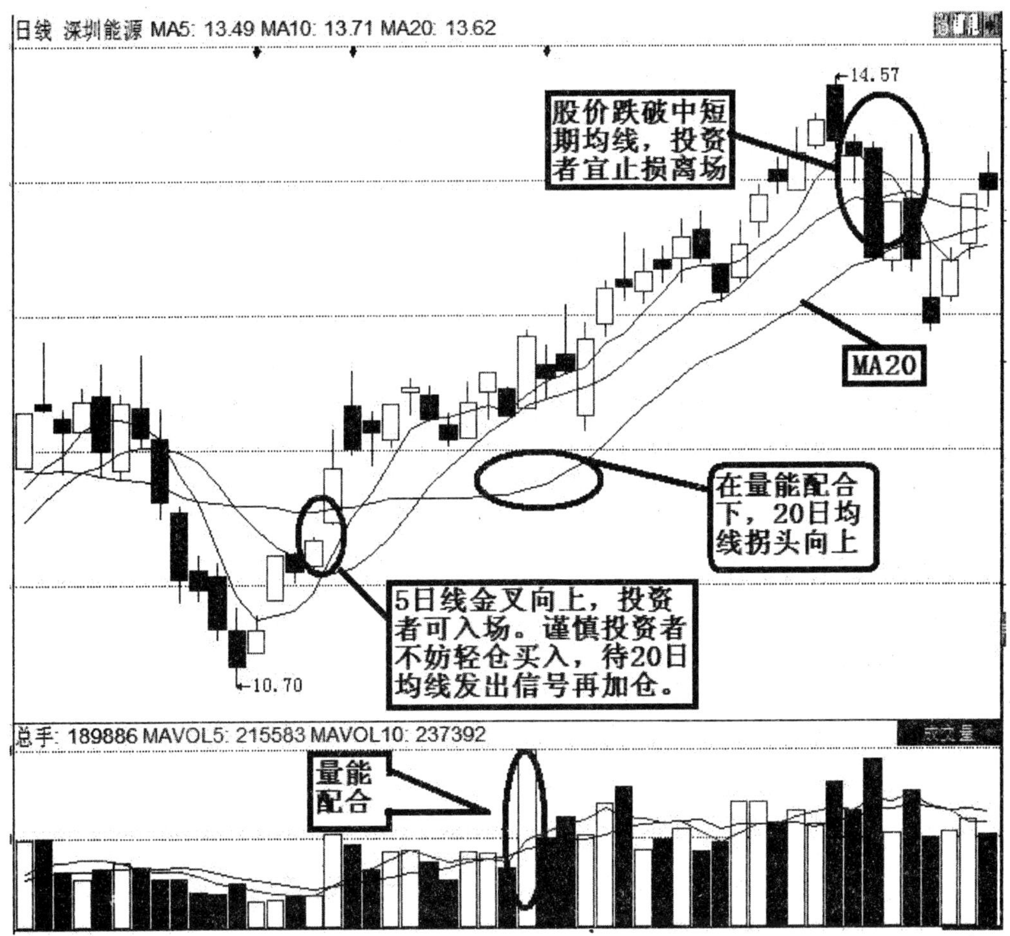

关于20日均线的实战应用，投资者应牢记以下要点。

（1）20日均线向上，K线在20日均线上方运行，无论K线多么难看，都是安全的。

（2）20日均线向下，K线在20日均线下方运行，无论K线多么好看，都是危险的。

多头市场中，K线就是依附在20日均线上，向上攀爬，偶尔跳空上冲，终究还要回来。所以20日均线附近是很好的加仓点，只有懵懂的新手才会追在远离20日均线的高点上。

空头市场中，K线就是在20日均线的压制下，向下运行。远离20日均线下跌太多时，就会发生反弹，此时，20日线附近是最好的减仓点。

口诀点金

在20日均线向下移动和横盘整理中，保持空仓观望，耐心等待新一轮上升趋势形成后再择机介入。考虑到每天股价在盘中波动，主力运作的意图只有到收盘时才明朗，因此坚持到每天最后一刻（2点45分以后）买卖。

均线实战口诀五：半年线下穿，千万不要沾

口诀要点

半年均线也就是指120日均线，120日均线是上是下对股市的主导性很大，向上表明股市可长达半年的时间上涨，向下可表示股市要有长达半年的时间调整下跌，这时候千万不要轻易涉足。

口诀详解

120日均线是按照股市120个交易日收盘点数相加的总和除于120而来。120日均线一般被认为是“牛”“熊”分界线，由于120日均线所代表的周期较长，因此更能体现出一只个股的长期趋势。

在熊市中（见下图），120日均线会压制市场的走势，维持一个较长时间的下跌行情。因此在大盘表现不佳时，一旦跌破120日均线，投资者最好不要轻易介入，离场观望为上。

但是牛市中120日均线的操作方法与熊市就有一些不同。我们知道即使在大牛市中，市场也会出现调整，有时甚至会出现幅度较大的下跌，也就是所谓的在大牛市格局中出现局部熊市。归纳起来，牛市中有三类回调方式：一种是回调到60日线附近受到支撑，这种属于强势调整，往往是快速上涨的时期；第二种是调整到半年线附近，这种是正常的调整，其幅度和空间相对较大；第三种就是跌破半年线逼近年线的大调整，这种情形往往是由于突发性的大利空导致的，如受到世界性股灾的影响等。其中，考验半年线是正常的调整，是大牛市

的中期阶段出现的。

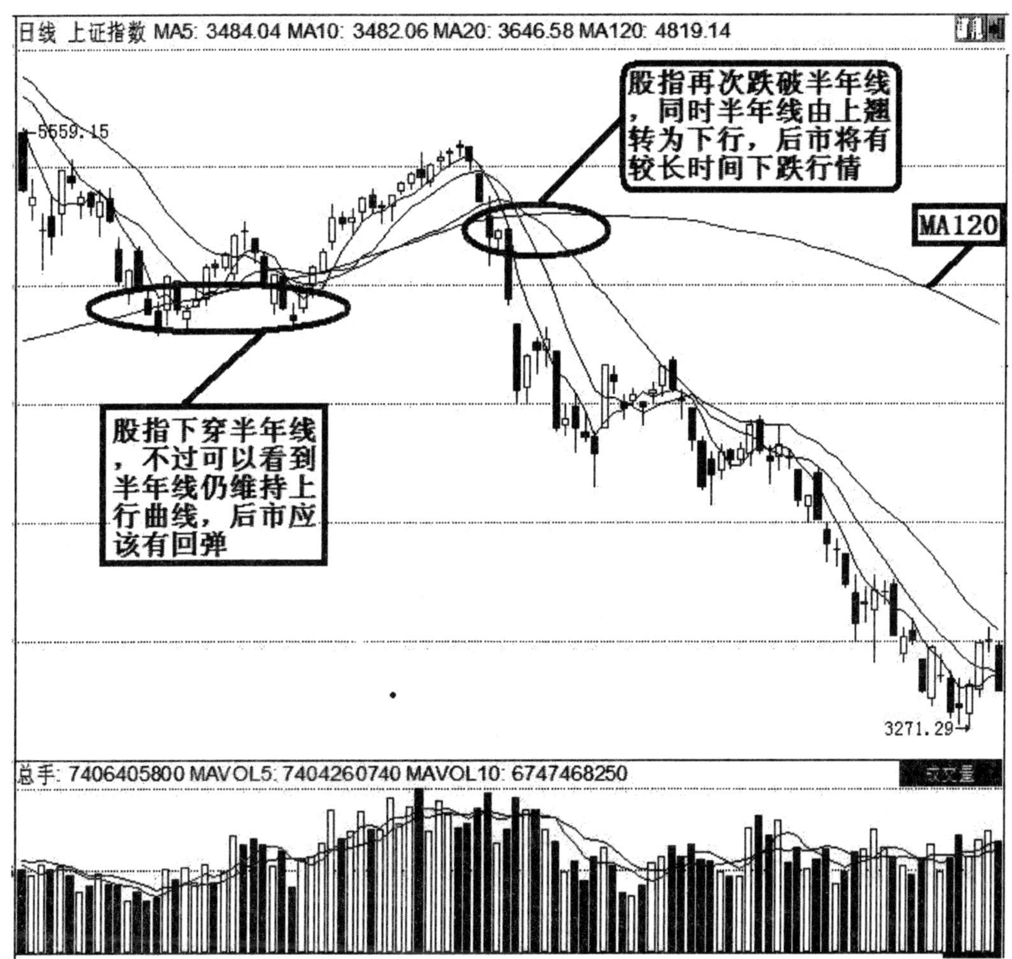

在正常情况下，如果支撑大牛市的基本因素没有改变，此时股指的下跌就主要是由于累积涨幅过大导致的技术调整。这主要看两个方面：一是经济快速增长是否促使上市公司业绩保持着较快的成长，二是市场的资金面是否比较充裕。在这种情况下，市场回调的最大空间一般在半年线附近就会得到强劲的技术支撑。虽然在短期可能会出现击破半年线的情况，但都是暂时的，不会有效跌破半年线。衡量的标准就是离半年线的点位不会超过2%。还要强调的是，在一轮超级大牛市中，第一次下跌到半年线附近往往就是阶段性底部的时候。

例：深康佳（000016）（见下图）该股2009年9月到10月间进行了一段横盘震荡，十月末股价跌破半年线，以4.18元探底后股价开始回弹，10月20日股价冲破了半年线的封锁，重新站回半年线，原本走平的半年线也开始微微上翘。

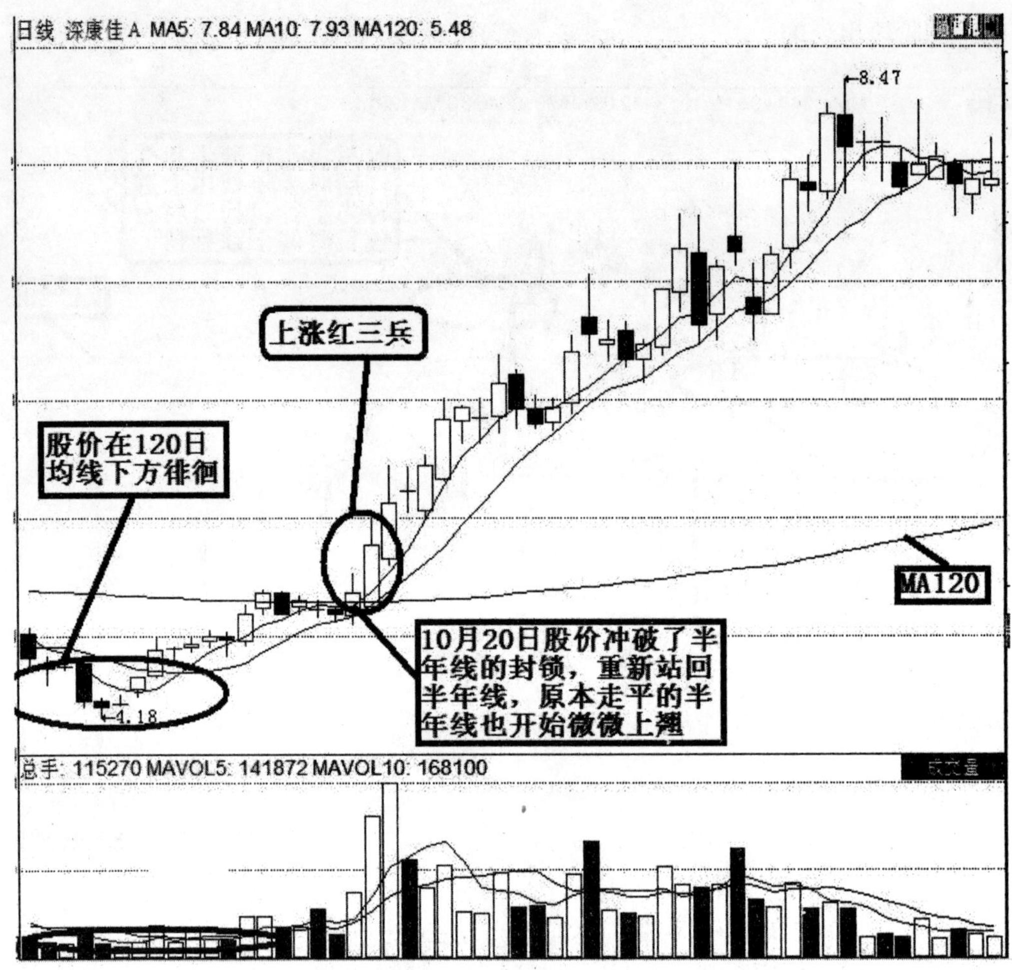

所以，当股指下跌到半年线附近的时候，也是可以逐步建仓的时候了。当然，这个时候由于前期跌幅巨大，一般难以立即大幅上涨，市场往往会呈现出反复震荡的技术走势特征。如果在半年线附近盘整一段时间后再次出现了急跌，则是最后一跌，也是最后参与抄底的良机。这个过程中如果伴随成交量的温和放大，就意味着有机构资金开始逢低买入了，这也是一个重要的参与信号。

口诀点金

120日线一般是长庄慢牛的券种主力的平均成本区，同时对大多数低位建仓的股票120日线都是他们的成本，当这条均线在股价上方时，走平是最好的情况，如果向下则说明主力至少未曾全身投入甚至根本未进场！

均线实战口诀六：7与14双跨线，周线放量骑黑马

口诀要点

一是均线运行要素。当7周均线上穿14周均线时，坚决买进；反之，当7周均线下穿14周均线时，就应毫不留恋地卖出。二是成交量要素。当一周成交量超过前周4～5倍时，就可以放心买入。

口诀详解

利用周均线与一般而言，在周K线中寻找的黑马一旦上升，多在5周时间，这是指每一波上行的时间，这5周中，无论周阴线还是周阳线，到达这一时间限度，不论你赢多赢少最好是卖出了结，因为周线黑马往往以升幅大小来衡量，以上升时间来衡量，如果不掌握这一规律，那么就有可能由盈到亏。必须依照这一时间周期办事，才能获得真实的收益。在均线交叉、成交量放大4倍以上和5周时间这三大要素中前两大要素是买入的最佳机遇，是抓住黑马、迅速骑上的条件。而后一条是巩固获利成果的重要条件，也就说你骑上黑马，跑了段获利的上升通道之后该让黑马休养生息了，如果超出这一限度，势必会产生人仰马翻的后果。

当周K线上出现7周与14周双双跨越34周均线之时，便是黑马标识最为强烈的时候，也是建仓的最佳良机。

第一波的回档已近底部，显示出又一次建仓机遇，而且第二波的上升将远远超过第一波。同时7周均线又一次与14周均线形成黄金交叉，这一标志是黑马第二次腾飞的重要信号。当然此时5周均量与10周均量呈黄金交叉，MACD快线与慢线呈黄金交叉，DMI中＋DI上穿－DI呈黄金叉，KDJ周线指标呈黄金交叉，RSI7天与14天呈黄金交叉，可见多项技术指标已万事俱备，张箭待发。

例：熊猫烟花(600599)（见下图）2006年5月8日到12日这一周7周、14周均线上叉34周均线，成交量放量，并且5周与10周均量线也形成了金叉，可视为一个很好的买入时机。该股经过三周的上涨后，出现了震荡整理局面。此时股价仍在34周均线上方，投资者可以不必恐慌。到了9月18日到22日这一周，7周、14周均线再次在34周均线上方形成金叉，而均量线与MACD指标同时出现金叉，以本周均价5.90元买入，第二周股价即跳空高开上涨，该股拉开了一个小行情，到2007年6月股价已涨至13.18元。

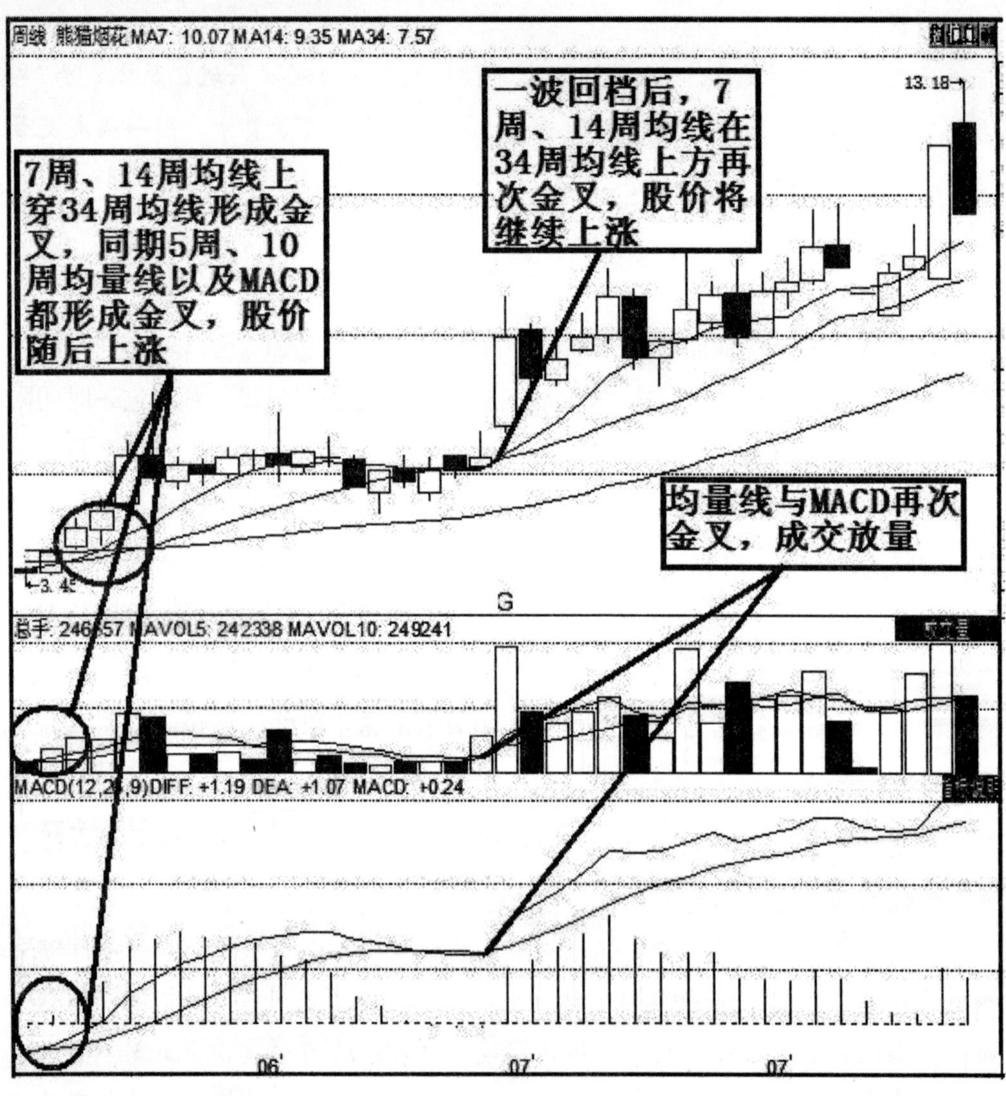

口诀点金

月线金叉异曲同工。月均线分别为3、8、17，在3月均线与8月均线形成黄金交叉时，月KDJ指标也形成黄金交叉，10RSI与12RSI形成黄金叉，5月均量与10月均量形成黄金叉，DMI指标显示+DI向上表明有买盘主动进入。技术指标显示，黑马踪迹已初露端倪，此时建仓，正是抓住黑马跃上马背的最佳时机。月K线的均线形成黄金交叉时，便是中长线黑马初步产生的最佳时机，此时果断买入。

均线实战口诀七：上升初期三线托，不破均线不回落

口诀要点

低位震荡盘整后，股价依托5日、10日、30日均线上涨，这将是一次较强劲的上涨行情，投资者可积极介入，股价不跌破平均线就可以放心持有。

口诀详解

这首口诀是说当均线多头排列（见下图）时，市场趋势是强势上升势，操作思维为多头思维。进场以均价线的支撑点为买点，下破均价线支撑止损。一般来说，在上升行情中股价位于移动平均线之上，走多头排列的均线可视为多方的防线；当股价回档至移动平均线附近，各条移动平均线依次产生支撑力量，买盘入场推动股价再度上升，这就是移动平均线的助涨作用。

选股均线多头排列，代表的是多方进攻的力量，代表的是多方启动行情的趋势。在均线多头排列初期，及时地介入中线成长价值牛股，会获得极大的收益！利用均线多头排列选股成功率比较高，但要注意千万别选到涨到末端、涨到头的个股，注意其涨幅以及主力是否还在其中。

一般情况下，均线多头排列的个股多半是业绩优良的蓝筹股，因此投资者

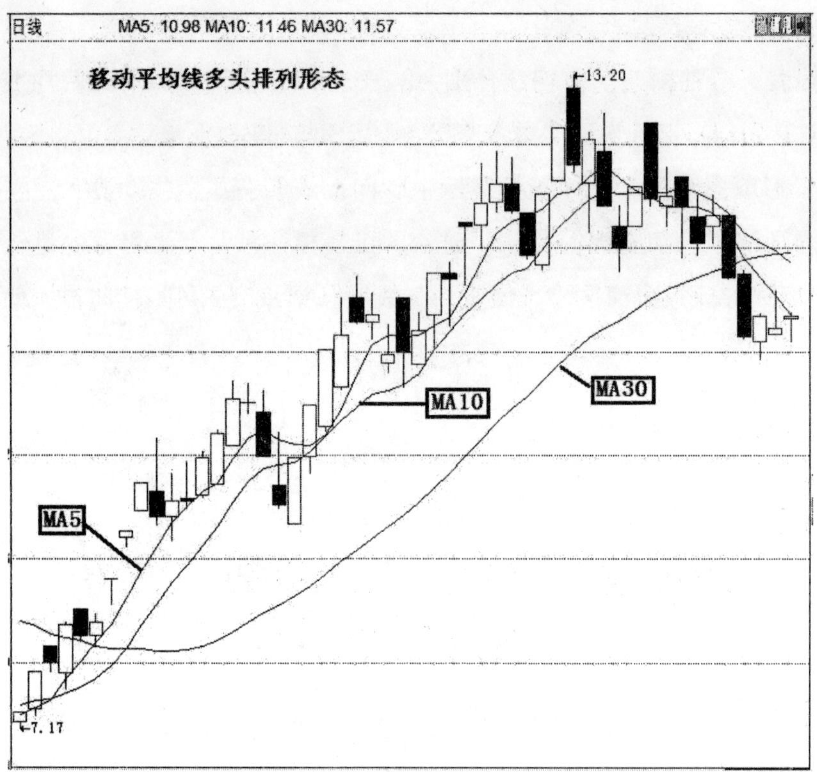
日线 MA5: 10.98 MA10: 11.46 MA30: 11.57
移动平均线多头排列形态
13.20
MA10
MA30
MA5
7.17

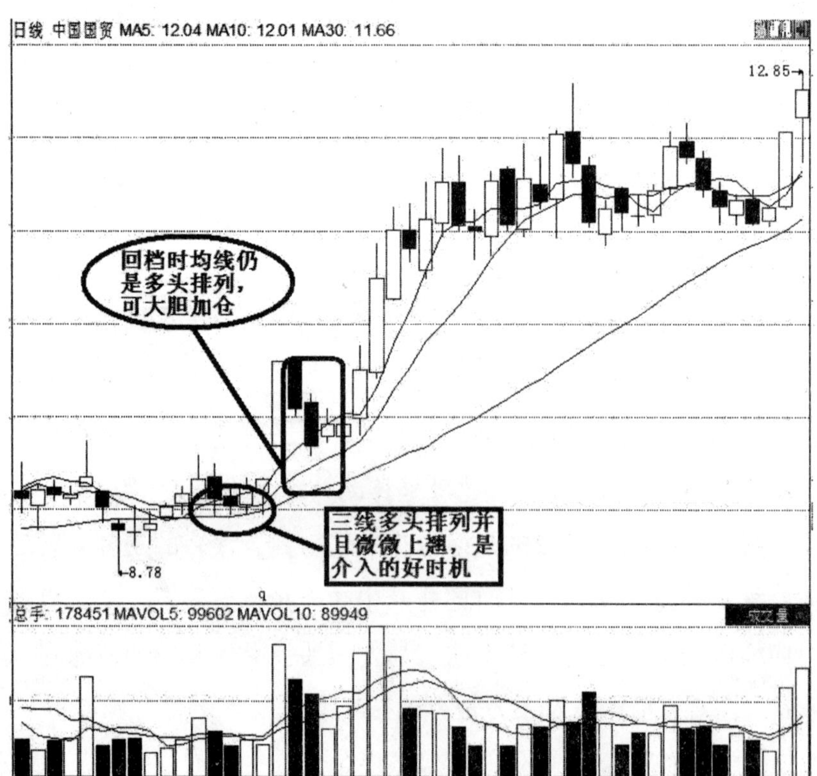
日线 中国国贸 MA5: 12.04 MA10: 12.01 MA30: 11.66
12.85
回档时均线仍是多头排列，可大胆加仓
三线多头排列并且微微上翘，是介入的好时机
8.78
总手: 178451 MAVOL5: 99602 MAVOL10: 89949

要注意对个股业绩进行分析。

所谓“上升初期三线托”，就是挑选那些低位经过一段时间震荡横盘吸货之后，开始启动的个股，初期呈现均线多头排列的时候，可以及时跟进，会有极大收益。前提是投资者要对个股的基本面分析要有一定的水平，多挑选那些业绩好的个股，最好有基金重仓！

上图中，该股大阳放量启动进攻，均线开始多头排列，可以在股价贴近5日或10日均线处买入。

口诀点金

均线多头排列挑选中线牛股，但也分慢牛股和快牛股。一般的，基础建设类或周期行业类个股如调整公路、机场、港口等属于慢牛股类型，而成长型行业类个股，特别是受商品价格变化波动比较大的一旦形成底部横盘爆发后的均线多头排列，则很容易产生快牛股！

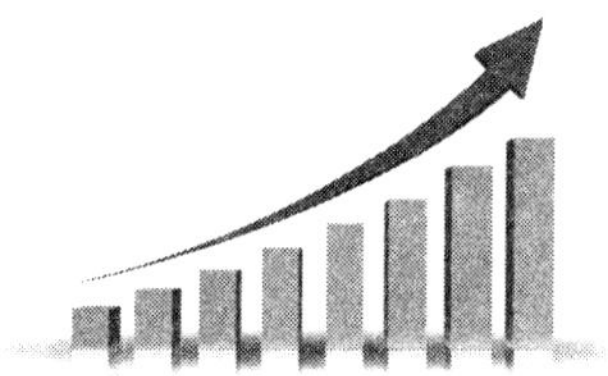